粤港澳大湾区建设研究丛书

杨 沐　李明波　主编

粤港澳大湾区建设理论与实践

YUEGANG'AO DAWANQU JIANSHE LILUN YU SHIJIAN

华南理工大学出版社
SOUTH CHINA UNIVERSITY OF TECHNOLOGY PRESS
·广州·

图书在版编目（CIP）数据

粤港澳大湾区建设理论与实践／杨沐，李明波主编. —广州：华南理工大学出版社，2019.1
ISBN 978－7－5623－5873－2

Ⅰ. ①粤… Ⅱ. ①杨… ②李… Ⅲ. ①城市群-区域经济发展-研究-广东、香港、澳门 Ⅳ. ①F299.276.5

中国版本图书馆 CIP 数据核字（2018）第 288276 号

粤港澳大湾区建设理论与实践
杨 沐 李明波 主编

出 版 人：	卢家明
出版发行：	华南理工大学出版社
	（广州五山华南理工大学 17 号楼 邮编：510640）
	http://www.scutpress.com.cn　E-mail: scutc13@scut.edu.cn
	营销部电话：020－87113487　87111048（传真）
出版策划：	卢家明　柯　宁
执行策划：	王　磊　陈　尤
责任编辑：	陈　尤　王　磊
印 刷 者：	广州市人杰彩印厂
开　　本：	787mm×1092mm　1/16　印张：14　字数：259 千
版　　次：	2019 年 1 月第 1 版　2019 年 1 月第 1 次印刷
定　　价：	88.00 元

版权所有　盗版必究　印装差错　负责调换

前　言
PREFACE

作为中国改革开放的前沿和经济增长的重要引擎，粤港澳大湾区的前景正受到越来越多国人的关注。粤港澳大湾区城市群发展规划出现在国务院总理李克强的2017年《政府工作报告》中，标志着粤港澳大湾区的建设正式成为国家战略。

深化粤港澳合作，是中央坚定不移地推动"一国两制"伟大事业继续前进，支持香港和澳门长期繁荣稳定的重要举措。2017年3月，李克强总理在《政府工作报告》中提出，要"研究制定粤港澳大湾区城市群发展规划"。未来的粤港澳大湾区城市群，应该进行体制上的整合创新，不只停留在经济层面，还要考虑社会层面的整合创新，尤其是珠三角与港澳在社会经济上、体制上的相互借鉴和融合。

发达的湾区经济以庞大的经济体量、宜人的环境、包容的文化氛围、高效的资源配置能力成为区域乃至国家的中心，以强大的辐射能力带动周边经济的发展。粤港澳大湾区已成为世界第四大湾区。

本书围绕粤港澳大湾区城市群建设的构想、共同市场构建与研究、粤港澳大湾区建设与城市治理、粤港澳大湾区建设中的环境与科技等议题进行了深入阐述。

目 录
CONTENTS

主题一　粤港澳大湾区建设的构想
国际湾区实践对粤港澳大湾区建设的启示　　　　　　　　申明浩　杨永聪 / 2
基于复杂系统视角的粤港澳大湾区战略系统研究　　　　　张小娟　贾海薇 / 12
粤港澳大湾区政府治理的困境及完善路径　　　　　　　　刘志永　李冠文 / 24
粤港澳大湾区城市群陆路交通一体化的问题与对策　　　　　　　　孔维宏 / 34
培育大湾区新增长极　建设省域副中心城市　　陈新明　覃事灿　林福祥 / 53

主题二　共同市场构建与研究
粤港澳大湾区风投创投产业发展的影响因素研究　　　　　　　　　徐　枫 / 68
粤港澳大湾区城市群的发展现状与问题分析：全球背景下的城市化
　　　　　　　　　　　　　　　　　　　　　　　　　　　　　杨　沐 / 91
发展澳门会展　促进中葡贸易　　　　　　苏小恩　刘　明　萧志成 / 116
基层社区治理现代化背景下我国城市社区统战工作社会化和科学化研究
　　——基于粤港澳大湾区建设视域下广东省珠三角历史考察　　祝全永 /129

主题三　粤港澳大湾区建设与城市治理
粤港澳大湾区城市群的法治指数与法治差序研究　　　　　　　　滕宏庆 /145
粤港澳大湾区发展综合评价探索性分析
　　——基于2016年的整体水平以及内部聚合数据
　　　　　　　　　　　　　　　　　　　　喻　锋　梁绮琪　甘　清 /159
打造世界级科技粤港澳大湾区融合发展的对策研究　　　　　　　余平发 /174

主题四　粤港澳大湾区建设中的环境与科技

粤港澳大湾区生态环境保护的协同机制　　　　　　　　　　古小东 /189

粤港澳大湾区视角下跨界水环境保护法治化研究　　　　　　周盛盈 /198

建设生态型创新型的粤港澳大湾区——世界级湾区的空间抓手　陈　斌 /209

主题一

粤港澳大湾区建设的构想

肇庆市　佛山市　广州市　东莞市　惠州市　深圳市　江门市　中山市　珠海市　澳门　香港

国际湾区实践对粤港澳大湾区建设的启示

申明浩　杨永聪

广东外语外贸大学　粤港澳大湾区研究院

作为一种重要的滨海经济形态，湾区往往在地区乃至国家经济中发挥着重要的引领性作用。国际一流湾区目前主要有纽约湾区、旧金山湾区、东京湾区，这三大湾区都是世界级的金融中心、服务中心、航运中心及创新中心。其中，纽约湾区是国际化资本集聚与物流枢纽型的湾区，跨国公司总部、金融机构和交易所云集；旧金山湾区是以硅谷为典型的知识驱动型湾区，拥有20余所高等院校和数量众多的创新型企业；东京湾区是以港口群为依托的工业基地型湾区，年吞吐量超过5亿吨，经济总量达到日本全国三分之一的份额。从实践经验来看，国际大湾区已经成为带动全球经济发展的重要增长引擎和引领技术变革的领头羊，发挥着引领创新、聚集辐射、转型升级的核心驱动作用。

当前，在加快"一带一路"倡议布局、推动供给侧结构性改革、打造对外开放新格局等因素的推动下，我国建设世界级大湾区的重要性也日益凸显。在我国现有的几个区域性湾区中，粤港澳大湾区由于经济总量大、区位条件好、开放程度高等原因，有望成为我国打造世界一流大湾区的排头兵和试验田。建设粤港澳大湾区的意义主要有：第一，高标准优化建设粤港澳大湾区，建设国际航运物流中心枢纽，有利于推动落实"一带一路"倡议和建设亚太自贸区的构想，提升我国在国际经济合作中的地位以及影响力；第二，实现粤港澳大湾区的融合发展，建设世界级的粤港澳大都市圈，有利于充分发挥"一国两制"的优越性，提升粤港澳合作的广度和深度，保持香港和澳门的长期繁荣稳定；第三，打造包容开放的粤港澳大湾区，建设高端生产性服务中心，有利于深化我国开放型经济体系的建设，集成新资源、培育新优势、打造新高地，加速推进供给侧结构性改革；第四，建设辐射内地的粤港澳大湾区，探索区域联动发展机制，有利于充分发挥粤港澳大湾区的示范效应和溢出效应，带动珠江－西江经济带的均衡发展，提升整体的国际竞争力。

在上述背景下，通过梳理分析和归纳总结世界一流湾区的实践经验，了解其主要特征和成功经验，为粤港澳大湾区建设提供参考和借鉴，对于加快推动粤港澳大湾区的建设步伐，促进粤港澳大湾区跻身世界一流湾区行列具有重要的现实意义。为此，笔者选取纽约湾区、旧金山湾区、东京湾区作为国际大湾区的代表，对这三个大湾区所共有的主要特征和实践经验进行总结，并以此作为标杆来分析未来粤港澳大湾区的战略目标和建设路径，从而明确粤港澳大湾区的发展目标和发展方向，提升粤港澳大湾区的融合发展水平。

一、国际湾区的主要特征

虽然纽约湾区、旧金山湾区、东京湾区这三大国际一流湾区的核心定位和发展模式各不相同，但是也表现出了一些共同的特征，主要包括：基础设施一体化，城市间融合程度高；区域分工协同化，产业体系布局合理；要素流动自由化，实现了资源优化配置；营商环境包容化，对外开放程度高。

（一）基础设施高度一体化

三大国际湾区实际上都是由世界级城市集群演化而来，除了核心城市以外还包括一系列的外围城市。例如：东京湾区除了东京以外，还包括川崎、横滨、千叶、横须贺等城市；旧金山湾区除了处于核心位置的旧金山之外，区域内的重要城市还包括奥克兰、圣荷西等。虽然国际大湾区内城市众多，但是基础设施却高度一体化，城际轨道、高速公路、城市道路等交通设施呈现出无缝对接的网络化布局，能够为各城市间的交通出行提供极为便利化的服务。除了交通设施之外，国际大湾区在通信、航运、金融等领域也实现了高度一体化，全方位、系统化、嵌入式的深度融合有效提升了大湾区作为一个整体的运行效率和竞争实力，为各种要素资源的优化配置提供了基础性的保障。

（二）区域分工高度协同化

无论是东京湾区、旧金山湾区还是纽约湾区，核心的城市和外围的城市之间都形成了高度协同的发展模式，构成了产业链上游与下游环节就近布局、紧密衔接的发展模式，能够最大程度地提升产业协同生产的效率。特别是，国际大湾区的核心区往往都是高端产业的集聚区，例如纽约湾区的曼哈顿华尔街一带就是金融资本和交易所云集的地方，旧金山湾区的核心地带硅谷则是高科技企业、科研院所和高等院校高度集群的区域。这种产业布局模式还带来了局部的"雁阵演化"，即发轫于核心城市和上游产业的科技创新效应能够产生显著的圈层扩散效应，产业结构的转型升级和竞争优势的更替演化依次从核心功能区向外围协同区传递，确保了在转型期和转轨期经济发展不会出现剧烈波动，也避免了竞争优势"青黄不接"的问题。

（三）要素流动高度自由化

要素流动自由化是国际大湾区的另一个显著特征，具体表现为人流、物流和资金流在各个城市之间的快速流动。受益于高度一体化的基础设施建设和市场机制建设，国际大湾区内部各城市间的行政壁垒相对较低，阻碍要素自由流动的各种显性壁垒和隐性壁垒也被削弱和消除，市场调节的"无形之手"取代了政府干预的"有形之手"，成为大湾区经济发展的主要推动力。正因如此，技术、人才、资本等生产要素得以在湾区各个城市自由流动，从而达到最优的配置，在提高要素配置效率的同时也带来了更为可观的产出与回报。与此同时，相对更高的回报率也进一步吸引了更多优质的资源和要素向大湾区集聚，为大湾区保持国际竞争力提供了强有力的支撑。

（四）营商环境高度包容化

国际大湾区之所以能够产生显著的外溢效应和集聚效应，在很大程度上得益于其高度包容化的营商环境。营商环境的包容化主要体现在以下几个方面：

一是制度环境较为宽松，贸易和投资的便利化程度很高；二是创业氛围浓厚，鼓励创新、容忍失败的创业理念成为主流；三是商事规则国际化，营商环境和商事仲裁流程透明、公平、公正。开放包容的创业环境和经营环境一方面吸引了世界五百强企业和机构的进驻，充分发挥了大企业的规模效应和示范效应；另一方面也吸引了众多的创业者投身于湾区经济建设，充分调动了中小企业和创业人才的积极性，为大湾区的发展注入了更多的活力。

二、国际湾区的实践经验

从产业发展的角度来看，纽约湾区的兴起依靠的是金融业的大繁荣，旧金山湾区的建成受益于高科技产业的兴起，东京湾区则是受到港口航运业与金融业的驱动。虽然三大国际湾区兴起的主导产业各有侧重，但是三大湾区在基础建设、产业布局、资源分配和营商环境上的共同特征表明，其成功路径和实践经验是相通的。总体来看，三大国际湾区同时具备的实践经验主要包括了以下几个方面：一是打破各自为战的行政区划格局，实现市场和资源的深度融合；二是构建产业分工的雁阵布局体系，引导新旧动能的顺利转换；三是明确市场机制与行政机制边界，打破阻碍资源流动的藩篱；四是构建对外开放的贸易投资格局，创造优良的创业投资与贸易经营环境。

（一）打破各自为战的行政区划格局

打破行政区划格局的意义在于突破行政边界对大湾区经济融合所造成的限制与阻碍，提升湾区经济的发展效率和发展水平。包括粤港澳大湾区在内的众多湾区都具备良好的产业基础和优越的区位条件，但是在世界大湾区体系中却一直处于追赶者而非引领者的地位，其中很重要的一个原因就在于人为划分的行政区划格局阻碍了一体化市场的发展。而三大国际湾区虽然也是由城市群构成，但是却通过顶层设计和统一规划在基础设施建设、经济一体化融合等领域取得了重大进展和突破，为要素市场和产品市场的快速发展创造了条件和机遇。在顶层设计的同时，三大国际湾区还对各自的短期规划与长期规划进行了动态的跟踪与修订，从而确保了规划能够充分满足湾区经济发展的实际需求。

其中，最具代表性的是东京湾区，该大湾区的统一规划最早可以追溯至1956年日本国会所制定的《首都圈整备法》，该法案的出台在法律层面为东京湾区的开发建设提供了保障。类似的专门性、补充性法律还包括1958年的《首都圈市街地开发区域整备法》、1959年的《首都圈建成区限制工业等的相关法律》、1966年的《首都圈近郊绿地保护法》以及1986年的《多极分散型国土形成促进法》等。在构建湾区法律保障体系的同时，日本分别在1960年、2006年、2011年和2014年推出了《东京规划1960——东京结构改革的方案》《10年后的东京——东京将改变》《2020年的东京——跨越大震灾，引导日本的再生》以及《创造未来——东京都长期愿景》等专项湾区规划，通过具有延续性、可调整的统一规划实现经济的深度融合。

（二）构建产业分工的雁阵布局体系

在推进湾区基础设施一体化和经济发展一体化的同时，国际大湾区另一个重要实践经验就是立足于核心区与外围区的比较优势，成功地建立了产业分工的雁阵布局体系。在国际大湾区的雁阵布局体系中，核心区扮演着经济增长点和发动机的角色，是高端要素和高端产业高度集聚的区域，在产业价值体系中占据了附加值较高的环节；外围区发挥着承接核心区产业转移和配套设施的功能，布局的主要是与核心区产业关联度较高、处于价值体系中间位置的产业部门。核心区的高端产业与外围区的配套产业相互协同演化，技术溢出效应和反馈促进效应显著，凸显了雁阵布局体系的合理性。

雁阵布局体系的本质在于追求产业竞争优势的协同攀升和梯度转移，能够最大程度地发挥产业链上下游环节之间的协同效应。就国际大湾区的实践经验来看，旧金山湾区的"头雁"在硅谷，汇聚了以谷歌、苹果、思科等世界500强企业为代表的众多电子类高科技企业，而外围的圣何塞市则依托风险投资产业和高等教育产业为硅谷的创新创业输送资金和人才，另一个处于外围的奥克兰则以制造业和交通运输为主，为硅谷的高科技产业提供各种原材料、中间品以及产品输出服务。另一个典型是东京湾区，作为雁阵理论发源地的日本更加重视产业的合理布局和协同分工问题。为了有效提升东京湾区的国际竞争力，日本从20世纪60年代开始就实施了"工业分散"战略，将核心区的东京打造成为对外贸易中心、金融服务中心和高科技产业中心，附加值相对较低的一般制造业部门则被迁移至周边的横滨、川崎等城市，最终形成了分工明确、协同发展的产业布局体系。

（三）明确市场机制与行政机制边界

各种生产要素能够在国际大湾区内部自由流动，除了受益于经济一体化的顶层设计之外，市场机制与行政机制之间的良性互动也发挥了重要作用。具体来说，三大国际湾区无一例外都是以市场机制为主、行政机制为辅，而且行政机制主要着力于解决湾区经济发展所面临的基础设施建设和法律保障问题，把组织生产和资源配置的问题交由市场机制去协调，政府部门较少对市场经济进行直接的干预，而且干预的流程也是高度透明化的。正因如此，人才、技术、资本等生产要素得以在大湾区内部自由流动而不会受到各种显性壁垒或是隐性壁垒的阻碍，并且在市场机制的调配下达到最优配套状态，从而最大限度地提升湾区经济的生产效率和总体竞争力。

市场机制与行政机制并行不悖而且互相协同能够产生显著的经济增长红利，有利于湾区经济的长期健康发展。市场机制的主导性作用在国际大湾区的发展历程中都得到了充分的体现，无论是纽约湾区曼哈顿的金融业，还是旧金山湾区硅谷的高科技产业，都是受到市场机制的驱动而发展起来的，而这些产业的高度集聚又进一步巩固了市场机制在湾区经济体系中的地位。在这一过程中，行政机制所发挥的主要是基础性作用，即通过营造国际化、透明化、法治化、自由化的营商环境，以及解决产业布局所面临的基础设施配套问题，为高端要素和产业集聚提供优良的环境和服务。因此，市场机制与行政机制缺一不可，而且两者间的边界必须予以厘清，这样才能够确保湾区经济发展的可持续性。

（四）构建对外开放的贸易投资格局

构建对外开放的贸易投资格局也是国际大湾区获得成功的重要原因之一。对外开放的贸易投资格局包括了以下几个层面的含义。一是国际化的营商环境，商事规则与国际接轨。这对跨国公司和外贸公司具有较强的吸引力，能够显著降低企业的适应成本和不确定性风险。二是包容化的创业环境，鼓励创新、支持创业，为创新创业提供各种支持。这对创业者具有较强的吸引力，而创业活动有利于为大湾区建设输入新的活力。三是便利化的贸易投资环境，开展贸易投资活动所涉及的审批和监管流程高度优化，无论是大企业还是中小企业都能够很便利地开展贸易与投资活动。与此同时，对外开放的贸易投资格局涵盖了"引进来"与"走出去"两个环节，前者有利于集聚高端生产要素，后者有利于发挥大湾区的外溢效应。

无论是东京湾区、旧金山湾区还是纽约湾区，都通过构建高度包容开放的贸易投资体系，有效降低了企业的经营成本和创业风险，使得企业能够更加专注和有效率地开展生产经营和科技创新活动，最终培育了一批享有世界声誉的知名公司和知名品牌。以旧金山湾区的硅谷为例，硅谷的创新发展正是得益于开放体系的构建，这是一项综合性的工程，涵盖的方面包括：有利于企业创业、创新和发展的政策和体制；专业化中介服务体系；世界一流大学及其与产业的互动；高水平的创造、创新活动；高密集的高素质人才；浓厚的创业氛围；鼓励冒险、容忍失败的文化；高质量的生活和人居条件；雄厚的创业资金来源和成熟的金融体系；专业化的技术市场服务体系；便于全球化的区位优势。此外，还立足于"引进来"与"走出去"的双向联动，在区域经济发展格局中充分发挥了内联外通的枢纽作用，进一步奠定了湾区的发展地位。

三、国际湾区经验对粤港澳大湾区建设的启示

从国际大湾区的实践经验来看，基础设施一体化、要素流动自由化、产业分工协同化、营商环境包容化是打造世界级一流湾区所必须具备的条件。结合粤港澳合作的具体条件和现实环境，粤港澳大湾区的建设可以参照国际大湾区的发展规律，在规划布局、基础设施、协同分工、产业融合等领域不断推进，逐步构建开放包容、高度协同的湾区经济体系。粤港澳大湾区的建设主要可以通过推动一体化深度融合进程、打造特色化分工协同体系、构建自由化要素流动保障以及营造国际化营商发展环境等路径来实现，保障粤港澳大湾区建设的

顺利推进。

（一）推动一体化深度融合

受益于中央政府与香港特区政府签署的《内地与香港关于建立更紧密经贸关系的安排》（CEPA）及其框架协议，粤港澳合作已经进入了正轨，合作模式也趋于成熟。在此基础上，有必要基于顶层设计的高度，进一步加快推动粤港澳大湾区的一体化进程，实现湾区经济的深度融合。具体来说，可以采取的措施包括：一是统一规划布局，通过设立粤港澳大湾区规划领导小组和建设委员会对大湾区建设的目标、原则、思路和重大举措进行研究；二是加快交通、电信、金融等基础领域的一体化建设，实现城际轨道、航运物流、网络通信、信贷融资的无缝对接，打造便利化的生产生活环境；三是推进产业结构的一体化建设，解决当前粤港澳大湾区建设过程中所面临的各个城市间产业结构同化难题，形成各有侧重、互相协同的湾区生产网络体系。通过在多个领域的一体化建设，促进湾区经济的深度融合，有利于提升粤港澳大湾区的整体品牌效应和规模发展效应。

（二）打造特色化协同体系

粤港澳大湾区建设涉及"一个国家、两种制度、三个关税区、三个法律体系"这一其他大湾区所没有的特点，既对城市之间的协同能力提出了更高要求，同时也是粤港澳大湾区可以充分利用的比较优势。具体来说，粤港澳大湾区协同体系的建设涵盖了以下几个方面：一是城市建设的协同，二是产业结构的协同，三是经济政策的协同。为此，要充分发挥"一国两制"的体制性优势，建立完善新型区域合作关系，在服务贸易自由化、贸易投资便利化、人才交流、创新创业等领域"先行先试"各项政策和措施，并且做好城市发展规划和产业发展政策的对接。同时，要以香港、深圳、广州为中心，将深莞惠、广佛肇、珠中江三个都市圈和港澳作为载体，打造多中心组团的湾区经济新模式，形成圈层联系紧密、产业布局合理、功能定位清晰的湾区经济格局。通过完善现有的粤港澳合作机制，着力建设多个中心城市联动、产业链条内嵌融合、产学研无缝对接、经济政策高度协调的协同分工体系,突出粤港澳大湾区各个城市的区位优势和产业基础,形成特色鲜明的粤港澳大湾区协同发展格局。

(三)构建自由化流动保障

要素自由流动是通过市场机制调节来实现资源最优化配置的必要前提,也是提升粤港澳大湾区竞争力的必经之路。为此,可以采取的措施包括:在人才培育层面,要通过简化和优化户籍、社保、教育等公共服务事项的审批流程,破解不利于人才流动的体制性障碍,解决专业人才的后顾之忧,形成粤港澳专业资质互认、专业人才互动、专业岗位互通的人才流动格局;在技术创新层面,要立足于科技创新和产业转型,建设一批技术创新孵化基地、创新产业园区和创业发展平台,并且高标准打造技术交易中心、产学研对接平台和技术合作开发中心,为大众创业、万众创新提供更为便利和优越的市场环境,打造粤港澳大湾区的"硅谷"地带;在资本集聚层面,政府部门一方面要转变管理思路,落实好负面清单管理制度,另一方面要提升服务水平,通过完善企业征信系统,为消除企业与风险投资、银行和保险机构之间的信息不对称创造条件,降低企业投融资成本和资本财务风险,从而提升粤港澳金融业服务于产业转型的能力和效率。

(四)营造国际化营商环境

国际化是世界一流湾区发展的必由之路,无论是东京湾区、纽约湾区,还是旧金山湾区,都经历了从地区小湾区发展成为国际大湾区的演变历程,透明、便利、法治的营商环境是国际大湾区取得成功的重要因素。粤港澳大湾区要实现从区域性湾区向国际大湾区的转变,就必须在营造国际化营商环境方面取得更多的进展,形成"引进来"与"走出去"双向联动的对外发展格局。为此,以粤港澳大湾区建设、广东自贸区建设和21世纪海上丝绸之路建设为突破口推进制度改革和体制创新,是粤港澳大湾区营造国际化营商环境、跻身世界一流湾区行列的必然选择。积极探索制定符合国际化、法治化、公平化要求的跨境投资、贸易规则新体系,推动贸易、投资、金融体制等在更高水平上与国际通行规则接轨，有利于确保粤港澳大湾区在新一轮国际竞争格局中的地位，为实现从被动适应全球经济治理框架到主动参与、融入乃至引领全球经济治理框架打好基础。

参考文献

［1］申勇，马忠新. 构筑湾区经济引领的对外开放新格局——基于粤港澳大湾区开放度的实证分析［J］. 上海行政学院学报，2017，18（1）.

［2］赵细康. 共建粤港澳大湾区要提供覆盖不同制度区域的公共服务［J］. 港澳经济，2017（1）.

［3］黄晓慧，邹开敏."一带一路"战略背景下的粤港澳大湾区文商旅融合发展［J］. 华南师范大学学报：社会科学版，2016（4）.

［4］陈朝萌. 粤港澳大湾区港口群的定位格局实证分析［J］. 深圳大学学报：人文社科版，2016，33（4）.

［5］张玉阁. 推进海上丝绸之路战略下的深港合作［J］. 开放导报，2015（5）.

［6］陈德宁，郑天祥，邓春英. 粤港澳共建环珠江口"湾区"经济研究［J］. 经济地理，2010，30（10）.

［7］李红，丁嵩，朱明敏. 多中心跨境合作视角下粤港澳湾区研究综述［J］. 工业技术经济，2011，30（8）.

［8］何家鸿，戚晓曜，杜生鸣. 推进粤港澳大湾区建设政策研究［J］. 特区实践与理论，2017（1）.

基于复杂系统视角的粤港澳大湾区战略系统研究

张小娟　贾海薇

华南农业大学　公共管理学院

自国务院提出 2017 年启动珠三角湾区跨省域城市规划以及 2017 年 3 月粤港澳大湾区写入政府工作报告以来，粤港澳大湾区建设成为国家及区域发展的重大战略，中央、广东省相继出台政策大力促进粤港澳大湾区城市群的发展，各地政府也在积极研制出台一系列政策促进湾区经济的发展。粤港澳大湾区是由香港、澳门两个特别行政区和广东省的广州、深圳、珠海、佛山、江门、东莞、中山、惠州、肇庆九市组成的城市群。粤港澳大湾区的目标是建设世界级城市群，这一目标实现的关键是要将"9 + 2"个城市作为一个整体系统来规划和建设，明确大湾区建设涉及的主要领域及其相互关系，制定相应的发展战略和规划，切实推进大湾区内不同城市各相关领域之间的互联互通、协同合作。本文拟通过对粤港澳大湾区战略系统的要素、结构及其运行机制的分析，为相关规划的编制、政策的制定以及相关体制机制的建立提供理论参考。

一、战略系统的理论分析

（一）战略系统内涵分析

战略系统是由城市战略规划和系统思维相结合而来。一直以来，战略研究是企业经营管理中采用的基本方法，但近些年来，随着城市的日益企业化发展，人们开始应用企业的战略管理理念和方法来研究、编制和实施城市的战略规划[1-3]。从城市战略的发展历程看，以 2000 年广州的战略规划为先导，城市战略突破了传统的孤立的城市个体视角，开始重视城市在区域的地位及其地区性整合，重点关注对城市未来可持续发展产生重要影响的前瞻性（时间上）、区域性（空间上）、战略性（内容上）、框架性（形式上）的问题，与此同时，城市战略也突破了单纯的地理空间规划，逐渐涉及城市经济、社会、环境等多方面与城市竞争力和可持续发展密切相关的内容[4]。由于城市战略是以城市建设与发展的全局规律为研究对象的，涉及城市经济、社会、环境、技术、空间等各主要领域的多个方面，并依据它们之间的联系和作用方式而建立有机联系，从这个意义上说，城市战略呈现为一个有机的系统，因此，战略研究需要系统思维。同时，系统思维又使城市战略研究更加严谨、科学。

结合上述分析，战略系统是城市系统中的一个子系统，它以城市建设与发展的全局规律为研究对象，它首先结合城市建设发展中经济、社会、生态、空间等核心要素以及它们的联系和作用方式，构建一个理论上的城市整体系统，然后结合内外环境的分析，对城市未来的建设发展进行长期性、全局性、整体性的规划和谋划，并运用一定的实施机制对城市系统的运行与发展进行针对性的干预，从而使城市系统向人类预期的方向演进。战略系统一般具有三个组成部分：战略研究、战略规划和战略实施。其中，战略研究是通过基础研究、专题研究、个案研究等明确城市系统中的核心要素及其联系和作用方式，构建理论上的城市系统；战略规划是通过对城市发展的内外环境的分析，利用一定的规划技术和方法对城市规划建设的主要内容按照特定的秩序进行排列组合，并通过一定的文字和图示形式呈现出来，作为城市建设发展的依据和方案；战略实施是依照战略规划对城市建设和发展进行干预控制并接收控制反馈的方法与过程。战略系统通过战略研究、战略规划和战略实施来引导和控制城市系统向预期的方向发展。

（二）基于路线图工具的战略系统的要素和结构分析

战略系统一般由愿景、目标、手段、主体、客体等内容组成。为了更加清晰地描绘粤港澳大湾区建设战略系统的主要内容和结构组成，笔者将结合路线图的方法来分析粤港澳大湾区建设的战略系统。路线图是一种战略管理工具，它是一种将战略的愿景、目标、任务和行动方案有机结合的自上而下的规划工具，能够协调各利益相关者形成统一的使命愿景，并利用结构化、系统化的方法统筹考虑目标、任务和资源保障之间的关系。基于路线图工具，笔者构建的粤港澳大湾区建设的战略系统的内容与结构如图1所示。其中，战略系统的要素主要由战略愿景、战略目标+战略任务、战略重点和执行措施组成，分别回答粤港澳大湾区建设去哪里、如何去、怎么做和具体执行的问题。其中，战略愿景是依据粤港澳大湾区发展的定位及功能等相关要素抽象和凝练而成的概念系统，它反映了在未来相当长的历史时期内粤港澳大湾区的主要发展方向。战略目标是对战略愿景的展开和细化，它明确粤港澳大湾区建设的阶段性发展水平，它发挥着"吸引中心"的作用，指引着实践行为不断向目标趋近。战略任务是对战略目标所做的进一步分解，战略目标需要通过战略任务的完成才能实现。战略重点是战略任务中具有决定性意义的组成部分，它是关系到全局性的战略目标能否实现的关键环节。战略执行则反映了为了完成战略任务而应部署的一系列实施措施，它体现了战略的执行主体以愿景和目标为努力方向，通过

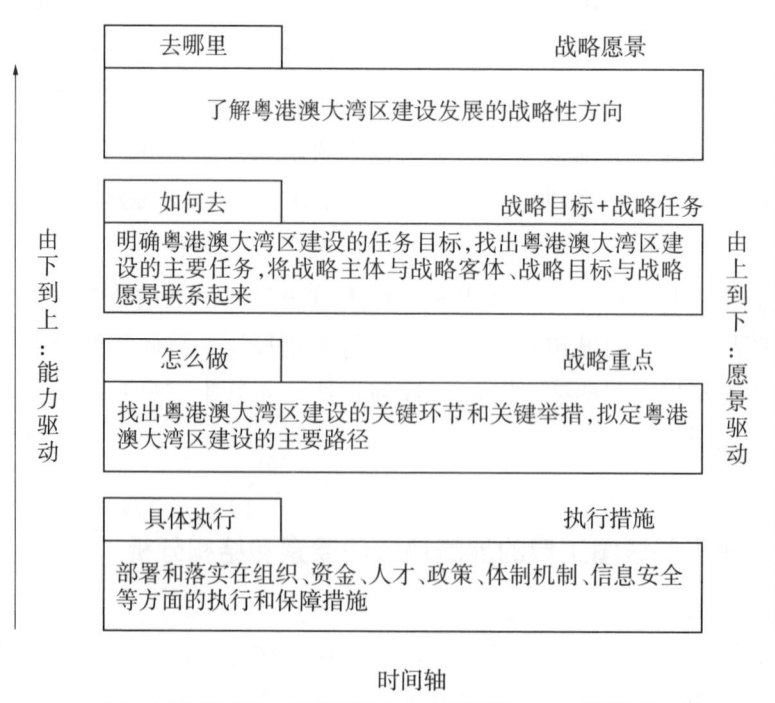

图1　基于路线图工具的战略系统的内容与结构

多种手段或措施作用于粤港澳大湾区整体系统的发展，使其产生符合目的性的变化。战略愿景、战略目标、战略任务、战略重点和战略执行之间的结构关系为相互衔接、环环相扣、逐步递进，通过从上到下与从下到上的联系机制将愿景和能力紧密地联系起来，引导和推动粤港澳大湾区建设向既定的理想方向发展。

（三）战略系统在城市系统发展演进中的他组织作用

战略系统是城市系统中的一个重要的子系统，它在城市系统的发展演化中发挥着重要的他组织作用。在系统的自组织理论中，事物的形成和演化过程可以分为自组织和他组织两种形式。其中自组织是指在无外界特定干预下的自演化，组织力量主要来自于事物的内部（如生命的成长），而他组织则是指事物在外界特定干预下的演化，组织力量来自于事物外部（如机器）[5]。对于城市系统的演化发展而言，自组织和他组织都发挥着重要作用，即城市整体以及城市发展演化的整个历史过程，是以自组织为基本形态的，但对于城市的某些局部组成（比如城市空间规划）和某些特定发展时期（比如重灾难时期），城市发展存在着他组织主导的现象[6]。城市的发展战略主要关注对城市未来发展产生重要影响的前瞻性、区域性、战略性、框架性的基本问题，它在城市系统发展演化中扮演一种重要的他组织作用，通过将城市发展的愿景、目标、任务和执行措施连接起来，引导城市系统向既定的发展方向演化。从系统隐喻的视角来看①，我们可以用系统的神经控制隐喻观认识和分析城市系统，而战略系统是使城市系统形成一个控制系统的核心所在，它发挥着"标准控制模型"的作用，引导和控制城市系统向既定的方向发展。

---

①在现代系统方法中，"系统"概念不是用来指称现实世界的事物，而是用来组织关于我们对世界的认识和思考的特定方式。系统隐喻使用"类比"的思想帮助我们以熟悉的形式获得对难以理解的现象或问题的洞察力。常见的系统隐喻有机器隐喻、有机体隐喻、神经控制隐喻、文化隐喻和政治隐喻五种，不同的隐喻适用于不同的问题情境[7]。

二、粤港澳大湾区战略系统的要素与结构分析

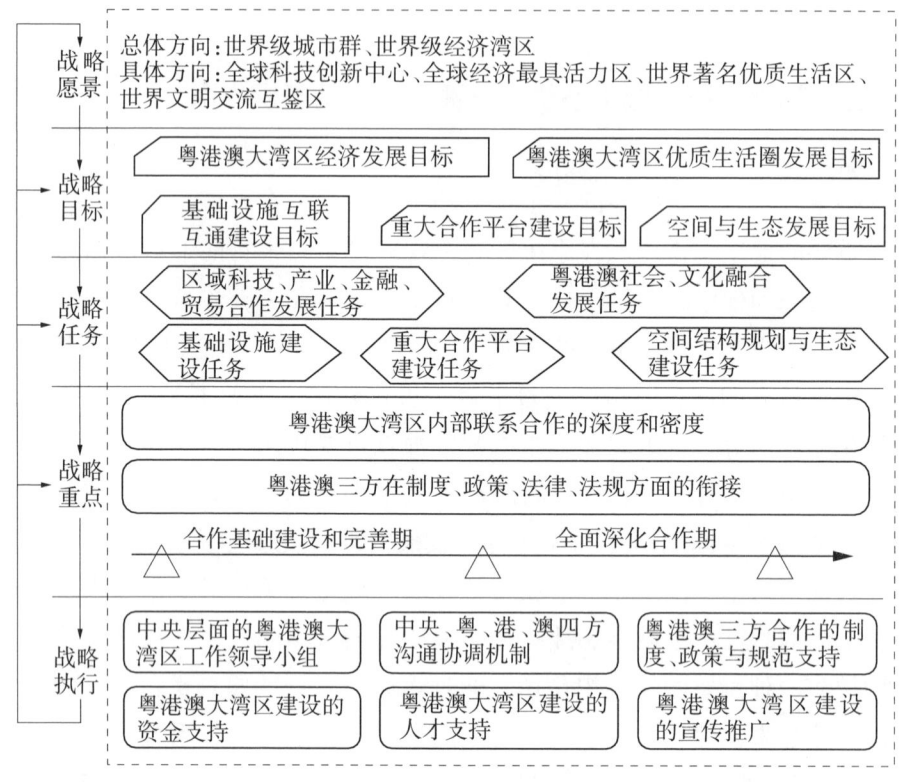

图2 粤港澳大湾区战略系统要素与结构

依据战略系统要素和结构的理论分析,本文描绘了粤港澳大湾区战略系统的要素与结构,如图2所示。粤港澳大湾区战略系统中不同的要素以及它们之间的结构关系作下述分析。

(一)粤港澳大湾区建设的战略愿景、战略目标和战略任务

战略愿景反映未来较长时期的基本发展方向。结合粤港澳大湾区承载的国

家战略的功能以及粤港澳大湾区自身的未来发展需求可知,粤港澳大湾区未来的发展方向是建设世界级城市群、世界级一流经济湾区。这一总体的发展方向可以分解为经济、社会、文化、生态等若干领域的具体发展方向,如全球科技创新中心、全球经济最具活力区、世界著名优质生活区、世界文明交流互鉴区。为了拟定战略目标和战略任务,首先需要从多个方面剖析这些愿景的实现路径。例如,从粤港澳大湾区的发展历程来看,粤港澳地区的合作更本质地体现在经济合作方面,主要经历了前店后厂阶段(1978—2000年),服务业为核心的经济整合阶段(2001—2013年),以宏观经济为导向的区域全面整合阶段(2014年至今)三个发展阶段[8]。粤港澳地区未来要建立全球经济最具活力区,这一愿景的实现则包括了建立全球科技创新中心、粤港澳协同发展的现代产业体系、实现粤港澳服务贸易自由化、打造大湾区金融核心圈等相关内容,同时大湾区经济的高效运行及发展需要互联互通、高效畅通的基础设施及粤港澳三方重大合作平台提供支持,并统筹兼顾大湾区的空间规划、土地利用、产业布局、生态环境保护等内容。同样,粤港澳大湾区优质生活群的打造涉及三地在医疗、教育、养老、创新创业服务等多方面的整合与合作,也依赖高效便利的交通网络、高速互联的信息网络、宜居宜业的生态环境。对应于战略愿景的实现,粤港澳大湾区建设的战略目标与战略任务主要体现在经济发展、社会发展、基础设施建设、合作平台建设、空间结构规划、环境保护与生态建设等方面,战略目标和战略任务的拟定则在综合分析粤港澳大湾区发展的外部环境、内部的发展现状以及资源能力状况的基础上围绕以上几个方面综合确定。

(二)粤港澳大湾区建设的战略重点

实现粤港澳三地从基础设施到制度政策,再到经济社会发展的"互联互通"和协同合作是粤港澳大湾区建设的重点所在。"互联互通"是全球化的新方向,也是大区域与次区域合作的新方向[9]。由于粤港澳大湾区处于具有"两种制度、三个关税区、三个法律体系"的异质城市群内,粤港澳三方的政治制度、行政体系、法律体系存在较大差异。因此,粤港澳大湾区世界级城市群、世界级经济湾区建设的战略重点之一在于,实现粤港澳三方在制度、政策、法律、法规方面的衔接,为区域的进一步有效整合扫清制度和法律上的障碍。在

"前店后厂"式的以资源要素对接为主的合作模式之后,香港的产业结构进一步金融化和虚拟化,而广东迫切需要推进产业的转型升级,发展先进制造业和现代服务业,但因香港缺乏相关的产业发展经验和直接资源,粤港之间传统产业合作的互补性逐渐下降,因此,粤港澳之间的合作需要走向产业链中高端的合作,在合作中共创国际竞争的新优势[10]。粤港澳大湾区建设的另一个战略重点是,在实现粤港澳三方在制度、政策、法律、法规方面衔接的基础上,进一步推进粤港澳三方合作的深度和密度,在金融、贸易、产业、科技创新、教育、居住、养老健康等多个方面开展全面深入的合作,推进三方的优势互补、资源整合。

  对于战略重点的推进,主要可以分为两个阶段。第一阶段是合作基础建设和完善,从软硬件两个方面有效疏通粤港澳三方合作通道,实现三地人流、物流、资金流和信息流的顺畅高效流通,全方位奠定三方合作的基础。其中,硬件方面是推进粤港澳三方交通和信息基础设施的建设,构建辐射国内外的"一中心三网"("一中心"是指世界级国际航运物流中心,"三网"是指多向通道网、海空航线网、快速公交网)综合交通体系,同时,推动粤港澳在云计算、大数据、物联网、人工智能等信息技术领域合作发展,加快建设国际信息港,形成与区域经济社会发展相适应的基础设施体系。软件方面主要是实现粤港澳三方在制度、政策、法律法规方面的有效衔接,拆除阻碍深化合作的有形无形的藩篱,共同规划未来发展。2017年7月1日,国家发改委、粤、港、澳四方签署了《深化粤港澳合作 推进大湾区建设框架协议》(以下简称《协议》),提出要编制《粤港澳大湾区城市群发展规划》,四方商定每年定期召开磋商会议,每年提出推进粤港澳大湾区建设年度重点工作,并已初步落实了三方合作的基本框架和机制。战略重点的第二个阶段是实现粤港澳三方的经济社会发展的全面深化合作。具体而言,在产业发展方面,逐步构建协同发展的现代产业体系,完善产业发展格局,加快向全球价值链高端迈进。在贸易发展方面,通过引入负面清单、准入前国民待遇制度,推动港澳和广东的双向开放准入,在服务领域实现广东与港澳的内部市场化。在金融发展方面,推动粤港澳金融竞合有序、协同发展,建设以香港为龙头,以广州、深圳、澳门、珠海为依托,以南沙、前海和横琴为节点的大湾区金融核心圈。在科技创新方面,不断完善粤港澳科技创新合作的体制机制,建设粤港澳大湾区创新共同体,逐步建成全球重要的科技产业创新中心。在优质生活圈建设方面，以改善社会民生为重点，在国家化教育、就业创业服务、医疗服务方面合作共享、协同治理，把粤港澳大湾区建成绿色、宜居、宜业、宜游的世界级城市群。

（三）粤港澳大湾区建设的战略执行

战略执行是将战略任务付诸实践所应部署的相关执行和保障措施，主要包括执行主体和配套措施两个方面。

在执行主体方面，粤港澳大湾区的合作发展是"一个国家、两种制度、三个关税区、四个核心城市"的合作，包含了特别行政区和自由港（香港和澳门）、经济特区（深圳和珠海）、自由贸易试验区（包括南沙、前海蛇口和横琴三大片区）等多种不同的体制，粤港澳三方政策协调方面的很多事权都属于中央有关部门，三方自主协商范围较小，因此，粤港澳大湾区的发展需要中央层面的参与和主导。目前，我国已在中央层面成立粤港澳大湾区工作领导小组，统筹研究解决大湾区合作发展的重大问题。由于粤港澳区域"两制"的差异，跨境区域合作存在一定的屏障和阻隔，因此在粤港澳大湾区建设中，在建立中央层面的工作领导小组的基础上，还应建立和完善相应的协调机制。为了推进粤港澳三方的协调，在分别成立于1998年、2003年的一年一度的"粤港合作联席会议""粤澳合作联席会议"的基础上，《协议》提出了国家发改委、粤、港、澳四方编制和实施《粤港澳大湾区城市群发展规划》，四方每年定期召开磋商会议，协调解决大湾区发展中的重大问题和合作事项。同时，粤港澳政府也共同建立了推进粤港澳大湾区发展的日常工作机制，分别设在广东省发改委、香港特区政府政制及内地事务局、澳门特区政府行政长官办公室，在日常运作中发挥着联络协调作用，推动《粤港澳大湾区城市群发展规划》的深入实施[11]。

在配套措施方面，应在政策、制度、法律法规、资金、人才、宣传等方面提供相应支持。长期以来，香港一直没有综合性的发展战略规划，并且已有的相关规划都是以香港自身的发展为主，在跨境规划和配合国家战略方面一直比较被动[9]。目前推进粤港澳三方合作的首要任务就是积极推进粤港澳三方在政策、制度、法律法规等方面的创新，加强三方的衔接与合作，实现香港与广东和澳门地区政策、制度及规划的协调，为粤港澳三方合作扫清体制上的障碍。此外，中央及三地政府应加大对粤港澳大湾区建设项目的资金投入，重点支持粤港澳大湾区基础设施、产业升级、创新创业、医疗教育、生态环保等方面相关项目的实施，并推进项目融资方式的创新，吸引和鼓励民间资本投入到项目建设中。在人才方面，一方面加强对科技创新人才的引进和培养，汇聚一流的国际化创新人才，为粤港澳大湾区建设国际科技创新中心奠定基础；另一方面吸纳内地及港澳各界代表和专家参与，研究探讨各领域合作发展的策略、方式及问题，为粤港澳大湾区建设出谋划策。加强宣传推广，充分吸收工商企业界、劳工界、专业服务界、学术界等社会各界人才的交流合作，使其共同投入到粤港澳大湾区建设中来。

三、粤港澳大湾区战略系统的运行机制研究

粤港澳大湾区世界级城市群、世界级湾区的建设是一项复杂的系统工程，它涉及区域及城市发展的经济、社会、生态、空间等多个领域的协同发展问题。如果将粤港澳大湾区看作一个整体系统，那么这个整体系统则是由发挥着不同作用的不同子系统复合而成。结合复杂系统理论中包尔丁结合系统的复杂程度对不同系统所做的等级划分，以及切克兰德对世界上系统所做的人造物理系统、人类活动系统、人造抽象系统的划分[12]，我们将粤港澳大湾区整体系统看作复杂程度由低到高的三类系统组成，并总结为粤港澳大湾区整体系统的三个层次，即物理层、活动层、战略层[13]。物理层是粤港澳大湾区建设中相关的物质要素及其呈现的物理形态所形成的结构层次，包括支撑系统和空间系统两个子系统，分别以互联互通的基础设施和网络化的空间结构为主要形式。活动层是比物理层高一层级的系统层次，它反映的是人们的经济社会活动形态，它包括社会系统和经济系统两个子系统，分别以宜居宜业宜游的优质生活圈和世界先进水平的经济增长极为主要形态。活动层比物理层的突现和涌现特征体现在，依托物理层提供的物质载体和依托场所，具有认知、判断、决策与行动能力的人在活动层中演化出不同创新形态的经济社会活动。战略层是比活动层高一层级的系统层次，它由战略系统组成，以构建世界级城市群、世界级一流湾区为发展方

向。战略层比活动层的突现和涌现特征体现在，它充分发挥人的主观能动性，描绘粤港澳大湾区未来发展的美好远景，并通过制定和实施相应的战略规划引导、协调人们的经济社会活动，将这种美好愿望付诸实践。战略系统、社会系统、经济系统、支撑系统、空间系统相互联系、相互作用，共同复合形成粤港澳大湾区整体系统，如图3所示。对于城市群系统而言，它不仅仅是一群城市，只有"群"内各个城市之间实现产业发展与布局一体化、基础设施建设一体化、城乡统筹一体化，并且各城市单元定位清晰，实现合理分工、功能匹配、优势互补、互利共赢，才能让"城市群不再是一群城市"[14]。粤港澳大湾区城市群系统通过相互联系、相互作用的战略系统、社会系统、经济系统、支撑系统、空间系统，构筑了不同城市实现一体化发展的整体框架。

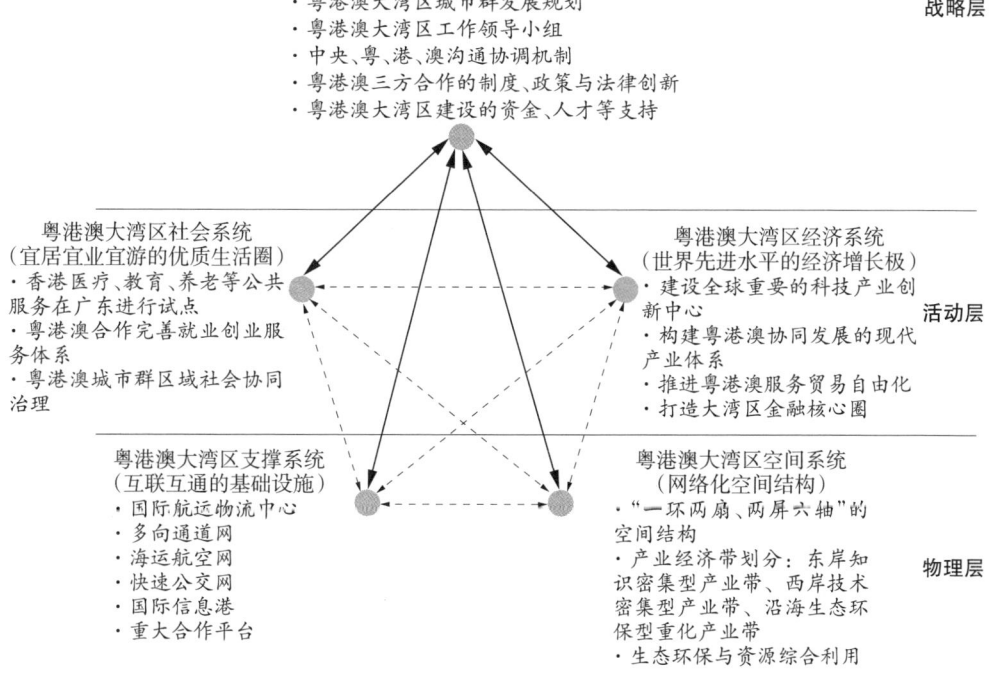

图3　粤港澳大湾区整体系统

战略系统在粤港澳大湾区建设和发展中所发挥的"他组织"作用主要通过规划、组织、引导、控制和协调等功能来实现。战略系统从整体和全局角度，通过将粤港澳大湾区建设中相互联系、相互作用的经济、社会、环境、空间等因素统筹起来,拟定粤港澳大湾区城市群系统建设的战略愿景、战略目标、战略任务、战略重点等,并具体落实到社会系统、经济系统、支撑系统和空间系统的发展中,这为粤港澳大湾区世界级城市群的建设与发展指明了方向和路径。在粤港澳大湾区工作领导小组的组织领导下,以及相应的协调机制、制度、政策法规、资金、人才等的支持下,战略系统推进社会系统、经济系统、支撑系统和空间系统按既定的方向发展,并引导和控制四大系统的协调、平衡发展。同时,战略系统中的规划及实施机制也会结合粤港澳大湾区建设中目标和任务的实现程度不断进行调整更新,以使战略系统不断保持生命力。

四、结论

作为国家和区域发展的重大战略,粤港澳大湾区未来的发展方向是建设世界级城市群、世界级经济湾区。面对这一美好的发展愿景,粤港澳大湾区的建设应该从哪些方面着手?应该如何来谋划它的发展规划并促进其有效实施?战略系统从粤港澳大湾区建设的整体和全局角度,从经济、社会、空间、生态、基础设施等多个方面,将战略愿景展开和细分为不同战略目标,进一步将战略目标分解为不同的战略任务,并明确了粤港澳三方在制度、政策、法律法规方面的衔接。以粤港澳大湾区内部联系合作的深度和密度为战略重点,在执行主体粤港澳大湾区工作领导小组的领导下,以及相应的制度、政策、资金、人才等保障要素的支持下,全面推动粤港澳大湾区向世界级城市群、世界级经济湾区迈进。在粤港澳大湾区整体系统中,战略系统发挥了重要的"他组织"作用,即通过它的规划、组织、引导、控制和协调功能,推动粤港澳大湾区向世界级城市群、世界级经济湾区迈进。

参考文献

[1] [日] 堺屋太一. 组织的盛衰:从历史看企业再生 [M]. 吕美女,吕国祯,译. 上海:上海人民出版社,2000.

[2] 王兴平. 城市企业化与城市战略规划 [J]. 城市规划,2002,26 (6):69 – 72;96.

[3] 杨珍. 企业战略对城市战略制定的启示 [J]. 城市发展研究,2002,9 (3):30 – 35.

［4］陈定荣，蒋伶，程茂吉. 转型期城市战略研究新思维［J］. 城市规划，2011（S1）：148 - 151.

［5］哈肯，协同学：自然成功的奥秘［M］. 戴钟鸣，译. 上海：上海科学普及出版社，1987.

［6］何跃. 自组织城市新论［D］. 太原：山西大学，2012.

［7］杨建梅. 系统隐喻、系统方法论的系统体系及全面系统干预［J］. 系统工程，2000，18（2）：7 - 12.

［8］中国指数研究院. GDP直逼纽约湾区 粤港澳大湾区时代来临［EB/OL］. （2017 - 06 - 01）［2017 - 08 - 25］. http://news.fang.com/open/25358270.html.

［9］丘杉. 粤港澳大湾区城市群发展路向选择的维度分析［J］. 广东社会科学，2017（4）：15 - 20.

［10］蔡赤萌. 粤港澳大湾区城市群建设的战略意义和现实挑战［J］. 广东社会科学，2017（4）：5 - 14；254.

［11］泛珠三角合作信息网. 深化粤港澳合作 推进大湾区建设框架协议［EB/OL］. （2017 - 07 - 04）［2017 - 08 - 25］http://www.pprd.org.cn/fzgk/hzgh/201707/t20170704_460601.htm，2017 - 07 - 04.

［12］［英］P. 切克兰德. 系统论的思想与实践［M］. 左晓斯，等译. 北京：华夏出版社，1990.

［13］张振刚，张小娟. 智慧城市的五维度模型研究［J］. 中国科技论坛，2014（11）：41 - 45；75.

［14］方创琳. 中国城市群研究取得的重要进展与未来发展方向［J］. 地理学报，2014，69（8）：1130 - 1144.

粤港澳大湾区政府治理的困境及完善路径

刘志永　李冠文

广东工程职业技术学院人文社科系

随着区域经济一体化的不断发展，我国区域合作发展迅猛，范围和规模在不断扩展，粤港澳大湾区作为更高站位谋划，对其他地区的区域合作起到了巨大示范作用。千载难逢的发展机遇已经到来，政府合作有助于打造区域经济增长的内核，构筑区域经济增长极，加速区域经济板块的形成，进而提升整个区域乃至全国的综合竞争力。

一、粤港澳大湾区政府间治理合作存在的问题

粤港澳大湾区政府间治理合作中存在一些问题和障碍，既有意识方面的，也有体制和措施方面的。

（一）合作意识不强，恶性竞争仍在

合作思想观念的缺失，是粤港澳大湾区建设的最大思想羁绊。受过去计划经济体制的影响，政府间画地为牢、各自为政的意识由来已久，可说是根深蒂固。实行市场经济体制后，拥有独立的经济利益和部分自主权的政府没有与时俱进、积极转变旧经济体制下滋生的不合作意识。在政府间治理合作过程中，某些地方政府因为怕吃亏、怕担风险、怕负责任，仍存在着单打独斗的意识，信任意识匮乏，治理合作难以顺利开展，甚至被扼杀在摇篮中。

（二）政府职能转变不到位

粤港澳大湾区三地政府担负着向区域提供公共产品的职责，但是目前粤港澳大湾区三地政府在职能配置上存在着一些问题，削弱了政府间治理合作的能力和可持续发展的基础。政府组织机构设置及其职责权力的配置不合理，政府部门之间职能交叉重叠的现象没有得到根本性改变，机构臃肿、错落无序，直接影响了政府管理的有效性。政府过度重视管理职能，没有兼顾服务职能，服务型政府的建设相对滞后。

（三）合作机制不完善

当前，粤港澳大湾区缺乏一套系统有效的政府间治理合作机制。虽然在多方努力下已经在区域内初步搭建起一些合作平台，但是在组织机构、协议约束、利益共享、合作规则和利益补偿机制等方面还存在一些问题，制约了粤港澳大湾区政府间治理合作的深度和广度，阻碍了粤港澳大湾区社会经济发展的速度。

粤港澳大湾区政府间的治理合作缺乏一致性的规则，由于"一国两制"的特殊性，区域政府在对外招商引资、土地审批租赁、贸易进出口、人才资源流动、科学技术开发、信息交流共享等方面的政策存在一定的差异。粤港澳大湾区内地方组织法中涉及治理合作的具体规定和条例也几乎是空白，这些缺失导致对破坏合作的政府行为不能及时进行约束。缺乏一致性的治理合作规则是不容忽视的问题。

（四）缺乏区域治理合作的法律法规

法律法规在区域治理合作中理应发挥重要作用，但往往被疏忽遗漏。各地政府在政治经济生活中的地位和作用在法律法规体系中已明确规定，但对于区域政府间如何发展对等关系，各政府在区域治理合作中的地位作用、区域管理机构的法律地位等方面却没有相关的法律条款依据，无法为区域政府间的治理合作提供一个科学有效的框架准则，因而无法为政府间的治理合作提供法律法规保障。当下粤港澳大湾区政府间的治理合作依靠的是政策，没有成立专门的区域治理合作立法机构，也没有制定区域治理合作立法的民主程序，宏观层面的法律法规依据还处于空白的状态，立法的监督和协调机制更是无从谈起。这给粤港澳大湾区的建设带来巨大障碍，也是粤港澳大湾区区域治理合作法律法规领域的一个缺失。

（五）基础设施建设滞后，投资环境需进一步改善

基础设施是影响区域经济发展的先决条件，优良的基础设施条件是区域经济形成和发展的基本前提和良好载体，对区域经济资源的快速流动、区域产业的有机整合、区域城市化的进程等诸多方面，具有决定性的意义。以沿海大型组合港建设、城市群建设、重大产业布局和重大产业项目建设等基础设施建设工作为重点，粤港澳大湾区的基础设施合作进展顺利，一批与重大产业项目相关的基础设施建设正在如火如荼地进行中。但是由于粤港澳大湾区各地的财政能力、银行等金融机构的扶持力度不同，区域内政府筹措资金的能力存在差异，开发性金融合作投融资平台也没有合理搭建起来，造成在基础设施建设资金投入上出现了"瓶颈"。粤港澳大湾区资源丰富，能源充裕，理应具备基础设施建设的先天优势，但由于长期受到历史及社会等多重因素的后天影响，基础设施建设比较薄弱，特别是政府在基础设施的空间配置上存在不公平性，将精力和资金、政策过度关注在城市建设而边远地区的基础设施建设相对薄弱，这也加剧了粤港澳大湾区内发达地区与边远地区在基础设施水平上的差异性。

（六）产业结构不合理，需要进一步整合

粤港澳大湾区产业经济结构调整取得进展，产业结构日趋合理化；但是还存在一定的问题，有待进一步的整合，实现优化升级。首先，在粤港澳大湾区发展现代农业进程中，还存在资金不足、特色产业少、机械化程度低、农民素质不高等问题。其次，一些地方没有将保护生态环境作为重点，没有考虑到项目对周边区域生态环境带来的负面效应，缺乏全局意识。最后，粤港澳大湾区在吸引国内外资金流入和产业梯度转移等方面准备不够充分，尚未构建起具有

新的经济增长极的产业发展框架。

（七）非政府组织作用没有充分发挥

完全意义上的区域治理合作实质上不是由政府独家完成的，在区域发展中，作为社会自治的组织团体即非政府组织是一种极为有效的制度资源，具有难以替代的优势，对粤港澳大湾区的发展建设起到了一定的推动作用。在经济领域，非政府组织通过获取各种资源，协调各方关系，推动粤港澳大湾区建设的发展；在公共服务领域，非政府组织帮助扩大社会参与，传达公众的利益诉求，为粤港澳大湾区建设营造良好的社会环境。但有一些非政府组织与市场经济下的公民意识相脱节，群众基础不够广泛、深厚，群众参与配合非政府组织活动的积极性不够高涨，这也影响了非政府组织作用的发挥。

（八）治理合作领域不全面

自然灾害、人为作业造成的突发事件是人类生存和发展的共同威胁。应对自然灾害、公共卫生事件和社会安全事件等突发事件，最大程度减轻损失，需要区域内各地政府加强合作。广东在应对台风来袭、海水倒灌等自然灾害，以及像曾经的"非典"那样的严重的流行性疾病，还有打击走私犯罪、毒品犯罪等方面的合作取得了一定的成效。粤港澳大湾区政府间突发事件的应对合作还存在诸多问题，突发事件信息通报机制没有确立，灾情信息交流不及时、不畅通，给政府间合作应对的决策工作带来不便。在应急协调机制、联防机制、灾后处理机制基本上也是空白，没有组建政府间跨辖区跨部门的应急合作小组，当灾情区域性发作时，各地政府无法依据共同的联防机制各自开展突发事件应对行动。加强粤港澳大湾区突发事件应急管理区域合作是当前亟待解决的问题之一。

二、粤港澳大湾区政府间治理合作的路径分析

（一）思想上增强合作的意识，避免地方保护主义

合作的行动来源于合作的意识，发展的快慢好坏与对外开放合作意识强弱密切相关。粤港澳大湾区成立以来，秉承努力推进对外开放和加强治理合作的科学理念，经济建设发展势头迅猛。虽然粤港澳大湾区拥有良好的区位和资源等客观优势，但是区域内政府间对外开放和治理合作的行动上还存在一定的差距。治理合作观念的落后，是建设粤港澳大湾区最大的思想羁绊。不谋全局者，不足以谋一域。

作为粤港澳大湾区中的成员，遵循与治理合作相关的协议约定，产生思想的碰撞和共鸣，一道克服各自为战、本位主义的陈腐观念。政府除了要营造宽松灵活的政策环境，建立健全的、更加有利于开放合作的政策体系，还要营造高度诚信的人文环境，建立健全包括政府、企业、中介组织和个人在内的社会信用体系，保证履约守信的良好氛围。

（二）切实转变政府职能

首先，政府在倡导、组织、运作区域合作中起到关键性甚至是决定性的作用。应将贯彻治理合作意识、搭建治理合作平台、积极参与治理合作项目建设等作为今后行政事务的重中之重。其次，政府要以区域市场为服务导向，改变官本位的传统理念，实现向社会本位、民本位的转变。政府要增强治理合作意识，营造政府辖区间和谐的政治经济环境，创造廉洁高效的政务环境。要建设服务型政府，摆正政府、市场、企业三者的关系，还权于市场、企业和中介组织，使政府从企业经营管理等具体事务中解脱出来。再次，政府自身要形成正确的政绩观，坚决禁止政府官员盲目开展形象工程、政绩工程建设，还要在加强政府决策监督力度、提高公共产品供给效率，组建专业水平高、综合素质好

的政府官员队伍等方面取得突破。最后，政府要扩大合作政策制定、执行过程的公众参与范围，使政府公共服务以合作方的需求评价为导向，加大公众影响的比重。

（三）完善区域治理合作机制

首先，要建立有效的合作组织机构。筹建起合作相关机构，成立联席会议办公室，专门负责推动区域合作工作。粤港澳大湾区要完善治理合作机制，必须及时建立起适合本区域实情的合作组织机构，坚实迈开共同管理的第一步。其次，要完善合作协议约束机制。同时在治理合作的进程中，区域政府必须以制度性的合作协议来保证。这种协议对各方有强大约束力，对违反协议一方要予以严厉的惩罚。再次，要完善利益共享制度。粤港澳大湾区政府间合作协议的签订应该明确体现各方的责任、义务、合作的范围、形式以及享有的权利，特别要明确体现合作利益的共享机制。最后，要完善治理合作利益补偿机制。要以统筹区域协调发展为主要依据，在谁开发谁保护、谁受益谁补偿的原则指导下，因地制宜地选择补偿措施，完善政府对补偿的调控手段，实现补偿的法制化、规范化。

（四）建立健全与政府间治理合作相配套的法律法规体系

在区域合作中，建立健全关于区域政府间治理合作的法律法规体系，营造规范严明的法治氛围，能为区域社会经济建设创造安定有序和谐的发展环境。通过制定区域合作的法律法规来保持区域政策的一贯性和持续性。针对当前粤港澳大湾区政府间治理合作的进程中由于相关法律法规的缺失造成的一系列不必要的纠纷和损失，建立健全配套的法律法规体系显得尤为重要。首先，要组建粤港澳大湾区区域立法委员会，由具备先进合作理念和专业知识的人员组成，经过对区情的调查了解，针对目前已经出现或者将来一段时期政府间治理合作中可能出现的问题，制定出台相关的法律法规。其次，加强区域合作法制化建设，建议抓紧制定粤港澳大湾区政府间合作章程、区域合作法规、区域经济合作条例、粤港澳大湾区政府间财政转移支付法等，为粤港澳大湾区政府间治理合作提供必要的法律保障。再次，促进区域治理合作的市场化，减少政府在"多边行政"中对经济事务的过度、不当干预。最后，要完善法律法规监督体系，实现有法可依、有法必依、执法严明，保证法律法规真正落到实处，避免出台的法律法规成为一纸空文。

（五）加强能源、交通等基础设施建设，改善招商引资环境

进一步加强粤港澳大湾区的基础设施建设，对改善招商引资环境的作用十分直接和明显。粤港澳大湾区区位优势、自然优势明显，如果治理合作意识、合作机制等发展软环境得以改变和完善，那么加强基础设施建设无疑会对区域的招商引资带来更大的吸引力。面对基础设施建设急需大量资金的现实问题，建议政府间合作起来，借鉴"长三角""京津唐""长株潭"等区域的融资经验，积极发挥粤港澳大湾区内各个开发投资公司的投资职能，借助国有投资主体的融资平台获得基础设施建设所需资金。此外，也可以借助国家开发银行等银行机构的融资优势获得基础设施建设所需资金。设立各种投资基金，成立地区性股份制商业银行，构建多层次的投资、融资方式，也有利于全方位实现粤港澳大湾区大开发的投资资金需求。

在基础设施建设中，各地政府要合作推动重大基础设施建设一体化，重点加强立体交通网络特别是公路出海通道网络建设，加快推进公路、铁路、机场和现代化大型组合港的建设，加快区域性国际物流基地建设；此外，还要加快建设和完善沿海基础设施。通过合作可避免各地的重复建设对资金、资源造成的浪费，提高与周边地区基础设施的对接水平，把粤港澳大湾区建成联通的国际大通道和区域性交通枢纽。粤港澳大湾区基础设施的优化完善，将大大提高外资流入和外商进驻的吸引力，提升整体的经济实力。

（六）加快产业结构整合，构建适合粤港澳大湾区的产业结构

首先，政府应该就产业发展现状有一个总体的认识和把握。清楚认识到目前粤港澳大湾区产业发展雏形基本形成，但是还存在诸如产业趋同、缺少扶持政策等问题，因此要提升合作调整产业结构的意识。粤港澳大湾区内各政府应

该携手合作建立完善相关的产业扶持和调整政策,引导各地加快产业结构整合。在共同商榷签署协议鼓励一些产业和产品发展的同时,还应严格限制部分产业和产品的生产。其次,应加强对产业发展方向进行高瞻远瞩的分析。要从粤港澳大湾区整体的区位优势、资源禀赋、政策法规等现有基础出发,并纳入经济周期、人才市场等影响因素,对粤港澳大湾区产业发展方向作出科学的分析和预测,将有限的资源转向具有全局意义的重点行业,培育新的增长点。再次,各地方政府应该着眼本辖区的产业发展基础即各地的区位特点与发展优势,扬长避短,调整各自产业发展的侧重点,选择本辖区的主导产业和支柱产业。主导产业选择确定之后,要通过扶持政策和财政、金融、税收等手段,从资金、技术和人才等方面来扶持主导产业的发展。在明确主导产业在粤港澳大湾区发展全局战略中的功能定位后,重点发展优势支柱产业,才能真正避免重复建设和产业同构化现象。最后,要根据产业结构调整要求培育适合产业结构发展需要的专业人才队伍,特别是大力转移剩余劳动力,满足产业发展的需要,尤其是第二、三产业发展的需要。

(七)发挥非政府组织的作用

非政府组织的作用是,其能够利用自身边界模糊、结构灵活、手段弹性、包容性强、成员异质性高等特点来规避政府间治理合作中存在的诸多矛盾和问题,为区域政府间的治理合作提供新的选择途径。非政府组织应该在以下方面发挥其应有的作用。

首先,非政府组织应该促进粤港澳大湾区各地的文化相融,成立粤港澳大湾区文化科技类交流社团。粤港澳大湾区各地虽然在自然气候、生活习性等方面有着相似相通的特点,但是由于各地的历史沿革、区位各异,以及经济基础差异等因素,形成了丰富多彩、不尽相同的人文背景。各城市的人文背景差异现象如果不能实现很好的理解和融合,那么粤港澳大湾区经济一体化就成了一句空话。文化相融不是统一文化、消除个性,而是从各自差异的文化中挖掘出适应时代潮流的共同点,建立合作、共赢的区域文化。可以成立粤港澳大湾区文化科技类社团,发扬传承合作共赢的区域文化,承载起政府和民间文化相融、教育科技资源共享的重要任务。此外,还可以建立行业协会、环保协会等团体组织，在商业、环保等领域发挥促进交流、弥补政府管理缺失的作用。其次，非政府组织要加强与政府的交流与合作，建立长期伙伴关系。在实现政府认同非政府组织的作用、对非政府组织的监督和激励措施切实到位的前提下，非政府组织应积极保持与政府交流沟通、主动帮助政府解决行政管理中出现的难题。最后，要对粤港澳大湾区内非政府组织人员队伍的建设严格把关，保证非政府组织发挥作用的人员质量，对于性质恶劣、公众口碑不佳的非政府组织应予以改良甚至坚决取缔。

（八）积极探索粤港澳大湾区政府间展开合作的方向

粤港澳大湾区政府间的治理合作是具可行性的，在众多的领域平台上，合作已经如火如荼地开展起来，成效显著。随着粤港澳大湾区发展进程的推进，已开展的合作已经越来越满足不了发展的需要，公众期待合作的领域能进一步拓宽。因此，积极探索粤港澳大湾区政府间治理合作的方向，加强其他领域的合作的潮流就应运而生了。

首先，要切实加强少数民族文化资源领域的合作。成立少数民族文化资源保护委员会，通过深入少数民族地区搜集少数民族文化资源，整合资源分布情况，对粤港澳大湾区少数民族地区的文化资源进行总体开发和保护。通过举办类似于广东民歌节等的文艺汇演、文化交流演出，将各民族丰富多彩的文化集中演绎，相映成辉，促进粤港澳大湾区少数民族文化的融合与交流。其次，要加强粤港澳大湾区政府间合作应对突发事件的能力。根据粤港澳大湾区自身灾害特点和基础条件，建立粤港澳大湾区突发事件信息通报机制、应急协调机制、联防机制以及灾后处理机制，组建政府间跨辖区跨部门的应急合作小组，联合开展突发事件应对行动，保证建设的安全有序进行和公众的生命财产安全。最后，还要加强粤港澳大湾区的城市政府间高端合作、区域旅游合作、房地产业边贸业等产业发展合作，与其他国家和地区的合作等，实现粤港澳大湾区全方位、多领域、深层次的合作目标。

三、总结

粤港澳大湾区各地之间的交流与合作是粤港澳大湾区区域整体关系的重要组成部分。粤港澳大湾区政府间合作的出发点是区域内各地政府通过合作来共享整体利益,在友好合作、优势互补、互利共赢、共同发展的宗旨下,实现各地之间的利益转移,驱动利益在地区间的合理分配,最终实现粤港澳大湾区整体实力的增强。

在"一带一路"倡议大背景下,粤港澳大湾区区位优势明显,资源禀赋优越,各地经济社会发展水平差异明显,资源结构、产业结构、市场结构合作性强,具备在基础设施、环境保护、旅游开发等多个领域合作的可能,粤港澳大湾区政府间合作与共赢是让人充满期待的。

参考文献

[1] 申勇,马忠新. 构筑湾区经济引领的对外开放新格局——基于粤港澳大湾区开放度的实证分析 [J]. 上海行政学院学报,2017(1):83-91.

[2] 单菁菁. 粤港澳大湾区:中国经济新引擎 [J]. 环境经济,2017(7):44-47.

[3] 蔡赤萌. 粤港澳大湾区城市群建设的战略意义和现实挑战 [J]. 广东社会科学,2017(4):13-15.

[4] 黄晓慧,邹开敏. "一带一路"战略背景下的粤港澳大湾区文商旅融合发展 [J]. 华南师范大学学报:社会科学版,2016(4):106-110.

[5] 陈朝萌. 粤港澳大湾区港口群定位格局实证分析 [J]. 深圳大学学报:人文社会科学版,2016(4):32-35.

粤港澳大湾区城市群陆路交通一体化的问题与对策

孔维宏

佛山市路桥建设有限公司

一、粤港澳大湾区城市群交通一体化的意义

（一）粤港澳大湾区

湾区是指由一个海湾或者相连的若干个海湾、港湾、邻近岛屿共同组成的区域。[1]

粤港澳大湾区包括广州、深圳、珠海、佛山、东莞、中山、惠州、江门、肇庆九市以及香港、澳门两个特别行政区，土地面积约5.6万平方千米，常住人口约6800万。粤港澳大港区包含了两个特别行政区、两个经济特区、前海/横琴/南沙三大自由贸易片区等，从图1中看，粤港澳大湾区呈 A 字形。

经过分析东京湾区、纽约湾区、旧金山湾区的经济发展特点，并与其他类型区域经济形态进行比较后（表1），冼雪琳（2017）认为湾区经济的主要共同特征有：高度开放性、创新引领性、宜居宜业性、区域协同性。[2]

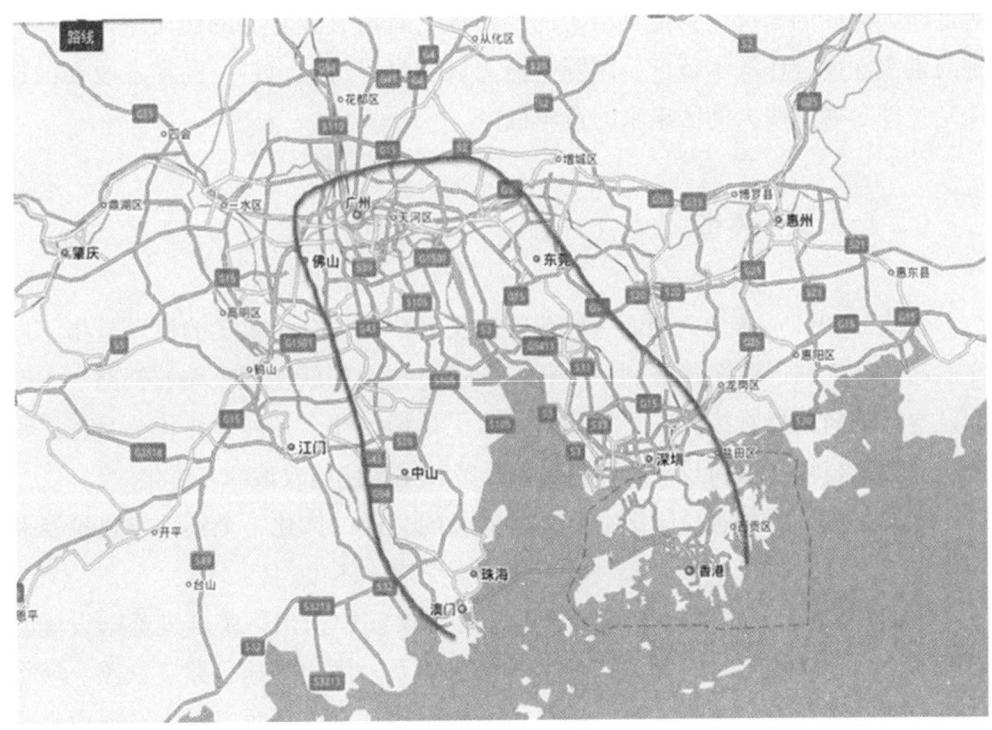

图1 粤港澳大湾区地图

图片来源：百度地图（审图号：GS（2016）2089号）

表1 粤港澳湾区与世界其他三大湾区相关指标对比[1]

	粤港澳湾区	纽约湾区	旧金山湾区	东京湾区
土地面积/万平方千米	5.6	2.1	1.8	3.7
常住人口/万人	6800	2340	760	4383
GDP/万亿美元	1.4	1.4	0.8	1.8
人均GDP/美元	20419	59829	105263	41068
第一产业占比/%	0.10	0.00	0.29	0.27
第二产业占比/%	44.30	10.65	16.95	17.46
第三产业占比/%	55.60	89.35	82.76	82.27

资料来源：CEIC，兴业证券研究所。

由国家发改委牵头的《深化粤港澳合作推进大湾区建设框架协议》中，对粤港澳大湾区的定位是：更具活力的经济区、宜居宜业宜游的优质生活圈，内地与港澳深度合作的示范区，国际一流湾区和世界级城市群。国家发改委的这个定位即是粤湾澳大湾区未来的奋斗目标。

（二）交通一体化

张晓（2011）认为，交通一体化有狭义和广义之分，狭义的概念是指不同交通运输技术和运输模式上的一体化，即通过技术创新实现公路、铁路、水路和航空运输的无缝对接；广义的交通一体化是指以社会发展一体化为目标，强调交通政策与社会福利政策、环境保护政策和土地使用政策的一体化。[3]

本文所探讨的交通一体化主要是指狭义的交通一体化，个别地方也论及利用类似"转移支付"的社会福利政策来助推交通一体化。

《深化粤港澳合作推进大湾区建设框架协议》中指出，要推进基础设施互联互通，构建高效便捷的现代综合交通运输体系，优化高速公路、铁路、城市轨道交通网络布局，推动各种运输方式综合衔接、一体高效。强化城市内外交通建设，便捷城际交通，打造便捷区域内交通圈。[5]

毫无疑问，交通基础设施一体化成为现阶段推进粤港澳大湾区建设的重要工作任务，也是粤港澳大湾区建设不可或缺的一环。

（三）粤港澳大湾区城市群交通一体化的意义

湾区地理位置临海，早年大多数起家于港口。港口在对外货运、客运往来中，逐渐形成了开放的特色。港口发展的历史沉淀，使湾区城市积累了厚实的基础。当港口城市向更高发展阶段的湾区经济演化时，湾区需具备更高的开放度，这意味着信息、人才、资源等要素在此间被"容忍"的程度更高，新事物发生概率更高，创新具备了良好的土壤，创新氛围达到一定的"浓度"，经济形态更具活力。创新的核心要素之一是人才，而高素质人才在就业创业上有更多的选择主动权，本能地对居住环境更为"挑剔"，因此要吸引更多优秀人才前来湾区创业、工作，必然对湾区宜居宜业提出更高的要求。基于这样的逻辑，绝大多数湾区或者对高层次人才需求高的地方，都不可避免地要求形成宜居的环境。交通一体化直接关系通勤的便利程度，是对宜居要求的响应。

世界上具备湾区地理环境的城市非常多，例如著名的纽约湾区、东京湾区等，还有些早年发展得不错但是后来没落了，例如曾经作为全球第三大港口的高雄港。因此，具备宜居宜业的地理环境是湾区的必要但非充分条件。要成为全球有竞争力的湾区，必须形成湾区的整体竞争力，仅靠一两个核心城市而没有协同配套的城市，可能会在竞争中落败，台湾高雄港就是前车之鉴。因此，湾区城市群的协同效应就很重要，也就是说湾区除了核心城市自己的核心竞争力之外，还需要与周边的城市一起，打造成为一个有机体，形成整体核心竞争力。核心城市与周边城市之间的"协同作战"，离不开交通一体化的支持。

总而言之，交通一体化有利于提高交通运作整体效率，降低运输成本，是宜居宜业、区域协同的重要基础以及先导条件，是粤港澳大湾区加速一体化的重要保障。

（四）本文研究范围

本文主要研究粤港澳大湾区城市群陆路交通基础设施的一体化，湾区内部的水路交通、航空等相对来讲比较独立，互相关联性稍弱，本文不作深入探讨。

二、粤港澳大湾区城市群陆路交通一体化存在的问题

粤港澳大湾区城市群陆路交通一体化存在的问题主要有交通规划、交通结构、交通共建共享、交通工程项目实施过程、收费交通项目管理、"一国两制"下通勤、交通服务评价等问题。

（一）交通规划存在的问题

珠三角交通规划起步较慢，直到2010年，广东省发改委印发的《珠江三角洲基础设施建设一体化规划（2009—2020年）》才意味着正式规划文件的出台。

关于珠三角交通规划存在的主要问题，《珠江三角洲基础设施建设一体化规

划（2009—2020年）》中指出：珠三角综合性基础设施缺乏规划，部分基础设施专项规划缺少有效统筹，规划综合性不强，且与城市总体规划、土地利用总体规划等专项规划衔接不够，造成基础设施布局不尽完善，结构不尽合理。

珠三角各地级市全部在广东省的统筹管辖之内，交通规划尚且存在这些问题；粤港澳大湾区涉及两个特别行政区、一个经济大省，鉴于"一国两制"的特殊性，不管是政治、经济、社会等，还是交通基础设施的建设模式、监管模式等都存在较大的差异，各自的利益诉求存在许多分歧，交通规划复杂程度更高。粤港澳大湾区交通的基础脱胎于珠三角交通，珠三角交通规划存在的问题，是粤港澳大湾区存在问题的一部分，但粤港澳大湾区交通规划存在的问题更为严峻。

目前的事实也印证了以上逻辑，截至2017年8月，粤港澳之间的交通规划还未形成系统，比较零散，港珠澳大桥推进的时间跨度就大致说明了这样的问题。总而言之，粤港澳大湾区交通规划缺乏更高层次的协调机制。笔者相信，在已经上报国务院的粤港澳大湾区综合规划中，应该涉及了这方面的内容，并且应该有了解决方案。

（二）交通结构存在的问题

目前粤港澳大湾区内大部分城市的交通，主要依赖的是公路，轨道交通发展相对滞后，轨道交通密度偏低，交通结构不合理。

1. 交通结构不合理

从表2可以看出，2006—2015年十年间，广东省铁路与公路单位客运量、货运量比值的平均值分别为3.08、3.28，也就是说每千米铁路客运量、货运量是公路的3倍多，从数据上再次印证了铁路运输效率远高于公路。这里的铁路是指各种类型的轨道交通。珠三角的轨道交通建设已经走在全省的前列，香港澳门的体量较小，对于整体比例及相关数据的影响不大，因此广东省的以上铁路数据，应该大致可以反映出粤港澳大湾区中的广东省九个地级市的情况，以下分析类同。

表2 广东省铁路公路客（货）运量比较（2006—2015年）

指标	单位	2015年	2014年	2013年	2012年	2011年	2010年	2009年	2008年	2007年	2006年	平均值（2006—2015年）
铁路营业里程①	千米	4035	4027	3472	2846	2832	2727	2479	2165	2175	2168	2893
公路里程②	千米	216023	212094	202915	194943	190724	190144	184960	183155	182005	178387	193535
铁路客运量③	万人	23149	20942	17658	15031	14441	11674	10361	10613	10256	9356	14348
公路客运量④	万人	98050	157234	133305	556510	493618	442224	406704	462997	186835	475567	311304
铁路货运量⑤	万吨	8117	9136	9711	9306	8971	8562	7597	7105	7778	7425	8371
公路货运量⑥	万吨	255995	257136	261273	189034	166567	140689	125433	101429	112611	97461	170763
铁路单位客运量⑦=③/①	万人/千米	5.74	5.20	5.09	5.28	5.10	4.28	4.18	4.90	4.72	4.32	4.96
公路单位客运量⑧=④/②	万人/千米	0.45	0.74	0.66	2.85	2.59	2.33	2.20	2.53	1.03	0.98	1.61
铁路与公路单位客运量比值⑨=⑦/⑧		12.64	7.01	7.74	1.85	1.97	1.84	1.90	1.94	4.59	4.39	3.08
铁路单位货运量⑩=⑤/①	万吨/千米	2.01	2.27	2.80	3.27	3.17	3.14	3.07	3.28	3.58	3.42	2.89
公路单位货运量⑪=⑥/②	万吨/千米	1.19	1.21	1.29	0.97	0.87	0.74	0.68	0.55	0.62	0.55	0.88
铁路与公路单位货运量比值⑫=⑩/⑪		1.70	1.87	2.17	3.37	3.63	4.24	4.52	5.93	5.78	6.27	3.28

数据来源：Wind资讯，笔者统计分析。因计算过程中的四舍五入，可能导致结果存在误差。

表2数据显示，2015年底，广东省铁路营业里程为4035千米，公路里程为216 023千米，单从营业里程来看，铁路营业里程不及公路里程的2%。

铁路的运输效率远高于公路，但铁路的营业里程不到公路的2%，这样的结构，对于提升整体效率是不利的。

从表2第①行可以看出铁路营业里程是趋于增长的，从第③行可看出铁路客运量呈现快速增长趋势，但第⑤行铁路货运量却没有显著上升，这大致可以推测，新增的铁路里程主要是以客运为主，而且客运轨道与货运轨道大致是分离的，难以做到一轨多能。根据笔者对欧洲一些城市的考察，例如巴黎的RER高速铁路的部分路段，同时具备客运与货运两种功能，客运时段大致是在5：00—24：00，货运则大致是在0：00—5：00，这样做有利于更好地利用运能。当然这样的路段在设计时必须充分考虑客运与货运两种功能，以及相应的客货运兼备的配套设施。

以上数据反映了交通结构不合理。事实上，在一些政府官方规划文件中，也承认了交通结构不合理的事实，例如《深莞惠交通运输一体化规划》中指出"深莞惠轨道交通发展相对滞后，交通运输过度依赖公路"。

2. 轨道交通密度偏低

从表3可以看出，广州、深圳两市人均轨道交通长度分别为26.3毫米、23.5毫米，远低于欧洲主要城市平均水平（40.8毫米），也低于美国主要城市平均水平（28.7毫米），即使与我国的北京（30.3毫米）、上海（28.2毫米）相比也要低出许多。当然，自2011年以来，广州、深圳的轨道交通快速发展，新增里程不少，除去广州、深圳继续人口净流入之后（图2），应该比之前的人均轨道长度水平要高一些。

表3 世界主要城市轨道交通里程和人均长度

国家	城市	城市人均轨道交通长度/毫米	总长度/千米	站台数目/个
美国	旧金山	48.4	166.9	44
美国	纽约	19.3	368	468
美国	芝加哥	18.5	166	152
美国主要城市平均值		28.7	233.6	221
英国	伦敦	46.9	402	270
德国	柏林	43.2	147.4	195
法国	巴黎	21.7	215	381
西班牙	马德里	51.4	286.3	282
欧洲主要城市平均值		40.8	262.7	282
日本	东京	8.5	304.5	290
韩国	首尔	33.3	326.5	302
中国	香港	24.3	175	95

续表

国家	城市	城市人均轨道交通长度/毫米	总长度/千米	站台数目/个
东亚发达城市平均值		22	268.7	229
俄罗斯	莫斯科	29.6	309.4	186
墨西哥	墨西哥城	9.5	180	195
印度	德里	12.1	193.2	143
印度	孟买	9	171	73
中国	北京	30.3	337	196
中国	上海	28.2	423	279
中国	广州	26.3	231.9	146
中国	深圳	23.5	178.4	131
新兴地区城市平均值		21.1	253	169
世界发达地区平均值		31.6	255.8	247.9

资料来源：中企顾问网整理，2011年统计[6]。因计算过程中的四舍五入，可能导致结果存在误差。

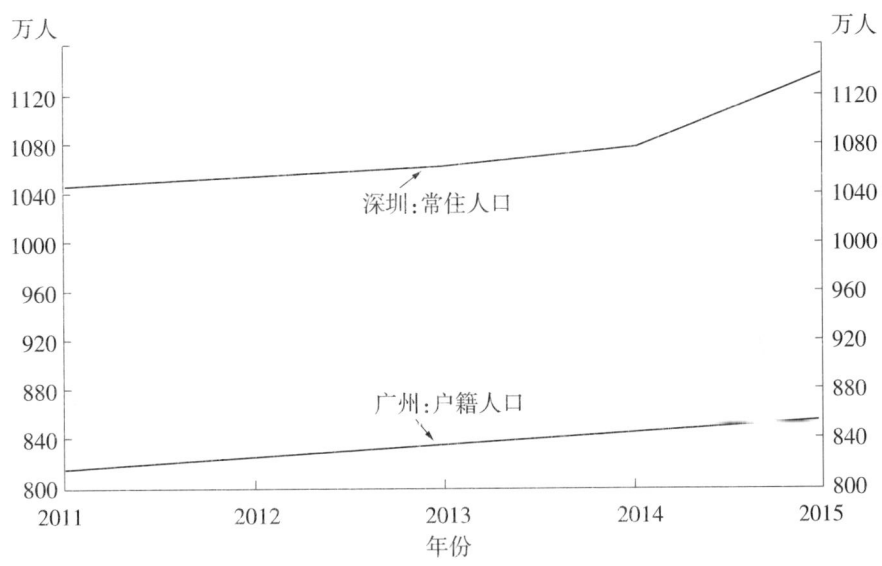

图2 广州、深圳常住人口变化（2011—2015年）

数据来源：Wind资讯。

我们从另一个侧面看粤港澳大湾区中广东九个市的轨道交通密度。根据《珠江三角洲基础设施建设一体化规划（2009—2020年）》中关于综合轨道交通枢纽，仅有3个城际轨道交通枢纽，数量非常少。

按照欧洲的经验，许多大城市都有重要的轨道交通枢纽，例如日内瓦、柏林、法兰克福等城市的中心城区都有城轨枢纽，可以实现中心城区之间以及与其他城市之间的快速连接。

国内城际轨道交通在设计时，对城市未来的发展考虑得多，有些地方试图通过在一些很偏僻的地方设置站点，来拉动郊区经济发展，形成地方新的经济增长点或是所谓的"新城"，例如广珠城轨在佛山市顺德区有个北滘站，它就设置在两边都是工业园区的偏僻的地段，当地政府规划将这个站点附近的大片土地开发成商业区，但好多年过去了，这个规划到目前为止还没有看到实施的迹象。

当然中国与欧洲的现实情况是有差异的。欧洲经济社会已发展成熟，城镇化率高，基础设施比较完善，快速扩展的时期已经过去。他们考虑的是"如何满足已发展成熟的当下"，因此很多城轨设在中心城区，方便市民，提高出行效率。中国还处在高速发展期，城镇化率还有相当大的上升空间，基础设施也有大量的续建空间，因此，考虑更多的是如何给未来留有余地，同时部分城市对于将中心车站设置在中心城区是有教训的，如广州火车站曾经给周围片区带来极大的交通拥堵，因此政府倾向于以相对城郊的地方作为交通枢纽，再用地铁等实现接驳。

中国与欧洲轨道交通有不同的方式，没有对错之分，只要是合适的就是好的。要发挥更好的作用，最重要的就是实现无缝对接，地铁与城轨之间的无缝对接，或是公交与城轨之间的无缝对接，等等。

3. 造成结构不合理的原因分析

造成目前交通结构以公路为主的原因比较复杂，笔者认为主要有以下几点原因：理念问题、规划问题、公路管理比较简单、技术储备与建设成本较高。

（1）理念问题。

早年国人对轨道交通的认识多半停留在绿皮的火车车厢，主要用来实现远程运输，班次较少，买票也不容易，乘车体验差。

（2）规划问题。

轨道交通需要形成网络，良好的接驳需要较强的综合规划。早年的综合交通规划做得远远不够。而公路对规划的要求相对低一些，哪有路就走哪，车不能开还可以骑自行车甚至步行。这种本能的行为，使得公路比轨道交通开发要早得多，生命力要顽强得多。

（3）公路管理比较简单。

公路不需要专线，只要在路上行走就可以了，管理相对比较简单；现在国内轨道交通大多实行封闭式管理，全面监控，管理相对复杂一些。

（4）技术储备与建设成本较高。

早年国内轨道交通的技术储备比较弱，轨道交通的建设成本比较高。

从以上原因可以看出，交通依赖公路，轨道交通发展相对较慢。在粤港澳大湾区中，香港、广州、深圳城市内部的地铁里程数相对比较大。但是其他城市，例如东莞、佛山、中山、珠海等，内部轨道交通里程数较小，连接不同城市的轨道交通里程也很是不足。珠江西岸的城市之间，广州、佛山、珠海、江门等城市，仅有一条广珠城轨相连，平时每22分钟才发一趟车，节假日也要15分钟才发一趟车，班次少，全程票价70元；这比起长江三角洲许多城市之间的轨道交通的班次以及票价，还有相当大的差距。

（三）交通共建共享存在的问题

《珠江三角洲基础设施建设一体化规划（2009—2020年）》中指出：受现行财政、税收、投资等方面的政策和机制制约，加上项目业主各异，利益诉求可能相互矛盾，区域基础设施一体化布局建设难以到位；省市虽已初步建立了沟通协调机制，但由于没有相应配套政策和利益共享机制，基础设施布局建设的协调管理难度较大，区域性基础设施共建共享步履缓慢。

以上道出了粤港澳大湾区交通共建共享存在的部分问题。笔者认为，主要存在以下问题：共建共享意识缺乏、推动共建共享执行主体的微观动力不足、共享利益分配机制缺失、对资金使用效率敏感性不强、无共建共享不作为的惩罚机制等。

1. 共建共享意识缺乏

由于行政区块分割，都抱着各扫门前雪的心态，不同行政区域内与兄弟地级市之间的合作共建共享意识缺乏，同一城市不同部门的共建共享合作比较薄弱。共建共享上存在认识上的问题，有些城市为了提高招商引资的竞争力，甚至具有排他心态。有些城市，不喜欢别人来"傍大款"，合作共赢意识淡薄。例如自从2008年启动广佛同城以来，广佛同城的许多项目，呈现出佛山热心、广州冷淡的现象。

2. 推动共建共享执行主体的微观动力不足

目前大部分共建共享主要由政府部门主导，对部门工作人员在共建共享方面的业绩无相应的奖励机制。相反，共建共享可能意味着增加一些部门的工作量，会引起部分同僚的反感，导致微观执行人员推进共建共享的动力不足。

很多项目建设单位可能有这样的经历，有上级高度关注的交通工程项目，推进时所需的报建报批手续、征地拆迁等工作进展快速很多。这就是行政压力下，微观执行人员积极性被激发的缘故。

3. 共享利益分配机制缺失

共享需要体现互利互惠，你来我往。但在共享利益分配方面，目前尚未发现有机制来保证分享者也能在其他方面得到好处。

4. 对资金使用效率敏感性不强

共建共享可以提高效率，少走弯路，减少重复投资等。很多交通基建项目是政府投资，投资建设管理方对于资金的使用效率不是太敏感，特别是一些按实结算的项目，最后由纳税人买单，建设管理方对节约资金没有内在动力。

5. 无共建共享不作为的惩罚机制

经常可以看到许多城市的城乡结合部，有许多断头路，路面已经破旧不堪，年久失修，成了"三不管地段"。出现类似的问题，在于没有建立在共建共享方面不作为的惩罚机制。

（四）交通工程项目实施过程中存在的问题

粤港澳大湾区交通一体化，离不开交通工程项目的实施，下文从交通基础设施项目实施模式、实施主体、征地拆迁等政府协调等方面存在的问题展开论述。

1. 交通基础设施项目在实施模式上存在的问题

交通基础设施建设，具有投资规模大、投资回收期长、投资风险较高等特点。目前，交通基础设施的实施模式，主要是政府委托代建管理模式、BOT模式（build-operate-transfer，建设－经营－转让模式）、PPP模式（public-privatepartnership，公私合作模式）等。

政府委托代建管理模式主要是针对没有收益的项目，资金来源于财政拨款；BOT 模式主要集中在高速公路等项目，随着高速公路收益率的下降，许多高速公路的收益可能不足以还本付息，因此也逐渐成为政府的隐性债务；PPP 模式在轨道交通上有所应用，目前来看，PPP 模式中多实行赢利与非赢利之间的资产切割，非赢利部分最终主要还是由政府买单。因此，以上三种模式，从某种程度上来讲，基本上主要还是财政投入为主，类似于国际上比较通用的 TOD（transit-oriented-development，以公共交通为导向的开发模式）综合开发模式，则由于国家土地政策约束，似乎很难有发挥的空间。

2. **交通基础设施项目在实施主体上存在的问题**

政府委托代建管理模式主要是针对没有收益的项目，委托的主体一般是国有企业或者事业单位等；BOT 模式主要集中在高速公路等项目，随着高速公路收益率的下降，现在 BOT 模式的主要承接方，也主要以国有企业为主；PPP 模式在轨道交通上有所应用，从财政部公布的三批 PPP 项目情况来看，实施主体也主要是大型国有企业。以上三种模式中，主要都是由政府主导，以国有企业或者事业单位为主要实施主体，而且大量的地方项目，还是以地方国有企业为实施主体。这样的实施主体，较容易偏安一隅，在推进交通一体化、共建共享上极容易"不作为"。

3. **征地拆迁等政府协调问题**

交通基建项目中所涉及的用地问题，征拆的主体是地方政府，征拆的方式是实行政府定价，粤港澳大湾区所在的九个地级市的征地实行行政定价，与招拍挂后的市场地价相差甚远，必然导致征拆难度越来越大，征拆问题协调越来越难。

（五）收费交通项目管理中存在的问题

目前大部分交通收费项目，收费标准与投资建设成本存在极大的相关性。这样看来似乎是合理的，因为投资总是要回报的。但实际上，交通收费项目带有很强的准公益性质，除了发挥其在公益上的作用之外，还应该适当考虑所谓的"转移支付"问题。

从表 4 的单位里程票价来看，武广高铁为 0.43 元/千米，贵广高铁为 0.31 元/千米，前者约为后者的 1.39 倍，武广高铁的票价远高于贵广高铁的票价。实际上，贵广高铁的定价，在某种程度上蕴含着对贵州的支持，也即所谓的转移支付问题。类似这样的情况，在德国柏林也有，笔者观察发现，相对于市中心地铁来讲，德国柏林市中心到远郊的 S 线（类似于城轨）的票价性价比高，这里面也有转移支付的理念，是对郊区发展的间接支持。

表 4　武广高铁与贵广高铁单位里程票价对比

对比项目	武广高铁	贵广高铁	备注
里程/千米	1069	857	
时速/(千米·小时$^{-1}$)	300	250～300	
投资额/亿元	1166	918	
二等座票价/元	463	267	2017 年 8 月 29 日中国铁路客服中心网站报价
以二等座为例的单位里程票价/元	0.43	0.31	

数据来源：中国铁路客服中心、百度。

（六）"一国两制"下通勤存在的问题

目前内地居民前往香港、澳门，需过关安检，进入香港、澳门安检时间长，通勤效率低。

实际上，目前持港澳通行卡的内地居民，已经可以通过"指纹+刷卡"的方式，快速离开深圳出关；但到了香港关口等待入香港关时，仍要按香港方的要求进行人工安检。既然出深圳关可以采用"指纹+刷卡"的方式，那么入香港关能否也采用类似的方式呢？如果担心出关的人是一些需要被管制的特殊人群，可通过深圳的出关与香港的入关数据的共享来解决这个问题，即深圳将出关数据共享给香港入关处，对有特殊管制需求的人，香港入关处可立即将其通行卡通行功能锁定。同时，可以将关卡设置成更为严格的一次只能过一人的模式，并在旁边设置必要的人员监督，从技术上消除一卡多人通行的可能性。

（七）交通服务评价上存在的问题

目前，市民对于交通服务大体上是没有太多评价入口的。个别城市例如佛山，市民可对公交服务进行评价，但评价效果并不明显。交通基础设施的项目后评价，也似乎很少开展，即使开展也只是对其进行经济上的评价，对服务质量的外部评价，似乎没有硬性约束。市民通过市长热线等举报的问题，也大多只是考核其解决率，并未就它本身出现的问题进行考核。

三、粤港澳大湾区城市群陆路交通一体化存在问题的应对策略

粤港澳大湾区城市群陆路交通一体化存在问题的应对策略主要有规划协同、完善交通结构、实施共建共享补偿机制、政府引领市场运作、实施"转移支付"、实现香港澳门智能通关、建立评价问责机制。

（一）规划协同

粤港澳大湾区已上升为国家战略，其重要程度与重视程度与2010年出台珠三角基础设施规划时不可同日而语。规划的协调部门也由广东省发改委上升到国家层面，综合规划也签订了契约，应该好好利用这个契机，发挥好交通规划的综合效果，尽早开展规划工作。

成立高层级委员会（例如粤港澳大湾区委员会）、开展规划硬约束与问责、利用大数据等技术辅助开展规划等。

1. 成立高层级的委员会

针对规划存在的问题，可借鉴美国和日本的做法，筹划成立相关的政府间组织或非政府组织，如日本的都市圈整备局、都市圈整备委员会，美国的纽约区域规划协会、纽约城市规划委员会。高层级委员会是推动规划协同的主要执行主体。

2. 开展规划硬约束与问责

在项目预工可中,增加与其他地方对接的相关篇章,并使之大致标准化,让工程从可研阶段就开始介入规划对接,落实《珠江三角洲基础设施建设一体化规划(2009—2020年)》中提出的"对未与相邻城市进行衔接的跨地区规划建设项目,原则上不予批准";对未进行规划对接的实施主体,开展相关的问责或进行相关的信用评价(黑名单)等。

3. 利用大数据等技术辅助规划

利用大数据进行交通规划,在规划建模时解决交通规划中存在的缺陷,用实际发生的数据来引领规划。交通一体化重点任务在于解决人流、物流问题等,可利用现有互联网平台中大量的物流数据,或者物流公司在大湾区的货物流转数据,进行货物路线规划;可以借助移动手机的数据、高速公路出入口车辆数据、滴滴等网约车平台的数据、港澳通关数据,进行人流规划,从而优化人流、物流的线路需求。

用好已经开通的广珠城轨、广深铁路等平台的订票需求甚至订票查询数据,智能分析路线需求,做好班次、频次的调整;利用好常用接驳线路的数据,开展必要的支线建设。

(二)完善交通结构

轨道交通是专线,车厢容量更大、可扩展性更强,有其独特的优点,例如高效、准点、环保、节能。公路则存在行驶过程中的堵车而造成准点率问题,运行过程中交通事故产生的风险更高。表2也用数据说明了轨道交通在客运与货运上具备优势。而目前大湾区轨道交通的占比较低,轨道交通密度偏低。

应大力发展轨道交通,包括地铁、城轨、轻轨、高铁等。粤港澳大湾区核心城市、核心城区内部通勤以地铁为主,其他地方通勤以轻轨之类为主,湾区内城市之间的通勤以城轨为主,隔岸相对的深圳与中山尽快推进深中通道,港珠澳大桥通车后则可以实现香港、珠海、澳门三地的快速连接。

可以考虑丰富轨道交通的功能。目前大部分轨道交通的功能比较单一,多是以客运为主。实际上,按照欧洲一些城市的经验,可以探讨轨道交通功能丰富化,在条件成熟的城轨或者轻轨,研究在 5:00—24:00 开展客运,在 0:00—

5:00开展货运,增加运能。这样的路段在设计时必须充分考虑到客运与货运两种功能。当然这可能会涉及客运与货运的协调与维稳问题,而且目前铁路运输体制管理上,管理单位可能存在内生动力不足的问题。

推进广珠城轨支线等线路的建设。目前珠江东岸轨道交通推进顺利,珠江西岸的轨道交通有广珠城轨,现在的建设基本停滞,可探讨利用现有的基础,进行延伸,或者开支线,同时降低通勤成本,提高发车频次,必要时政府进行适当补贴。

(三)实施共建共享补偿机制

由粤港澳大湾区委员会(或类似机构)牵头建立共建共享补偿机制,建立共建共享基金,整合共享信息系统,建立共建共享黑名单制度。

对于交通一体化建设的共建共享贡献资金、建筑实体、信息、优秀建议的地方政府/企业,进行加分;对于在共建共享过程中淡漠的地方政府/企业,或者对共建共享产生负面影响的地方政府/企业,进行扣分。每3～5年进行分值汇总,对低分序列进入一定比例的,纳入黑名单。对纳入黑名单的地方政府,需要缴纳一定数额的资金充实共建共享基金;对优秀的地方政府/企业纳入白名单,可以享受一定数额的共建共享基金。

由粤港澳大湾区委员会(或类似机构)牵头整合现在的信息系统或新建立更高层面的信息系统,推进规划、立项、各项报批手续、征拆难点、标准、规划对接现状与需求等过程中的各类信息的共享。对提供有效信息者给予表彰,对长期不提供信息者给予通报批评。对共建共享较差的地方政府,问责其地方行政负责人。

(四)政府引领,市场运作

目前大量的基础设施项目主要还是由政府或者国有企业主导去实施,资金来源主要还是以财政投入为主。可以借鉴香港地铁以及国际通用的TOD运作模式。内地一些城市也开始这种模式的探索,但是由于土地招拍挂机制的限制,使得TOD模式的实施存在相当的难度。

建议利用粤港澳大湾区建设已经上升为国家战略这个有利契机，向国家争取政策红利，在大湾区内实行比较灵活的土地制度，同时为了不动摇国家土地招拍挂政策，可以将土地政策的例外区域限制在大湾区的基础设施建设领域，同时加强督查、强化问责，使土地政策真正为推进基础设施的建设开花结果。

土地政策若能得到局部突破，也许可以大面积盘活资源，实现政府引领、市场运作的 TOD 等模式，大大提升项目综合开发效率，更加快速推进一体化，同时也可以较好地解决当下存在的征地拆迁问题。

（五）实施"转移支付"

在粤港澳大湾区交通一体化建设过程中，需要在一定程度上采用"先富带动后富"的政策，对相对落后的地方，开展更多类似于贵广高铁这样的"转移支付"，降低交通基础设施的使用成本，提升社会效率，间接扶持相对落后的地区，实现精准扶贫。这也是广义交通一体化应有之义。对于采用 PPP 模式的项目，也可以通过适当的可行性缺口补贴，降低交通一体化的通勤成本。

（六）实现香港澳门智能通关

1. 转变理念

香港澳门通关难，主要的关卡还是在香港以及澳门。目前这种通关模式来源于十几年前开始实施的港澳通行证，香港澳门也惯性地按十几年前的做法。这样的做法可能有控制香港人流荷载的考量，但是通过降低通行效率的方式来提高通行成本，从而控制人流，实在不是一个好的策略。如果香港澳门真的有游客负荷需求，可否参照一些景区，实施总人流管制。它需要做的配套是及时在手机 APP 应用等终端发布人流情况，并且最好可以预约，预约时也可以对一些能提供证明的重要商务活动、出境转机等提高优先级别，确保其在预约人数满员时仍旧可以通关。办法总比困难多，关键是要先转变理念。

2. 技术辅助手段

采用指纹技术、脸部识别技术，辅助开展通关检查，提高通关效率，确保通关安全。

3. 通关信用评价机制

建立通关人员黑名单制度。对水军等并非真正需要通关的人员或者有案底的人员等，实施黑名单制度。

（七）建立评价问责机制

在交通工程规划、工程可行性研究时，加入衔接周边交通的要求；在工程验收时，增加预留接口、标准统一、后续所需对接说明等交通一体化所需的指标的验收；对于工程开展后评价，特别是由公众开展评价，由大湾区委员会（或类似机构）牵头或委托民间机构开展，结合黑名单制度，将经常得差评的纳入黑名单，并开展相应的惩罚与问责。

四、结论

随着粤港澳大湾区建设上升为国家战略，交通基础设施一体化成为近阶段粤港澳大湾区推进的重要工作任务。交通一体化对于粤港澳大湾区有着极为重要的意义，具体体现为：有利于提高交通运作整体效率，降低运输成本，是宜居宜业、区域协同的重要基础以及先导条件，是大湾区加速一体化的重要保障，是大湾区建设不可或缺的工作。

然而，粤港澳大湾区城市群陆路交通一体化存在许多问题，主要体现在交通规划起步慢、交通规划零散；交通结构上，过度依赖公路，轨道交通发展相对滞后，轨道交通密度偏低；在交通共建共享上，缺乏共建共享意识、推动共建共享执行主体的微观动力不足、共享利益分配机制缺失、对资金使用效率敏感性不强、无共建共享不作为的惩罚机制；交通工程项目实施过程中，由于国家土地政策约束，类似于国际上比较通用的TOD综合开发模式，似乎很难有发挥的空间，项目所需用地中征地拆迁协调难度大；收费交通项目管理中，适当考虑所谓的"转移支付"支持相对欠发达地区的理念尚未深入；"一国两制"下通勤中入关效率低；交通服务评价缺失；等等。

针对粤港澳大湾区城市群陆路交通一体化存在的问题，笔者提出了相应的对策。主要有：一是开展规划协同，应用好上升为国家战略的契机，成立高层级委员会（例如粤港澳大湾区委员会），提升综合规划的层级，发挥交通规划的综合效果，尽早开展规划工作，开展规划硬约束与问责、利用大数据等技术辅助开展规划。二是完善交通结构，大力发展运能效率更高的轨道交通，探索城轨、轻轨等运输功能丰富化的问题。三是实施共建共享补偿机制，由粤港澳大湾区委员会（或类似机构）牵头建立共建共享补偿机制与共享信息系统，对共建共享进行评分，建立共建共享黑名单制度。四是争取土地政策的局部突破，为TOD等模式的推进创造条件，实现政府引领、市场运作的基建模式。五是树立"转移支付"的理念，适当降低欠发达地区对交通基础设施的使用费用。六是转变观念，实施更为智能的香港澳门通关。七是建立评价问责机制。

粤港澳大湾区城市群陆路交通一体化的推进是一项长期的工作，推进会遇到很多困难，应尽早做好整体规划，建立协同机制，抓重点任务推进，尽早开花结果。

参考文献

[1] 紫荆花盛开，粤港澳大湾区绽放 [N]. 兴业证券公司研报，2017-06-30.
[2] 冼雪琳. 世界湾区与深圳湾区经济发展战略 [M]. 北京：北京理工大学出版社，2017.
[3] 张晓. 国外一体化交通规划及对我国的借鉴意义 [J]. 经济与管理科学，2011（S1）.

培育大湾区新增长极 建设省域副中心城市

陈新明　覃事灿　林福祥

中共江门市委政策研究室

省域副中心城市是指在一省范围内，经济辐射力超出了自身管辖的行政区范围，拥有独特的优势资源，且与主中心城市有一定距离，具有辐射传导能力，可以被赋予带动周边区域发展重任，在全省区域内城市规模和经济社会地位仅次于省会城市的大城市。设立省域副中心城市的核心目的是推动区域经济科学协调发展，再造经济增长极。

一、我国省域副中心城市建设现状

（一）概念来源

"省域副中心城市"的概念最早是湖北省社科院学者秦尊文在2001年提出。由于湖北省人多地广、地域上东窄西宽，而省会城市武汉又偏于鄂东，客观上需要在西部地区有1~2个城市担当武汉市的"二传手"。其建议在发挥武汉作为全省中心城市龙头作用的同时，还要确立"省域副中心城市"。他认为，能够在一个省份局部地区承担经济发展核心带动作用的城市可以作为省域副中心城市，而宜昌、襄阳能够发挥这样的作用，可以定位为"省域副中心城市"。此建议于2003年7月得到湖北省委的批示和肯定，2003年8月国务院批准了《湖北省城市体系规划》，该规划明确将宜昌、襄阳定位为"省域副中心城市"。2003年9月，湖北省出台《关于加强城镇建设工作的决定》，要求"加快省域副中心城市襄阳和宜昌的发展"。2011年湖北省提出"一主两副"战略，决定集中力量建设一个全省主中心城市——武汉，两个"省域副中心城市"——宜昌、襄阳。

（二）设置情况

1. 省域副中心城市建设现状

湖北建设省域副中心城市的思路和做法，在全国产生一定影响，很多省份将其应用于省域城镇体系规划和城市发展战略中。2005年以来，先后有江西九江、赣州、上饶，河南洛阳、南阳，安徽芜湖，四川绵阳，山西晋中，湖南岳阳、常德，甘肃酒泉、嘉峪关，广东汕头、湛江、茂名等城市，分别在政府有关文件或规划中被定位为"省域副中心城市"。总体上，"沿海型"省域副中心城市的经济规模、城市影响力与省会城市大体相当。"内陆型"省域副中心城市的经济总量至少相当于省会城市的六成以上。

2. 成为省域副中心城市的条件

一般来说，成为省域副中心城市须具备以下条件：一是具有较强的经济实力和一定的人口规模。研究表明，省域副中心城市的经济总量不仅应当与周边城市相比有相对优势，而且其经济总量不得低于2500亿元（2016年标准）才具基本资格，否则难以称为"副中心"城市（西部城市除外）。人口总量、外来人口数量反映了当地的经济实力，也反映出该城市的经济活力，因此，副中心城市一定是人口规模和经济规模较大的城市。二是距离中心城市不能太近也不能太偏。太近，就意味着其难以拥有自己独立的辐射范围，这是副中心城市成立的前提。研究显示，中心城市与副中心城市的距离最好在150千米以上。如黄石市是湖北省第二大城市，大型企业多，但因与武汉市的距离仅80千米，不可发展成为湖北的副中心城市。按照省域副中心城市定义，从全国范围来看，只有十几个城市真正符合"省域副中心城市"的标准。

（三）管理权限

1. 城市行政级别

综合全国省域副中心城市发展情况分析，较多省域副中心城市由省委常委或副省级干部担任党政一把手,党委书记都按惯例进入所在省或自治区的常委班子,或享受副省级待遇。如宜昌市委书记由湖北省委常委兼任、洛阳市委书记由河南省委常委兼任、赣州市委书记由江西省委常委兼任,成为省委核心决策层成员,比其他地级市的市委书记高出一个级别。

2. 经济社会事务管理权限

除涉及维护市场秩序、生态环境保护、公共安全、重大基础设施建设等需要在全省统筹管理外,省域副中心城市都拥有副省级城市的相关经济社会管理权限,其中包括拥有与省会城市相同的财政收入分配比例和外汇管理权力等。一些省份对省域副中心城市逐步落实省一级经济管理权限,如法律法规未明确省、市管理分工的事项,原则上由中心城市负责管理;凡不影响全省统筹发展的,一律下放,实行属地化管理。

(四) 政策配置

省域副中心城市大都有特殊的政策支持。

1. 规划引导建设城市圈(群、带)

按照有利于中心城市功能发挥、优化资源配置的需要,积极深化城市管理体制改革,推进城市圈(群、带)区域经济一体化发展。江苏省的城市化重点是建设"三圈":南京都市圈、徐州都市圈和苏锡常都市圈;浙江省的城镇体系框架中明确要形成杭州、宁波、温州三大都市区;广东的城市群规划以"一主两翼"发展壮大珠江三角洲主体城市群,加快"广佛肇+清远、云浮""珠中江+阳江""深莞惠+汕尾、河源"三大新型大都市圈建设,加快发展以汕头和湛江为中心的东西两翼城市群;湖南省城市化工作重点是抓"长株潭一体化",形成"3+5"城市群;江西省城市化发展以中心城市南昌、副中心城市九江、赣州、上饶为重点;河北省将唐山定位为"京津冀城市群东北部副中心城市";河南以郑州为中心,以洛阳、开封为副中心,打造"中原城市群";安徽构造"合肥—芜湖为中心的带状都市圈";等。

2. 壮大省域副中心城市的财力和经济实力

副中心城市和中心城市形成了优势互补、比翼齐飞的发展态势。如襄阳、宜昌经过十多年发展,两市经济社会发展取得长足进步,2015年两市地区生产总值分别突破 3300 亿元,地方公共财政预算收入分别突破 330 亿元,成为名副其实的省域副中心城市,推动湖北全省形成以武汉大都市圈为龙头、襄阳大都市区和宜昌大都市区为两翼的"三足鼎立"发展态势。湖北"一主两副"占全省经济总量的 60.2%,其中,襄阳、宜昌合计占全省地方生产总值的比重,从 2010 年的 19.5%,提高到 2015 年的 23%。

3. **产业扶持和基础设施建设**

国内的城市群建设大都从产业扶持和基础设施建设方面进行整合,尤其省域副中心城市的交通、能源、电力、通信及城市基础设施建设得到进一步加强。如福建省推出壮大中心城市的政策举措,积极推动产业集聚,加强基础设施建设,厦门、泉州等一大批市政重点基础设施项目相继建成投入使用;湖南省"长株潭一体化"的长沙、株洲、湘潭三市开展"交通同环,电力同网,金融同城,信息共享,环境共治";广东省山区及东西两翼与珠江三角洲联手推进产业转移,共建省级产业转移工业园。

(五)重要作用

省域副中心城市在所属区域内具有多种经济功能,对区域经济发展起着极为重要的作用。

1. **省域副中心城市的集聚效应**

省域副中心城市凭借其在区位条件、服务能力、交通运输、信息交换、设施水平、人口规模等诸多方面的优势,对区域内的资源、资金、人才、信息、产业有更强的吸引力,促使区域内的这些生产要素向副中心城市集中。

2. **省域副中心城市的扩散功能**

省域副中心城市通过输出各类生产要素向周边地区扩散其经济成果,在实现城市与周边地区共同发展过程中具有重要作用。

3. **省域副中心城市的创新功能**

资金、技术、人才等各种生产要素的集聚为省域副中心城市营造了创新的环境,能够不断开发和推广新技术、新工艺,更新观念并提出新的经营理念,勇于探索和尝试新制度、新机制。省域副中心城市将先进的经济观念、生产技术、经营管理方式和生活方式扩散到周边地区,不仅可以提高自身的竞争力,而且有利于巩固其在所属区域中的核心地位。

4. 在区域经济发展中的龙头作用

省域副中心城市凭借其优势，吸引区域内的资源、资金、人才、信息、产业等生产要素向该城市聚集，从而产生规模聚集效益，提高城市经济效益，使其成为所属区域中经济发展的龙头。省域副中心城市对区域经济的龙头作用主要体现在：一是对周边地区具有示范效应；二是发挥扩散功能，带动周边地区发展；三是发挥调节功能，促进区域经济协调发展。

5. 在区域经济发展中的窗口作用

省域副中心城市作为所属区域的发展中心，是区域内对外开放程度最高的城市，是区域对外交流的窗口。随着省域副中心城市的发展，整个区域的对外开放会进一步扩大，外向经济的深度和广度会进一步提高，经济实力和国际竞争力会不断增强。

二、建设省域副中心城市的理论依据及现实条件

（一）理论依据

1. 增长极理论

经济增长极理论对于粤港澳大湾区的建设具有重要的参考价值。法国经济学家佩鲁提出，经济增长在地区之间是不平衡的，增长通常首先出现在一个或数个增长极上，应选择特定的地理空间作为增长极以带动经济发展。增长极是经济空间中在一定时期起支配和推动作用的一个或一组经济部门的空间聚集，具有较强的创新和增长能力，通过外部经济和产业关联的扩张效应，推动其他产业的增长，形成发展迅速的经济区域。增长极类似"磁场"，会吸纳周边地区的生产要素，产生"回流效应"，同时生产要素也会向周边地区传递，产生"扩散效应"。

法国经济学家布德维尔将增长极发展为区域发展极概念，指出增长极是在城市区域中不断扩大的工业综合体，在其影响范围内引导经济活动的进一步发

展,通过外部经济和集聚效应,形成经济体在空间上的聚集,与现代城市融为一体。因此,增长极也可以说是可带动区域增长的城市。增长极分为市场机制支配的自发形成的(极化区域)和计划机制支配诱导生成的(计划区域)两种类型。中国学者陆大道在上述理论的基础上提出了点轴系统理论。他认为随着经济的发展,已经形成的若干增长极之间,或者说点与点之间如果依存度高,而且具备了交通等互相连接的条件,便形成了连接多个增长点的增长轴,造就了轴式增长布局。

增长极具有的特征包括:①增长极所处的地理空间表现为一定规模的城市;②具有起支配和推进作用的主导经济部门和不断扩大的经济综合体,成为区域产业发展的核心组织;③具有支配效应和乘数效应以及回流效应和扩散效应。

增长极形成的条件包括:①地区内存在有创新能力的企业和企业家群体;②具备相当规模的资本、技术和人才存量,形成规模经济;③具有便捷的交通、良好的基础设施、高效的政府、保障公平竞争的法律制度等硬、软环境。

实际上,许多国家都运用该理论制定区域发展战略,实现消除落后地区的贫困和促进区域协调发展的目标。巴西迁都到落后的巴西利亚,修建贯穿亚马逊流域的公路体系,开辟新工业区、自贸区和经济特区,以优惠政策吸引外资,使位于亚马逊中游的玛瑙斯自由港成为全世界面积最大的自贸区,成功打造了新的增长极,有效带动了周边地区经济的发展。马来西亚为了解决区域经济发展不平衡、西富东贫的问题,鼓励人才和资金向帕朗等有较好基础设施和发展潜力的中等发达地区转移,并为其发展提供优惠政策,扶持高科技电子等创新产业,将之打造为既不损害发达地区利益,又能带动欠发达地区发展的新的增长极,使帕朗等和受其扩散效应影响的周边地区成为世界性的电子产品出口基地。

2. 城市理论

省域副中心城市通常是指在一省范围内,综合实力较周边城市强大,经济辐射力超出了自身管辖的行政区范围,拥有独特的优势资源,且与主中心城市有一定距离、可以担负带动周边区域发展重任的特大城市或大城市。省域副中心城市在区域经济中发挥着相当重要的作用。

作为增长极载体的区域中心城市在规模和功能上应具备什么特征呢?城市规模理论和城市苗圃理论可提供参考。城市规模理论提出城市体系中"均匀"

的城市规模分布有利于经济增长,"均匀"指既有超大的首位城市,也有一定数量由中等城市发展起来的大城市,形成由中心与次中心构成的城市层级体系。城市苗圃理论认为城市经济结构有多元化和专业化之分,前者比较适合初生产品的培育,发挥"育苗"的功能,后者比较适合成熟产品的规模化生产,发挥"造林"的功能。均衡的城市体系应兼有不同经济结构的城市。同时,交通和通信技术的发展导致城市从行业分工到功能分工的转变,即从不同的城市承载不同行业转变为总部与生产基地分布在不同的城市。总部坐落于信息、人才、资本和商业公共服务充足的中心大城市,生产制造基地分布在次中心或中等城市。

已经形成多年的老增长极可能位于区域核心的超大城市,更适合发挥"苗圃"的功能,形成总部经济。将要培育的增长极所在城市是处于次中心地位的中等城市,更适合发挥"造林"的功能,作为具有创新能力的生产制造业基地。

3. 产业转移理论

增长极具有回流效应和扩散效应,意味着它在产业梯度转移过程中发挥重要作用。产业梯度转移指地区的产业发展客观上存在差异,高梯度地区的产业或企业向整体成本较低的中、低梯度地区扩散转移。过往产业梯度转移的理论研究和政府引导的产业转移的实践均重"转移"轻"梯度",忽略了转移是分阶段、分梯度的,受交通、时间、空间的约束。虽然个别产业可以整体、远距离转移,如建筑陶瓷,但是大多数集群化的产业配套完善、产业链完整,易于发挥外部规模效应和形成集体行动,具有"粘着性"。企业内的生产环节、企业外的零部件生产商的转移很可能是分阶段、分阶梯进行的,受交通的约束,难以一步到位。老的增长极可能是高梯度地区,新的增长极可能还属于中梯度地区。中梯度地区首先承接高梯度地区的产业转移,消化、吸收后再向其他低梯度地区扩散。作为新的增长极,实际扮演"二传手"的角色。

(二)现实条件

1. 培育新增长极的现实依据

现阶段,广东的经济发展已进入新常态,珠三角这条"粗腿"的步伐放慢,粤东西北这条"瘦腿"前几年走得较快,但是去年增幅反而落在珠三角之后。通过建设大珠三角经济区,实现珠三角与粤东西北的优势互补,推动产业的梯度转移和协调发展成为当务之急，培育新的增长极是实现这一目标的关键切入点。

广东的地图像一把不甚规则的折扇，南北距离短，东西距离长（相距九百多千米，中间富，东西贫）。经济实力最强的"二虎"（广州和深圳）及"二狼"（佛山和东莞）改革开放以后已成为珠三角东西两岸的增长极，发挥了带动珠三角乃至粤东西北发展的重要作用。虽然在大珠三角经济建设过程中，"二虎""二狼"的辐射带动作用仍然重要，但是由于土地资源和发展空间有限，以及在区位上远离粤东和粤西，要继续发挥辐射作用稍显鞭长莫及。因此，有必要在粤东、粤西之间寻找新的增长极。

新的增长极必须具有创新能力的企业和企业家群体；相当规模的资本、技术和人才存量，良好的产业基础，形成规模经济；便捷的交通、良好的基础设施，高效的政府，完善、公平的法律制度等硬、软环境。就发展空间而言，是否有发展空间是能否成为新增长极的先决条件。就区位而言，由于增长极要承担资源的集中与扩散的责任和扮演产业梯度转移的"二传手"的角色，距离核心区域产业的高梯区不能太远和太偏。

2. 新增长极与省域副中心城市

产业发展与城市发展是互相支撑、互为因果的。珠三角的发展经验表明，改革开放前三十年以传统劳动密集型产业为主的工业化带动了城市化，要提升传统产业、培育战略性新兴产业，建设现代产业体系，必须以新型城市化引领产业转型升级。同理，要培育新的增长极，必须有新型城市化的支撑。打造省域副中心城市是培育新的增长极的重要手段和保障。

我国省域副中心城市建设在2000年源起湖北省。湖北省东窄西宽、省会城市武汉偏于鄂东，需要西部宜昌、襄阳作为省域副中心城市担当武汉经济辐射的"二传手"。随后广东、江西、河南等九个省，将省域副中心城市建设纳入省域城镇体系规划和城市发展战略。

3. 中心城市与省域副中心城市

有关省份省域副中心城市建设的经验显示，省域副中心城市在区域经济社会发展中发挥了重要的作用。首先是凭借其区位、交通、基础设施和服务能力等优势，吸纳各种生产要素向省域副中心城市集中，同时通过向周边地区输出生产要素，扩散经济成果，发挥聚集效应和扩散功能。其次，生产要素的聚集为之营造了创新的环境,在产品、工艺、制度、商业模式等技术或非技术上领先,发挥区域创新的中心的功能。此外,在规模上,城市规模要适度扩充,从中等城市发展成为大城市。根据苗圃理论,老增长极所在省域中心城市主要扮演"苗圃"的角色,在"双创"上发挥人才、科研机构和大学集中以及资讯发达、基础设施和商业公共服务完善的优势,培育基础性、突变性的"双创"项目。省域副中心城市主要扮演"造林"的角色,利用制造业发达、空间广阔、成本较低的优势,培育应用性、渐进性的草根"双创"项目。在产业环节分工上,省域中心城市着重发展总部经济,省域副中心城市着重生产制造或发展区域性总部经济,形成首位中心城市与省域副中心城市错位发展、优势互补的格局。总而言之,培育新的增长极和打造省域副中心城市是为雄鹰插上翅膀,是产城融合的新思路、新举措。

三、广东省域副中心城市战略构想

国家"一带一路"倡议、粤港澳大湾区发展规划,为广东省率先实现全面小康社会注入了新的动力。广东在新常态下的进一步提质发展,不仅对粤东、粤西、粤北等相对落后地区,也对周边北部湾经济区、长江中游城市群、海峡西岸经济区等区域的发展具有至关重要的作用。面对长三角城市群、环渤海湾城市群等区域的迅猛发展,广东要实现习近平总书记在2012年末视察广东时提出的"发展中国特色社会主义的排头兵、深化改革开放的先行地、探索科学发展的实验区"的殷切期望,必须创新发展思路,统筹省域协同发展。

(一)省域中心城市空间布局

根据广东省新型城镇化发展的要求,广州和深圳两个中心城市要控制发展规模,引导人口和部分功能向珠三角西岸和粤东、粤西、粤北有序转移。因此,在两个省域主中心城市(广州、深圳)的基础上,构建四个省域副中心城市(江门、惠州、湛江、汕头),形成"两主四副"的省域中心城市空间格局(如图1),通过珠三角西岸滨海的江门市和东岸滨海的惠州市的辐射与带动作用,强化省域沿海发展带，正是创新发展，落实"一带一路"倡议，大力发展海洋经济，继续保持与提升广东作为海洋强省战略地位的重要布局；也是遵循新型城镇化、中央和广东省城市工作会议的要求，构建新型城镇空间结构，疏解广州、深圳的人口，承接其部分功能，以广州、深圳为核心，以江门为辐射粤西的战略支点和门户，以惠州为辐射粤东北的战略支点和门户，通过主副多中心的合力带动，实现东西两翼提质发展的重要举措。

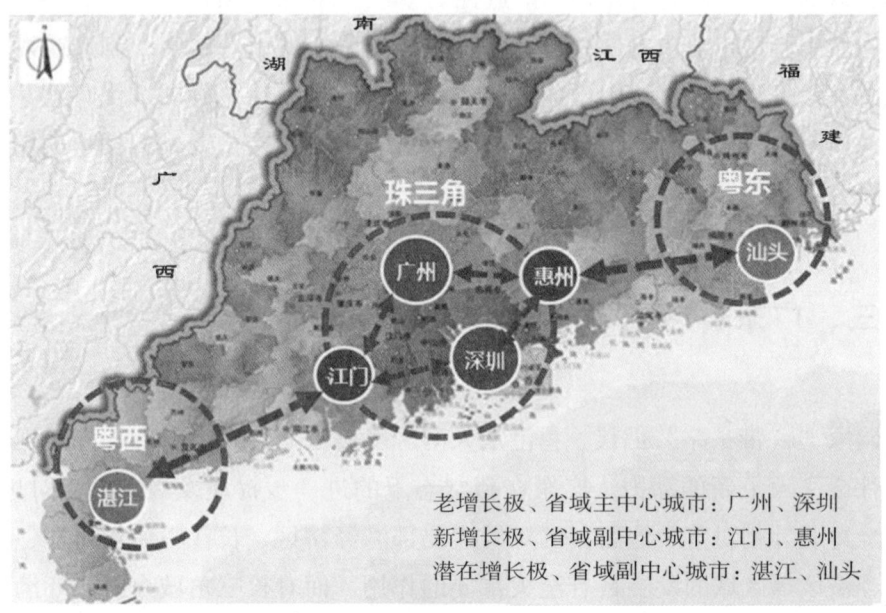

图 1　省域副中心城市空间布局示意图

（二）省域中心城市战略价值

通过"两主四副"的中心辐射，助推广东区域协调发展，实现深化珠三角核心辐射作用、加速后发地区跨越式发展、助力"一带一路"倡议三大发展目标。

1. 深化珠三角核心辐射作用

在珠三角现有广州、深圳两个省域中心城市的基础上，增加江门（珠三角西岸）和惠州（珠三角东岸）两个省域副中心城市，将推动珠三角地区扩容提质和集约紧凑发展理念的落实，打造珠三角世界级城市群，并通过以下三个方面的积极作用，辐射带动全省社会经济的整体提升。首先，有利于强化珠三角核心功能的聚合，促进珠三角东、西两岸的均衡发展，合力打造珠三角世界级城市群，带动省域发展，保持广东"排头兵和主力军"的重要地位。其次，有利于珠三角核心作用的升级，增强辐射带动能力。江门和惠州依托广州、深圳两大中心城市，分别打造珠三角西门户和东门户，在强化自身发展实力的基础上，加速和放大珠三角地区的辐射效应，成为珠三角辐射粤西、粤东乃至泛珠三角地区的战略支点。第三，有利于加强省域中心城市广州、深圳的辐射势能。广东省东西两翼距离将近900千米，距离两个省域中心城市也都在400千米左右。按照中心地理论和反磁力理论，中心城市辐射范围受限于其半径有效性，通常不超过300千米。因此，在珠三角东西两岸分别建设惠州、江门两座副中心城市，承接中心城市的资源，可起到连接作用，并辐射周边地区来带动区域经济的发展，弥补广州、深圳两座中心城市经济辐射范围的局限，发挥其经济势能，辐射带动粤东、粤西地区发展。

2. 加速后发地区跨越式发展

在珠三角地区江门、惠州两个省域副中心城市基础上，粤西增加湛江、粤东增加汕头两个副中心城市，并结合广州、深圳两个中心城市，通过构建省域主、副多中心的网络化均衡格局，向西依托江门、向东依托惠州的战略支点作用，密切粤西、粤东地区与珠三角的经济、文化、物流的联系，以珠三角世界级城市群为源动力，全面带动粤东、粤西、粤北等相对落后地区扩容提质发展，推动珠三角和粤东、粤西、粤北城市融合互动发展和交通建设，推动珠三角与粤东、粤西、粤北产业共建，促进区域间产业分工合作，形成联动发展、优势互补的产业发展格局和更加紧密的经济联系，实现后发地区的跨越式发展和国家新型城镇化的发展目标。

3. 助力"一带一路"倡议

"一带一路"倡议为中国开辟了面向欧亚大陆、环印度洋地区新的开放方向。广东作为海洋经济大省和海上丝绸之路重要省份，构建江门、惠州、湛江和汕头四个临海型省域副中心城市，有利于广东充分发挥海洋优势，建设海洋强省，提升国际市场竞争力，形成广东省在新一轮发展中保持排头兵地位的重要引擎。同时构建主副多中心的空间结构，通过多中心的多方向、多维度开放格局，使云、贵、川、湘、赣、鄂等西南和中部省份角色从传统的泛珠"腹地"转变为开放"前沿"，从而与珠三角发生更加多向的互动关联，将提升广东省在"海上丝绸之路经济带"中的地位。

（三）省域副中心城市建设重点

广州和深圳是早已成型或老的增长极，同时也是公认的中心城市。在原有基础上，在粤东和粤西之间，东起汕头，西至湛江，与海岸线平行的增长轴上，江门和惠州可能比较有条件打造为对接广州、深圳，承东启西和承西启东的新增长极和省域副中心城市。江门和惠州有较强的经济实力和一定的人口规模，离中心城市广州、深圳不远也不近，距离适中，交通基础设施较完善，分别是珠三角的西大门和东大门。江门依傍珠三角，东联西进，辐射粤西乃至大西南；惠州依傍珠三角，西联东进，辐射粤东、粤北。两市可分别成为珠三角连接粤东西北的重要枢纽和桥头堡。

1. 江门的条件

时任广东省委书记胡春华多次强调江门要发挥承东启西的作用，大力发展装备制造业，努力成为珠江西岸的经济增长点。省委、省政府赋予了江门"珠西战略"（珠江西岸先进装备制造产业带建设）策源地、主战场和经济新增长极的新定位、新使命；期盼江门扮演"三门"的角色：新一轮发展的"开放之门"、粤西进入珠三角的"方便之门"、珠三角面向粤西乃至大西南的"辐射之门"；要求江门全力打造"三心"：珠西经济中心、城市中心和创新中心。敞开"三门"，打造"三心"，将产城振兴作为对接珠西战略的主抓手和突破口，成为珠三角承东启西和区域融合发展的桥头堡和排头兵。

在产业方面，江门 2016 年地方生产总值达到 2418.78 亿元，增长 7.40%，先进装备制造业超千亿元，占全市工业比重的 28%，制造业的基础雄厚，将正在打造的珠三角（江门）国家自主创新示范区、广东（江门）大广海湾经济区、中欧（江门）中小企业国际合作区等平台提升到国家发展层面。广东（江门）大广海湾经济区面积 3200 多平方千米，是广东省当前最大的经济区。在发展空间方面，江门的面积达 9504 平方千米，开发强度低，可为珠三角核心区产业转移提供广阔的发展空间，江门产业转移工业园连续五年获得省考评优秀等级。江门是唯一地处珠江西岸东、西两大板块连接处和核心地带的地级市，扼珠三角西进之咽喉，处粤西东联之枢纽；已经形成集高速公路、高铁、轻轨、港口码头于一体的完善的交通网络；左联广佛，右接珠、中，畅通深莞，直达港澳。深中通道、珠西综合交通枢纽、港珠澳大桥、广佛江珠城际铁路、深茂铁路、江门大道等项目建成后，江门的交通条件将大大改善，实现与港、澳、广、深等中心城市1.5小时生活圈，综合性枢纽地位将进一步凸显。可见将江门培育成为新的增长极，打造为省域副中心城市，发挥产业梯度转移"二传手"作用的设想与省委、省政府的发展思路和战略部署是吻合的。

2. 惠州的条件

时任广东省委书记胡春华多次强调惠州要把加快发展作为主要任务，在发展中推动产业层次更高、质量效益更好，力争早日"以更好质量更高水平进入珠三角第二梯队"。省委、省政府在《广东省国民经济和社会发展第十三个五年规划纲要》中赋予惠州"建设电子信息产业和世界级石化产业基地、战略性新兴产业基地、珠三角向粤东及赣南、闽西地区辐射的物流中心"的战略定位，要求惠州着力建设世界级石化产业基地，国家级电子信息产业基地，创建国家创新型城市、国家生态文明建设示范市。在地理位置上，惠州区位优势明显，与广州、深圳、东莞以及河源、汕尾相邻，与香港隔海相望。向西向南对接深圳"东进"，向东对接汕尾"西融"，向北对接河源"南融"，具备打造区域枢纽城市的先天优势。惠州将这种承西启东的战略喻为"海绵行动"，意为吸纳、承接西边中心城市的创新资源和产业转移，向粤东、粤北地区辐射、扩散，推动产业共建。惠州、江门两市的思路和战略不谋而合。

在发展空间上，惠州的面积达11 343平方千米，开发强度远低于珠三角核心城市。惠州正在加快推进建设的环大亚湾新区、潼湖生态智慧区两大省级发展战略平台，也为惠州打造省域副中心城市提供了广阔的产业发展空间。惠州的海岸线长达281.4千米，可供建设深水良港的岸线资源长达30多千米。境内空港、海港齐备，铁路、高速公路四通八达，先后迈进"高铁时代""航空时代""城轨时代"，海陆空立体化交通网络十分便捷。惠州市提出了"1+5"的城市发展目标定位（其中"1"是指建设绿色化现代山水城市，"5"是指打造智造高地、区域枢纽、生态名城、文化强市、惠民之州）。

在产业方面，惠州形成电、汽、化三大支柱产业，2016年地方生产总值达

3412.17亿元,增长8.10%。先进制造业和高技术制造业增加值分别占规模以上工业的比重达59.3%和42.4%,处于全省领先水平,正在加快构建"2+2+N"现代产业体系,即继续壮大电子信息、石油化工两大支柱产业,着力培育汽车与装备制造、清洁能源两大新的支柱产业,加快发展其他战略性新兴产业和现代服务业,推动传统产业转型升级。

3. 江门和惠州的分工

如果将江门和惠州培育为新的增长极和打造为省域副中心城市,它们能发挥带动作用的产业分别是什么?相关研究显示,粤东地区相对而言人多地少,工业优势集中于纺织、服装、塑料制品等劳动密集型产业;粤西地区相对而言人少地多,工业优势集中于石油、化工,矿产资源比较丰富,资本密集型产业具有比较优势。根据省委、省政府的产业战略布局,珠江西岸主要打造装备制造产业带;珠江东岸主要打造电子信息产业带。江门具有发展装备制造业的基础和潜力,是未来珠江西岸装备制造的"主战场";惠州"电、汽、化"三大支柱产业中,电子信息居首位,是珠江东岸重要的电子信息生产基地。根据两地的特点和产业发展基础,江门适合承接广州、佛山等发达地区的资本密集型产业,尤其是装备制造业,然后向湛江、茂名、阳江等城市群扩散、辐射;惠州适合承接深圳、东莞的创新资源和中高端产业,尤其是电子信息产业,然后向河源以及汕头、潮州、揭阳等城市群扩散。

以江门、惠州等城市为重点,培育新的增长极,打造省域副中心城市,为建设好粤港澳大湾区和城市群扮演产业梯度转移"二传手"的角色,最终形成"两老两新"(广州、深圳是原有的增长极)、"两主两副"(广州、深圳是原有的省域中心城市)的格局,形成纵贯东西,湛江—江门—广州/深圳—惠州—汕头,与海岸线平行的增长轴。西端的湛江和东端的汕头在2006年曾被规划为省域副中心城市,可能由于缺乏产业的支撑,实际上没发展起来,但是如果江门和惠州能够成为新的增长极和省域副中心城市,发挥产业发展和城市发展"二传手"的作用,也许能带动湛江和汕头的发展,从潜在的省域副中心城市演化为现实的省域副中心城市。

主题二

共同市场构建与研究

肇庆市　　佛山市　　广州市　　东莞市　　惠州市

深圳市

江门市　　中山市

珠海市　　香港

澳门

粤港澳大湾区风投创投产业发展的影响因素研究

徐 枫

华南理工大学金融工程研究中心

创新创业已成为我国经济发展的新引擎，我国经济向创新驱动的转型离不开创新创业。2015年，李克强总理提出"大众创业、万众创新"，掀起创新创业的新浪潮，各种新产业、新模式、新业态不断涌现。在推动创新创业这一事业上，粤港澳大湾区具有我国其他地区难以比拟的优越条件，如香港、澳门的金融规模，深圳、广州的创新能力，东莞、佛山的制造水平等。湾区内各个城市之间需要发挥各自优势，同时做好分工，加强金融、科技创新、新兴产业等领域合作，以实现协同创新，融合发展，共同助力粤港澳大湾区建设成全球性创新高地。

风投创投对于创新创业有着巨大的推动力，促进风投创投产业发展，以此推动创新创业，是建设粤港澳大湾区的重要方针。无论是国外的谷歌、苹果、英特尔，或是国内的阿里巴巴、腾讯、百度，都是因为创业初期获得了风投创投机构的支持，随后企业快速发展，为社会带来了巨大变革。风投创投本身作为一种金融创新方式，推动了金融业的创新；又通过对创新企业的投资，推动了整个社会的科技创新。风投创投对创新创业的推动作用主要体现在以下三个方面：①为创新企业提供资金支持；②帮助企业改善治理结构；③利用自身资源促进企业发展。

我国经济向创新驱动的转型，为粤港澳大湾区的发展带来了新机遇，也赋予了新使命。本文首先从融资、投资和退出三个方面分析粤港澳大湾区风投创投产业发展现状，发现其存在着以下问题：①投资过多偏向互联网、IT产业，导致投资行业不均衡；②风投创投产业过于集中在发达地区，导致地区产业发展不平衡；③后期投资偏多，前期投资不足；④目前粤港澳大湾区对风投创投资金退出的扶持力度不够、创投资金退出渠道不够顺畅、并购退出机制不完善。

然后借助结构方程模型,研究了四个相关因素对风投创投产业发展的影响,得出四个因素的重要程度从大到小分别为金融支持、退出渠道、人才激励、税收优惠。最后根据各因素影响力大小,有侧重地针对各个因素提出政策建议。以期剖析现阶段粤港澳大湾区风投创投产业存在的诸多问题,推动风投创投产业健康可持续发展,将粤港澳大湾区打造成孕育"中国硅谷"的摇篮,加快粤港澳大湾区的建设进程,促进我国产业升级与经济转型。

一、粤港澳大湾区风投创投产业发展现状

风投创投的运作模式可以分为融资、投资、管理和退出四大部分,下文将围绕融资、投资和退出三个方面分析粤港澳大湾区的风投创投产业发展现状。

(一)粤港澳大湾区风投创投产业融资情况

融资是风投创投的第一步,在此阶段需要解决募集基金的问题。风投创投的目的是为了使资本增值,资本量越大,可投资的项目数量越多,在相同收益率的情况下收益也就越大。

1. 粤港澳大湾区风投创投基金募集数量与总金额

我国风投创投产业起步较晚,但是发展较快,近十年来我国风投创投产业募集资金总金额整体呈上升态势(图1)。受全国市场的影响,粤港澳大湾区的风投创投产业募集金额在近十年内也呈相似的整体上升、局部波动的发展态势。

2. 粤港澳大湾区与全国融资情况对比

从全国募集基金总金额情况来看,2013—2016年粤港澳大湾区与北京市在风投创投募资金额方面占据前两名,上海市历年占比均排第三位。(表1)。

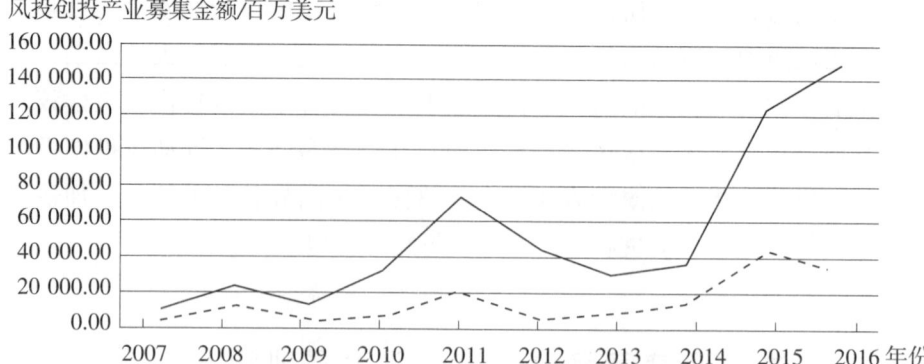

图 1　2007—2016 年粤港澳大湾区与全国风投创投产业募集金额折线图

注：数据来源于清科私募通。

表 1　2013—2016 年各地区风投创投募资金额占比情况　　　　单位：%

年份	大湾区占比	北京市占比	上海市占比	其余地区占比
2013	23.49	34.15	8.96	33.40
2014	37.08	26.75	14.26	21.91
2015	36.23	22.90	16.53	24.34
2016	22.18	29.10	18.35	30.37

注：数据来源于清科私募通。

（二）粤港澳大湾区风投创投产业投资情况

在募得资金后，需要对资金进行投资。而投向哪个行业、哪个企业，需要专业的风投创投机构通过项目初步筛选、尽职调查、估值、谈判、条款设计、投资结构安排等一系列程序，把募得资金投向那些具有巨大增长潜力的创新企业。本节的风投创投的投资情况将从投资机构、投资阶段、投资行业和投资地区四个方面分析粤港澳大湾区风投创投产业的投资情况。

1. 粤港澳大湾区风投创投投资机构

截至 2016 年底，企业总部在粤港澳大湾区的风投创投机构已达 820 家。从 2007—2016 年的累计机构数量情况来看，呈逐年增加之势；从新增机构数量情况来看，2015 年新增机构数量达到 176 家，增幅巨大，2016 年受股市影响，新增机构数量仅为 24 家，增幅下降明显（图 2）。

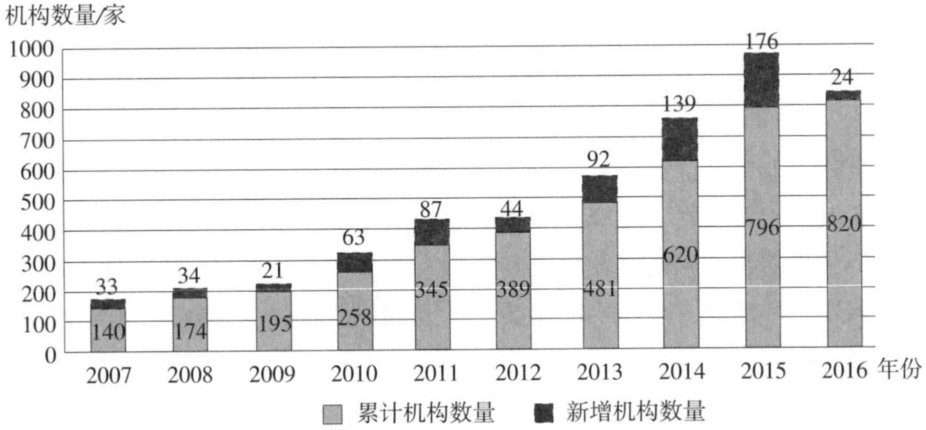

图 2 2007—2016 年粤港澳大湾区风投创投机构累计数量与新增数量

注：数据来源于清科私募通。

2. 粤港澳大湾区风投创投投资阶段

粤港澳大湾区风投创投投资阶段主要为种子期、初创期、扩张期和成熟期。无论是投资案例数还是投资总金额，成熟期的占比都是最大的，而初创期与种子期的占比很小（表 2）。说明风投创投机构对于种子期和初创期的创新企业的投资力度还远远不够，粤港澳大湾区作为我国经济创新驱动的代表与龙头，需要加大对处于高风险的种子期与初创期的高科技项目的投资力度，鼓励发展风投，这样才能孵化更多创新企业，助力粤港澳大湾区国际科技创新中心的建设。

表 2 2016 年粤港澳大湾区风投创投投资阶段分布情况

阶段	投资案例数/例	数量占比/%	投资总金额/百万美元	金额占比/%
成熟期	864	32.53	15576.98	55.94
扩张期	819	30.84	7312.7	26.26
初创期	731	27.52	3954.44	14.20
种子期	234	8.81	941.07	3.38
其他	8	0.30	60.73	0.22

注：数据来源于清科私募通。

3. 粤港澳大湾区风投创投投资行业

在 2016 年对各行业的投资案例数方面，互联网、IT、生物技术/医疗健康、金融和娱乐传媒纷纷占据了粤港澳大湾区和全国范围的前五名（图 3）；在 2016 年对各行业的投资总金额方面，粤港澳大湾区的前五名分别为互联网、金融、生物技术/医疗健康、IT 和房地产 69.7%（图 4）。可见互联网、IT 等成长较快的信息技术产业链的优秀创投项目，因为投资回报周期短而更被市场青睐，而高端装备制造、新材料、新能源和智能制造之类的创业项目则因技术突破难度较大、回报周期长等因素而较少得到风险资本的关注。在推动高新技术产业发展的进程中，粤港澳大湾区不仅需要保持互联网、IT、金融等新兴产业的良好发展势态，还需要对新材料、新能源等相比之下发展较落后的新兴产业提供更多的风投创投投资，以促进粤港澳大湾区各类新兴产业共同发展。

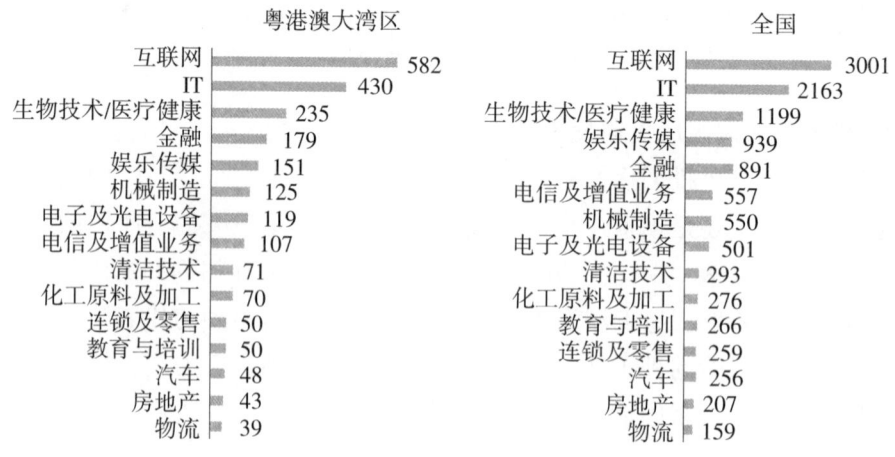

图 3　2016 年粤港澳大湾区与全国投资行业分布（按投资案例数：单位：例）

注：数据来源于清科私募通。

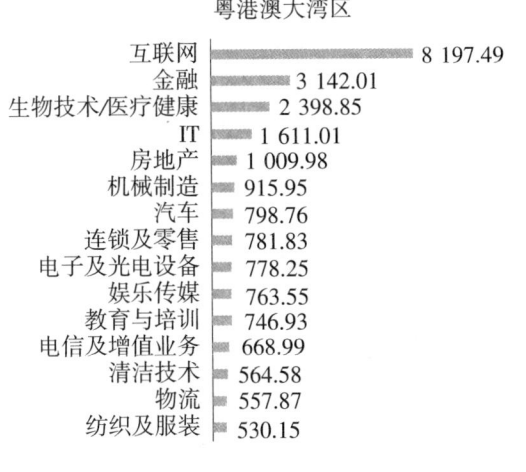

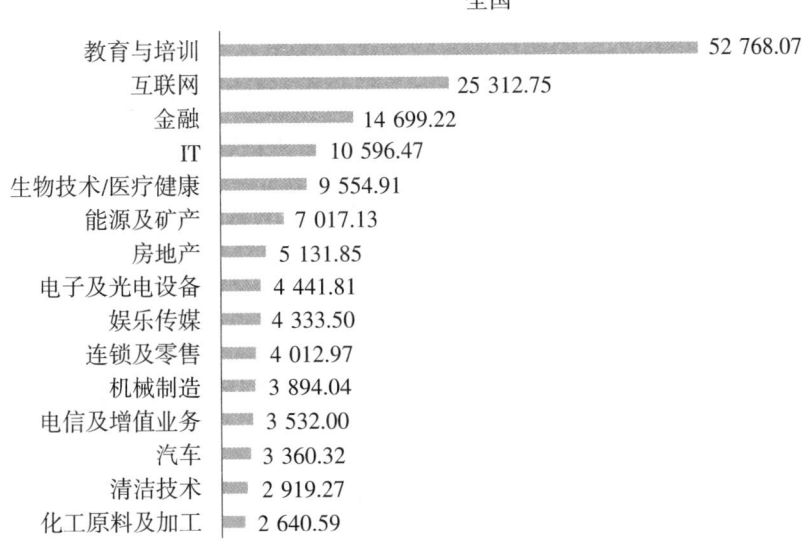

图4 2016年粤港澳大湾区与全国投资行业分布（按投资总金额，单位：百万美元）

注：数据来源于清科私募通。

4. 粤港澳大湾区风投创投投资地区

粤港澳大湾区风投创投机构在2016年对不同地区的投资表现为，在投资案例数方面，广东省占比最高，北京市排名第二，上海市排名第三；在投资总金额方面，北京市超过了广东省，上海市仍排名第三（图5）。可见，风投创投投资的地域分布差异巨大，在此情况下，应努力防止"择地不择优"现象的出现，将资金投向"优质项目"，而非"本地项目"。

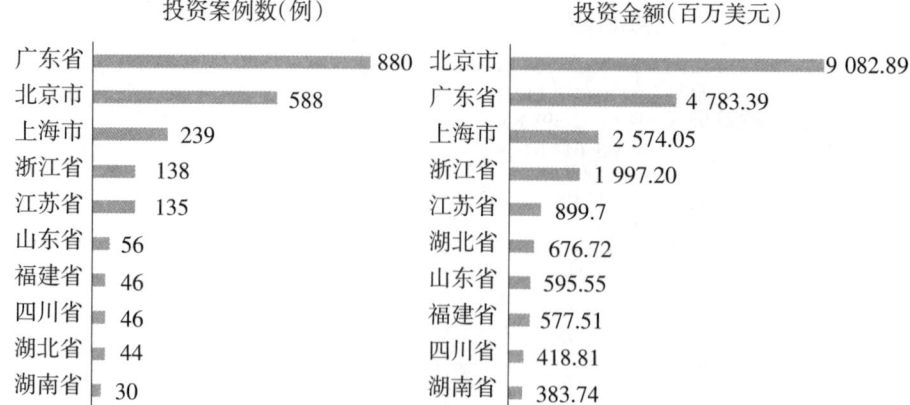

图 5　2016 年粤港澳大湾区风投创投机构投资地区分布

注：数据来源于清科私募通。

5. 粤港澳大湾区与全国风投创投投资情况对比

从 2007—2016 十年的粤港澳大湾区风投创投机构与全国风投创投机构数量来看（图 6），总体上粤港澳大湾区与全国范围内机构数量逐年增加。

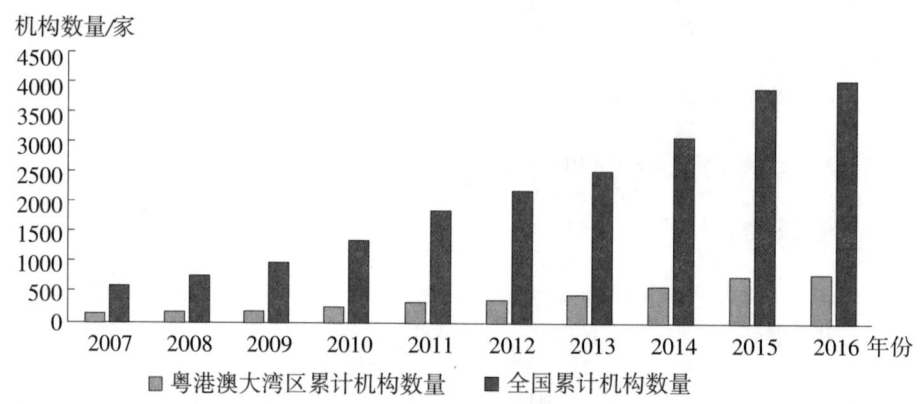

图 6　2007—2016 年粤港澳大湾区与全国风投创投机构数量对比

注：数据来源于清科私募通。

从 2012—2016 年的风投创投投资总金额来看（表 3），北京市以绝对优势排名第一，粤港澳大湾区的占比大于上海市。

表3　2012—2016年各地区风投创投投资总金额分布情况　　　　单位:%

投资时间	大湾区占比	北京市占比	上海市占比	其他地区占比
2012	24.86	39.42	14.24	21.48
2013	23.28	39.45	12.45	24.82
2014	29.95	33.50	15.57	20.98
2015	24.54	38.14	17.43	19.89
2016	16.40	54.75	12.46	16.39

注：数据来源于清科私募通。

（三）粤港澳大湾区风投创投产业退出情况

退出是风投创投的最后环节，退出是为了实现资本的增值或降低损失。风投创投进行股权投资不是为了控制企业，而是希望在被投资企业成长后，通过转让其股权来获得高额价值增值，所以创业投资的退出成为必然。但是，风投创投也会面临失败，一旦风投创投机构认为没有继续投资的价值，通过退出也可以使损失降到最低。

1. 粤港澳大湾区风投创投退出基本情况

2014—2016年三年里，粤港澳大湾区退出案例数（含早期机构）分别为448例、467例和304例，2016年的退出受股市与IPO的暂停影响明显。平均退出年限连续三年增加，表明在退出年限方面并未朝着投资者期望的方向发展。平均回报倍数在2016年达到惊人的59.25倍（表4），这是因为2016年回报倍数在100倍以上区间的平均回报倍数达到11 758.24倍，大幅提升了年度总平均回报倍数。如何发现潜力巨大的创新企业，并通过风投创投来获得高收益率，是每一个风投创投人都应该关注的问题，也是决定未来风投创投产业发展水平的决定因素。

表4　2014—2016年粤港澳大湾区风投创投退出基本情况

年份	退出案例数/例	平均退出年限/年	平均回报倍数/倍
2014	448	3.24	3.84
2015	467	3.83	2.72
2016	304	4.25	59.25

注：数据来源于清科私募通。

2. 粤港澳大湾区风投创投主要退出方式

粤港澳大湾区风投创投退出方式主要为IPO、并购、回购、股权转让、清算。2014—2016年三年中，通过IPO退出的案例数稳步增长，2016年通过IPO退出的案例数占比已接近一半，IPO退出方式越来越受风投创投机构青睐。在IPO逐年增长的情况下，并购方式退出的占比表现出明显不足（表5）。

表5　2014—2016年粤港澳大湾区风投创投退出方式分布情况

退出方式	年份		
	2014年	2015年	2016年
IPO	19.20%	38.54%	49.67%
并购	43.75%	26.12%	23.03%
股权转让	27.01%	21.84%	21.71%
回购	10.04%	11.35%	5.59%
清算	0.00%	0.64%	0.00%
其他	0.00%	1.50%	0.00%

注：数据来源于清科私募通。

3. 粤港澳大湾区风投创投退出绩效评价

从回报金额情况来看，2014—2016年回报金额为0～100万元以及10亿元以上的占比逐年下降，100万～1000万元的占比逐年增加。2016年回报金额在100万～1000万元的占比最高，达到57.37%，占比第二高的为1000万～1亿元，为29.46%，此外，回报金额为0～100万元的占比为10.08%，1亿元以上回报金额的总占比为3.1%（表6）。

表6 2014—2016年粤港澳大湾区风投创投退出回报金额分布　　　单位:%

年份	0~100万元	100万~1000万元	1000万~1亿元	1亿~10亿元	10亿元以上
2014	26.25	44.87	24.10	2.63	2.15
2015	15.00	45.28	36.12	2.78	0.83
2016	10.08	57.37	29.46	2.71	0.39

注：数据来源于清科私募通。

从回报倍数情况来看（表7），2014—2016年回报倍数占比最大的为1~10倍，10倍以上的总占比小于4%，回报倍数为1倍以下的表示亏损，2014—2016年1倍以下的占比均小于50%，意味着粤港澳大湾区整个风投创投产业是盈利的，风投创投产业正在良性发展。这种良好势态将会增强风投创投投资人的投资热情，进一步推动粤港澳大湾区的风投创投产业的发展。

表7 2014—2016年粤港澳大湾区风投创投退出回报倍数分布　　　单位:%

年份	1倍以下	1~10倍	10~50倍	50~100倍	100倍以上
2014	37.05	60.27	1.56	1.12	0.00
2015	34.26	63.81	1.71	0.21	0.00
2016	37.50	58.88	3.29	0.00	0.33

注：数据来源于清科私募通。

4. 粤港澳大湾区与全国风投创投退出情况比较

从2014—2016年的情况来看，粤港澳大湾区的退出案例数占比逐年下降（表8），表明近年来粤港澳大湾区风投创投成功退出的情况没有全国其他地区的退出情况好，表现为并购退出不足，退出渠道不畅通。

表8 2014—2016年粤港澳大湾区风投创投退出案例数占比分布　　　单位:%

年份	粤港澳大湾区	北京	上海	其他地区
2014	30.21	27.44	19.08	23.26
2015	30.11	24.82	18.89	26.18
2016	24.80	23.90	25.61	25.69

注：数据来源于清科私募通。

二、粤港澳大湾区风投创投产业发展的影响因素

从整体上来说,风投创投产业发展影响范围较为广泛,充足的金融支持是风投创投发展的必备条件;税收优惠政策体系及退出机制的不完善,无法为风投创投提供进一步有序发展的外部环境;人才作为风投创投的基础土壤,对于风投创投产业的持续发展影响很大。下文将运用结构方程模型来研究粤港澳大湾区风投创投产业发展的影响因素。

(一)研究假设

风投创投的发展涉及风投创投的外部环境和内部激励,相应的影响因素也大致可以分为这两类。因此本文主要研究金融支持、税收优惠、退出渠道和人才激励四个因素对风投创投发展的影响。

1. 金融支持对风投创投发展的影响

国外注意到金融对经济和产业发展有促进作用,可以追溯至希克斯早在1969年即指出真正引发英国工业革命的不是技术创新而是金融系统的创新。Saint-Paul(1992)认为金融市场通过为经济主体从事风险和生产率水平均较高的创新活动提供必要的保障来促进技术进步和经济发展。Hall(2002)认为,在资本市场工具中,只有风险投资较好地解决了创新企业融资所碰到的信息不对称、道德风险以及融资成本高等问题,它对技术创新的促进作用,远高于其他资本市场工具的作用。Casamatta(2003)的研究表明,有风险投资支持的企业的经营业绩明显比没有风险投资支持的企业业绩要好,风险投资是提高企业盈利能力的重要手段和方式,风险资本的支持与否成为影响企业创新能否成功的重要因素。

与国外研究成果相比,国内金融支持创新企业发展研究起步要晚一些。罗美娟(2001)认为依赖于产业政策的支持不能有效地促进产业结构的转型升级,必须与金融系统从政策和资金两个方面结合起来。王玉春和杨亚西(2004)认为要保持高新技术产业长期持续健康发展,不同发展阶段的资本保障战略要适

时更新。肖大伟、高陆（2007）认为通过改变金融体系的货币供给水平和配置结构与产业升级的相互作用，促进产业结构合理化和先进化。袁中华、刘小差（2010）认为结合我国金融发展现状可以从三个方面为创新企业的发展提供金融支持，它们分别是引入风险投资、创新商业银行服务、设立私募股权基金。兰茹佳、朱英明（2013）认为直接融资有助于控制风险，是金融支持战略性创新企业的主要渠道，因此要发展股权投资和风投创投，吸引民间资本的投入；通过发挥证券和债券相关的多层次资本市场功能支持符合条件的新兴企业上市融资。

基于以上内容，我们提出假设 H1：政府对风投创投的金融支持对风投创投发展存在促进效用；假设 H2：政府对风投创投的金融支持对风投创投退出渠道存在促进效用；假设 H3：政府对风投创投的金融支持对风投创投税收优惠存在促进效用。

2. 税收优惠对风投创投发展的影响

利用财政税收政策对风投创投进行引导的方式有财政补贴，包括对风投创投直接补贴、配套补贴和亏损补贴、政府采购、税收优惠。风投创投具有高风险、高收益、投资期限长的特点，需要特殊的财税政策与之适应。风投创投在产生盈利时需要和其他企业一样缴纳所得税，而一般风投创投从投入到产生盈利要经历较长一段时间，发达国家一般要经过七年。由于风投创投的投资对象是风险较高的科技型企业，在投入的早期常会有亏损。风投创投企业为了最大程度地获得高新技术产业化的成果，会采用一些垄断的经营方式，这不利于市场竞争和技术进步。因此，政府采用财税政策进行干预和引导是必要的。徐思聪（2009）指出，在我国风投创投资本市场尚未完善的情况下，对于一些具有发展潜力且符合国家产业政策的风投创投项目，应以财政贴息的方式，以吸引金融机构对风投创投融资。

基于以上内容，我们提出假设 H4：政府对风投创投的税收优惠对风投创投发展存在促进效用。

3. 退出渠道对风投创投发展的影响

风投创投的商业本质在于追求投资报酬最大化，然而风投创投存在无法退出的风险。风投创投退出渠道常见的有五种：股票市场公开上市（IPO）、企业购并、股权回购、产权与技术交易和破产清算。Cumming（2008）收集了欧洲风投创投的数据，考察了风投创投合约与退出方式的关系。研究结论与 Hellmann（2006）相近，更强的事先约束合约会使创业企业增大以收购方式退出的可能性，而降低公开上市或注销的可能性，并且这个结果是稳健的。Jeng 和 Wells（2000）通过对 21 个国家横截面数据的分析，研究了风投创投的决定因素。结果显示，IPO 市场是影响风投创投的最主要因素。

基于以上内容，我们提出假设 H5：政府在风投创投退出渠道上的支持对风投创投发展存在促进效用。

4. 人才激励对风投创投发展的影响

政府开创股票期权制度是为了吸引更多的人才创业，以及使初创企业更易于吸引高技能人才的加盟。创业活动既取决于金融生态体系中的外源性机会，又可由企业家创造的内源性机会催生。外源性机会的前提条件是生态系统中已有雄厚的科技基础。内源性机会则取决于创业空间能否吸引到更多的高技能人才，通过改变对创业者的投资回报激励机制，能鼓励更多高技能人才参与到创业活动中。

基于以上内容，我们提出假设 H6：人才激励措施对风投创投发展存在促进效用。

图 7 显示了各种因素之间的相互关系和上述假设。

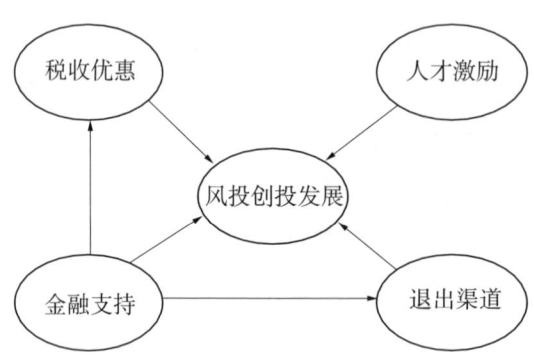

图 7　变量间结构关系

（二）研究模型

结构方程模型（structural equation modeling，SEM）是从微观个体出发探索

宏观规律的一种综合性建模方法。结构方程模型首先将一些欲研究却无法直接测量的问题作为潜变量,并通过一些可以直接观测的变量来反映这些潜变量,然后根据相关研究假设来建立起潜变量之间的关系,最后通过搜集数据来得出各种变量间的影响路径和影响程度。与传统的联立方程相比,结构方程模型允许存在测量误差。

1. 模型变量定义

由于研究的风投创投发展、金融支持、税收优惠、退出渠道以及人才激励五个变量都是无法直接观测的潜变量,需要采用可以直接观测的变量(指标)来反映这些潜变量,并最终建立起潜变量间的结构关系。这里采用利克特5级量表来搜集数据,其中5代表完全同意,1代表完全不同意,所有观测变量都是分数越高越有利于风投创投的发展。各个观测变量具体见表9。

表9 各变量定义

	潜变量	观测变量
内生潜变量	风投创投发展 (η_1)	(y_1) 现阶段粤港澳大湾区风投创投总体发展态势良好
		(y_2) 现阶段粤港澳大湾区风投创投具备良好的政策支持
		(y_3) 现阶段粤港澳大湾区风投创投投融资体系发展较为成熟
	税收优惠 (η_2)	(y_4) 现阶段粤港澳大湾区出台了明确针对风投创投产业的税收优惠政策
		(y_5) 相对其他地区,粤港澳大湾区出台的税收优惠补助力度更大
		(y_6) 国家或粤港澳大湾区已出台的税收优惠政策能够有效落地
	退出渠道 (η_3)	(y_7) 退出优惠政策能有效激励风投创投机构对创新企业投资
		(y_8) 粤港澳大湾区政府鼓励、支持创业企业挂牌上市
		(y_9) 粤港澳大湾区政府为风投创投企业提供股权交易中心等新型退出端
外生潜变量	金融支持 (ξ_1)	(x_1) 产业引导基金能够有效引导社会资本参与风投创投
		(x_2) 粤港澳大湾区风投创投得到了多层次资本市场的有效支持
		(x_3) 投贷联动有效促进了风投创投的发展
		(x_4) 银行信贷为风投创投提供了有效支持
	人才激励 (ξ_2)	(x_5) 粤港澳大湾区政府提供了具有吸引力的人才激励政策
		(x_6) 现阶段粤港澳大湾区人才激励措施能较好满足创业人才的基本需求
		(x_7) 粤港澳大湾区人才激励政策落地后,切实引进了较多创业人才

2. 模型设定

根据图7和表9,构造度量方程(1)和(2),以及结构方程(3);模型结构如图8所示。

$$Y = \Lambda_y \eta + \varepsilon \tag{1}$$

$$X = \Lambda_x \xi + \delta \tag{2}$$

$$\eta = B\eta + \Gamma\xi + \zeta \tag{3}$$

其中

$$\Lambda_y = \begin{bmatrix} \lambda_1 & \lambda_2 & \lambda_3 & 0 & 0 & 0 & 0 & 0 & 0 \\ 0 & 0 & 0 & \lambda_4 & \lambda_5 & \lambda_6 & 0 & 0 & 0 \\ 0 & 0 & 0 & 0 & 0 & 0 & \lambda_7 & \lambda_8 & \lambda_9 \end{bmatrix}'$$

$$\eta = [\eta_1 \quad \eta_2 \quad \eta_3]', \quad \varepsilon = [\varepsilon_1 \varepsilon_2 \varepsilon_3 \cdots \varepsilon_8 \varepsilon_9]'$$

$$\Lambda_x = \begin{bmatrix} \lambda_{10} & \lambda_{11} & \lambda_{12} & \lambda_{13} & 0 & 0 & 0 \\ 0 & 0 & 0 & 0 & \lambda_{14} & \lambda_{15} & \lambda_{16} \end{bmatrix}'$$

$$\xi = [\xi_1 \quad \xi_2]', \quad \varepsilon = [\varepsilon_{10}\varepsilon_{11}\varepsilon_{12}\cdots\varepsilon_{15}\varepsilon_{16}]'$$

$$B = \begin{bmatrix} 0 & \beta_1 & \beta_2 \\ 0 & 0 & 0 \\ 0 & 0 & 0 \end{bmatrix}, \quad \Gamma = \begin{bmatrix} 0 & \gamma_1 \\ 0 & \gamma_2 \\ \gamma_3 & \gamma_4 \end{bmatrix}, \quad \zeta = [\zeta_1 \quad \zeta_2 \quad \zeta_3]'$$

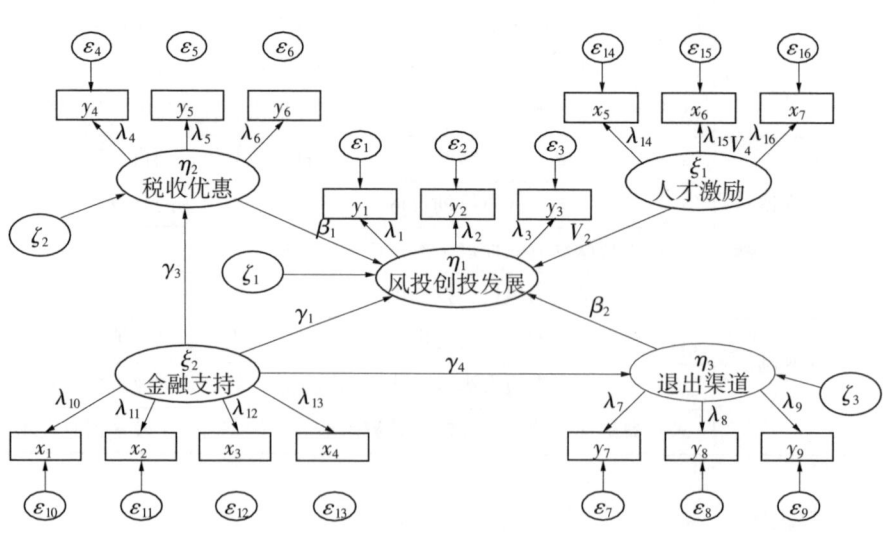

图8 结构方程模型

在（1）式和（2）式中，Y 是 η 的观测变量，X 是 ξ 的观测变量，ε 和 δ 分别是 Y 和 X 的观测误差，Λ_y 是 Y 在 η 上的因子载荷系数阵，Λ_x 是 X 在 ξ 上的因子载荷矩阵；在（3）式中，η 是内生潜在变量，ξ 是外生潜在变量，ζ 是随机干扰项，B 是内生潜在变量系数阵，描述了 η 彼此之间的影响，Γ 是外生潜在变量系数阵，描述了 ξ 对 η 的影响。同时还假设：①度量方程式的误差项 ε 和 δ 的均值为 0；②结构方程式的残差项 ζ 的均值为 0；③误差项 ε，δ 与变量 η，ξ 之间不相关，误差项 ε 和 δ 不相关；④残差项 ζ 与 ξ，ε，δ 之间不相关。

（三）数据收集

1. 访谈法

通过与风投创投理论界与实践界的相关学者和专家展开一对一的会谈，对风投创投的发展与障碍因素进行定性研究。

2. 问卷调查法

一方面通过调查提纲了解粤港澳大湾区风投创投的发展现状，并获取风投创投的相关统计数据；另一方面，采用利克特 5 级量表进行问卷调研，搜集构建结构方程模型的数据。

（四）研究结果及分析

1. 数据信度

由于数据来自问卷调研，因此问卷的信度将直接影响着研究的结论。在问卷信度方面，我们采用克朗巴哈（Cronbach）提出的 α 系数来测量，计算软件为 SPSS 18.0。从表 10 可以看出，所有 α 系数均大于 0.35，基本达到研究的标准（易丹辉，2008）；其中除金融支持外，α 系数均大于 0.70，处于高信度范围。

表 10　问卷信度

潜变量	α 系数	评价
风投创投发展	0.826	信度较高
税收优惠	0.815	信度较高

续表

潜变量	α 系数	评价
退出渠道	0.816	信度较高
金融支持	0.685	信度良好
人才激励	0.889	信度较高
所有潜变量	0.934	信度较高

2. 模型拟合结果及评价

本文采用 AMOS 17.0 进行模型拟合,参数估计选择最大似然法(ML)。假设 S 是样本 Y 的方差——协方差阵,$\Sigma(\theta)$ 是预测值的方差——协方差阵,则最大似然估计法的拟合函数为:

$$F_{\mathrm{ML}} = \log|\Sigma(\theta)| + \mathrm{tr}[S\Sigma^{-1}(\theta)] - \log|S| - (p+q) \tag{4}$$

其中 $\mathrm{tr}[S\Sigma^{-1}(\theta)]$ 是矩阵 $[S\Sigma^{-1}(\theta)]$ 的对角线元素之和;p 和 q 分别是内生、外生可测变量的数目。在大样本情况下,若 S 和 $\Sigma(\theta)$ 越接近,即 $\log|\Sigma(\theta)|$ 与 $\log|S|$ 越接近,则 F_{ML} 越小。最大似然估计就是使 F_{ML} 达到最小值的估计 $\hat{\theta}$。

从表 11 可以看出,在拟合结果中,所有系数都在 0.05 的水平下显著,所有系数的估计值是具有统计学意义的。这样可以得到度量方程式(5)和(6),以及结构方程式(7)。

表 11 参数估计结果

参数	含义	估计值	S. E.	C. R. (Z 统计量)	P 值
β_1	风投创投发展←税收优惠	0.327	0.085	3.834	***
β_2	风投创投发展←退出渠道	1.424	0.155	10.203	***
γ_1	风投创投发展←金融支持	1.260	0.047	11.21	***
γ_2	风投创投发展←人才激励	0.455	0.059	7.709	***
γ_3	税收优惠←金融支持	0.815	0.142	5.726	***
γ_4	退出渠道←金融支持	1.151	0.176	6.539	***
λ_1	问题 y_1←风投创投发展	1.000	—	—	***
λ_2	问题 y_2←风投创投发展	1.066	0.123	8.655	***
λ_3	问题 y_3←风投创投发展	1.306	0.144	9.049	***

续表

参数	含义	估计值	S.E.	C.R.（Z统计量）	P值
λ_4	问题y_4←税收优惠	1.000	—	—	***
λ_5	问题y_5←税收优惠	0.455	0.059	7.709	***
λ_6	问题y_6←税收优惠	1.167	0.13	8.954	***
λ_7	问题y_7←退出渠道	1.000	—	—	***
λ_8	问题y_8←退出渠道	1.211	0.147	8.243	***
λ_9	问题y_9←退出渠道	1.198	0.141	8.466	***
λ_{10}	问题x_1←金融支持	1.000	—	—	***
λ_{11}	问题x_2←金融支持	1.187	0.135	8.816	***
λ_{12}	问题x_3←金融支持	1.199	0.162	7.417	***
λ_{13}	问题x_4←金融支持	0.448	0.153	2.925	***
λ_{14}	问题x_5←人才激励	1.000	—	—	***
λ_{15}	问题x_6←人才激励	1.303	0.111	11.77	***
λ_{16}	问题x_7←人才激励	1.107	0.104	10.609	***

$$\hat{Y} = \hat{\Lambda}_y \eta \tag{5}$$

$$\hat{X} = \hat{\Lambda}_x \xi \tag{6}$$

$$\begin{bmatrix} \hat{\eta}_1 \\ \hat{\eta}_2 \\ \hat{\eta}_3 \end{bmatrix} = \begin{bmatrix} 0 & 0.327 & 1.424 \\ 0 & 0 & 0 \\ 0 & 0 & 0 \end{bmatrix} \cdot \begin{bmatrix} \eta_1 \\ \eta_2 \\ \eta_3 \end{bmatrix} + \begin{bmatrix} 0 & 1.260 \\ 0 & 0.455 \\ 0.815 & 1.151 \end{bmatrix} \cdot \begin{bmatrix} \xi_1 \\ \xi_2 \end{bmatrix} \tag{7}$$

进一步可以计算各种因素对风投创投发展影响效应的大小（表12）。

表12 各种因素对风投创投发展的影响路径与效应大小

影响路径	直接效应	间接效应	总效应
风投创投发展←金融支持	1.260	1.906①	3.166
风投创投发展←退出渠道	1.424	—	1.424
风投创投发展←人才激励	0.455	—	0.455
风投创投发展←税收优惠	0.327	—	0.327

注：①1.151×1.424+0.815×0.327=1.906。

（五）结论及其政策涵义

1. 金融支持影响分析

金融支持对于风投创投的影响最为显著。原因有三：一是由风投创投的资本密集型特征所决定的，风投创投实质上是通过大量的资本积累去投向大量的创业项目，由于创业项目的失败率较高，资本量需求也较为庞大，因此强化了金融支持的影响。二是由金融支持的广泛影响效益所决定的，金融作为现代经济的核心，扎根深远，从本文研究来看，金融可以从税收优惠、退出渠道等方式来间接影响风投创投。三是现阶段粤港澳大湾区风投创投处于起步阶段，其发展仍需要以金融支持为基础。从长远来看，不同发展阶段风投创投的核心因素必然不同，当风投创投发展较为成熟之后，创业发展最缺乏的元素将从金融支持慢慢过渡到退出渠道、人才激励等其他因素，现阶段风投创投的最主要驱动力仍然是以资本为导向，因此金融支持的高重要性是由风投创投发展阶段所决定的。

2. 退出渠道影响分析

退出渠道的重要性仅次于金融支持。其重要性来自三个方面，一是由风投创投的结果导向性决定的，从市场反应来看，风投创投机构参与风投创投的根本目的仍是追求盈利性，而风投创投的盈利与否取决于项目能否成长起来并顺利退出，因此退出渠道对于风投创投显得尤为重要。二是由风投创投发展环境限制，现阶段粤港澳大湾区风投创投的退出机制仍然较为匮乏，多层次的资本市场仍不够完善，有限的退出方式恶化了创投项目的退出便利性，导致退出比投资更受创投机构的重视。三是粤港澳大湾区风投创投仍处于起步阶段，投资偏向后期，大部分项目无需考虑成长性的问题，而是需要考虑通过何种通道退出从而获得更高倍数的估值，进而为创投机构带来更大的盈利空间。

3. 人才激励影响分析

人才激励的重要性仅高于税收优惠，且与前两个因素之间相差较大，主要是现阶段风投创投发展仍处于早期，资本热度较高，优秀项目积累较多，所以人才的重要性没能凸显出来，当项目成功获得创投支持，后面项目的成长与退出就与人才息息相关。从发达国家的发展路径也可以看出，当风投创投发展到一定程度的时候，项目发展模式较为成熟，金融支持和配套支持也都较为完善，风投创投的核心将由资本逐步过渡到创业人才。其次，现阶段人才的重要性之所以相对较低，是由粤港澳大湾区风投创投现状决定的，当下粤港澳大湾区风投创投偏向于后期，因为后期的项目较为成熟，甚至处于Pre-IPO阶段。这都是归功于创投人才在前期的辛苦耕耘，而创投机构进入项目时并没有单独将这部分人才效应考虑，而是对项目进行全面性的考量，所以其相对重要程度就处于较低的水平。从长远来看，人才是风投创投能够长远发展的根本源泉，人才的聚集能够为创投提供充足的创业土壤，从而培育众多的中小微企业，为风投创投机构提供源源不断的优质项目。

4. 税收优惠影响分析

从实证结果来看，税收优惠的重要性最低，与定性分析相违背，主要是定性分析是从当前的阶段进行考虑，实证分析是对未来风投创投发展进行分析，而未来税收优惠的重要性要降低，主要有两个原因：一是由于我国的风投创投税收优惠体系仍不完善，国家与地方之间的政策有所重叠，又存在空洞，导致税收优惠的实质效果不佳。二是税收优惠的执行与落实力度也限制了税收优惠的发挥。从风投创投的发展机制和大部分税收优惠政策内容来看，税收优惠往往只能在项目退出后才能获得，而项目因为周期长、风险高、不确定性大且有众多可能性，所以税收优惠略显不足，其重要程度也因此偏低。

三、粤港澳大湾区风投创投产业发展的政策建议

根据粤港澳大湾区风投创投产业发展现状以及影响因素研究结果，结合国内外发展经验，课题组认为应针对"金融支持、退出渠道、人才激励和税收优惠"四个方面制定并出台风投创投扶持政策。

（一）充分发挥金融支持对风投创投产业的促进效用

设立新兴产业风投创投引导基金，放松杠杆和盈利要求，延长期限，按照"市场化运作，政府引导"原则运作，设立战略新兴行业的产业引导基金，并对

引导基金实施分级管理，灵活运用风险补偿、阶段参股、跟进投资等多元化运作模式，实现引导基金支持与撬动效应的最大化。加强粤港澳大湾区内三大金融重镇香港、深圳和广州的战略合作，由此推进大湾区内资本市场的互联互通，推动出台"深港跨境金融创新若干政策"，扩大与香港、澳门在保险、证券、银行市场等领域的合作。推动联合投资，有效解决单个投资人或机构资金量有限的困境，同时整合资源，扩大投资范围，提高投后增值服务质量，弱化风险并降低投资失败率。推动多元主体参与的"天使+孵化"模式，引导天使投资与孵化器融合发展，提高创业成功率。加强银行等传统金融业对创投产业的支持，完善多元化科技金融服务模式。鼓励科技金融组织、科技金融业态和科技金融产品创新，加快探索、建设风投创投基金与科技信贷相结合的科技银行模式。建立熟悉科技专业的服务团队，为高科技创业企业提供全面的、量身定做的金融服务。与投资机构建立投贷联盟，采取投贷结合的方式来降低科技银行的信贷风险。推动双GP模式的发展，实现投资机构与产业资本之间、投资机构之间的优势互补，撬动双方的项目源和合作网络。

（二）为风投创投机构提供丰富的退出渠道和良好的退出环境

制定股权投资机构退出奖励机制。一是针对股权投资基金投资于湾区的企业或项目，根据其对创新企业的促进作用和对经济转型升级的贡献程度，按项目退出或获得收益后按一定比例（如30%）给予一次性奖励，并限定每个项目奖励上限；二是制定退出风险补偿机制，成立创新企业风投创投风险补偿基金，对投向创新企业失败的项目，按项目损失额一定比例（如最高20%）一次性给予风投创投机构补偿，并限定每个项目风险补偿上限。推进港交所创新板建设，拓展退出渠道。通过创新板吸引一些代表中国未来发展方向的战略新兴产业的公司去香港挂牌上市，提升香港作为全球金融中心的竞争力。加速新三板的创新与改革，与创新板一起保障创新企业的顺利退出。建设湾区内金融高新区等区域股权交易中心，配合证券交易所建立多层次的资本市场体系，推动企业上市进程，在企业并购、股权转让、回购等方面提供政策便利。加强湾区股权投资信息平台建设，促进投融资信息公开。

（三）完善人才激励机制，为未来风投创投发展夯实基础

（1）引进国内外创新创业人才和风投创投人才：一是鼓励各类主体与粤港澳大湾区外相关机构共建人才发展协同平台；二是对国内高端人才放宽户籍、配偶就业、子女入学等限制；三是在双创人才和风投创投产业人才集聚地区和高校区建立人才联络机构；四是广泛推行"人才+团队+项目"的人才引入模式，实现人才引进和产业发展相融互动。

（2）建立湾区内创新创业合作园区，培养创新创业人才。一是抓紧深港创新及科技园的建设，通过建立重点创科研究合作基地，吸引海内外顶尖企业、研发机构和高等院校进驻，建设粤港澳大湾区科技创新的超级航母。二是加快推动湾区内大学建成世界一流大学，形成粤港澳大湾区创新高地，建设国际高水平创新集群，提升大学在创新人才引进和培养、原创科研成果产出、技术创新辐射等方面的能力。三是大力发展众创空间，为创客提供配套服务，形成从创意到创业的协同创新环境。四是与湾区内高等院校合作，设置和完善股权投资专业与课程体系，推动建立高校优秀毕业生到股权投资机构工作机制，加强专业化股权投资机构建设。

（四）充分发挥税收优惠对风投创投产业发展的支持作用

对风投创投产业提供税收激励，如资本利得税的直接减免，资本利得在获得后特定时间内可延期纳税或部分抵免税收，以及投资退出时产生损失部分转化为抵扣普通所得，进而促进高收入人群将本应缴纳的税收部分用于投资。鉴于风投创投的高风险性及收益的不确定性，设立风险准备金，完善风险补偿机制，并根据创业投资的周期，对风投创投公司实行适当年限的亏损弥补。给予从事风投创投活动的投资者所得税方面的税收优惠，以增加和培育风投创投领域的人才。对投资于粤港澳大湾区战略性新兴产业的风投创投投资给予税收优惠，以促进战略性新兴产业的发展。对投资于粤港澳大湾区的经济薄弱地区的投资给予税收照顾。可根据风投创投投资对当地的经济贡献，按其退出后形成地方财力的一定比例直接给予一次性奖励或风险补偿金。

综上，本研究认为促进粤港澳大湾区风投创投产业发展，需根据金融支持、退出渠道、人才激励和税收优惠四个因素的相对重要性，有所侧重地完善风投创投产业的扶持政策，促进大湾区创新创业与风投创投的融合发展。

参考文献

[1] 程昆，刘仁和，刘英. 风险投资对我国技术创新的作用研究［J］. 经济问题探索，2006（10）：17-22.

[2] 方嘉雯，刘海猛. 京津冀城市群创业风险投资的时空分布特征及影响机制［J］. 地理科学进展，2017，36（1）：68-77.

[3] 郭楚. 携手共创粤港澳大湾区，与世界超级湾区试比高［J］. 环境经济，2017（Z2）：70-73.

[4] Hicks J R. A theory of economic history［J］. OUP Catalogue, 1969.

[5] Saint-Paul G. Technological choice, financial markets and economic development［J］. European Economic Review, 1992, 36（4）：763-781.

[6] Hall B H. The financing of research and development［J］. Oxford Review of Economic Policy, 2002, 18（1）：35-51.

[7] Casamatta C. Financing and advising: optimal financial contracts with venture capitalists［J］. The Journal of Finance, 2003, 58（5）：2059-2086.

[8] 罗美娟，龙超. 税收优惠政策在吸引外资中的作用及启示［J］. 税务研究，2001（7）：30-33.

[9] 王玉春，杨亚西. 论高新技术产业资产证券化融资［J］. 粤港澳大湾区经济管理学院学报，2004（4）：42-46.

[10] 肖大伟，高陆. 金融对产业结构调整和优化的支持［J］. 经济研究导刊，2007（8）：61-63.

[11] 袁中华，刘小差. 后危机时代我国创新企业发展的金融支持研究［J］. 新金融，2010（5）：52-55.

[12] 兰茹佳，朱英明. 金融支持与战略性创新企业发展研究：一个文献综述［J］. 财贸研究，2013，24（2）：110-113.

[13] 徐思聪. 完善我国风投创投财税政策研究［D］. 苏州大学，2009.

[14] Cumming D. Contracts and exits in venture capital finance［J］. Review of Financial Studies, 2008, 21（5）：1947-1982.

[15] Hellmann T. IPOs, acquisitions, and the use of convertible securities in venture capital［J］. Journal of Financial Economics, 2006, 81（3）：649-679.

[16] Jeng L A, Wells P C. The determinants of venture capital funding: evidence across countries［J］. Journal of Corporate Finance, 2000, 6（3）：241-289.

[17] 易丹辉. 结构方程模型：方法与应用［M］. 北京：中国人民大学出版社，2008.

粤港澳大湾区城市群的发展现状与问题分析：全球背景下的城市化

杨 沐

华南理工大学公共政策研究院

粤港澳大湾区，特别是内地的 9 个大中型城市（广州、佛山、肇庆、深圳、东莞、惠州、珠海、中山、江门）一直是我国战略发展重点区域，从 20 世纪 80 年代起，这一地区作为我国改革开放的前沿阵地，是我国在优化现代产业结构、提高国际市场竞争力等方面的前导性地区。在这个过程中，该地区的城镇化，特别是在"前店后厂"模式下带动起来的中小城镇的飞速发展，为广东和我国经济的整体性起飞起到了巨大的促进作用。自 2000 年以后，粤港澳大湾区城市与城市之间边界的交融、汇合，以及城市之间交通渠道的多样化，使得这一地区的 9 个内地城市与港澳一起，成为了我国有可能最早实现完全一体化的巨型都市圈。

自 1980 年中国开始设立经济特区以来，粤港澳大湾区内地的 9 个城市不仅一直得到国家的政策性倾斜，而且，国家对该地区的制度性试验也保持了完全的开放性姿态。这种来自国家层面的、自上而下的扶持，不仅使得粤港澳大湾区在城市化和城市群网络建设中获得了得天独厚的先发优势，也让粤港澳大湾区城市群的发展，肩负着为泛珠三角地区乃至全国探索新型城市化和城市群的排头兵使命。本文通过分析我国现有的城市化进程，以及在全球城市化的背景下，我国城市化与全球城市化之间的联动关系，结合粤港澳大湾区城市群的现状，分别就粤港澳大湾区城市群城市化的质量，城市劳动力市场的一体化，以及交通网络的整合提出分析和政策建议。

一、城市化的速度与质量：中国与国际经验

（一）增长性城市化与非增长性城市化：国际比较

我国在过去的40年中经历了快速的城市化：我国的城市化率从1978年的17.9%，至2016年已增长到56.8%，并伴随着接近6亿的新增城市人口。尽管中国如此庞大规模的城市化在绝对数上还未曾有类似的先例，但是我国城市化的路径与城市化比例与世界其他国家相比，有着逻辑上的内在一致性。事实上，从城市化率的增速上来说，在相应发展阶段，中国的速度要慢于日本、韩国但快于英国和美国（图1）。

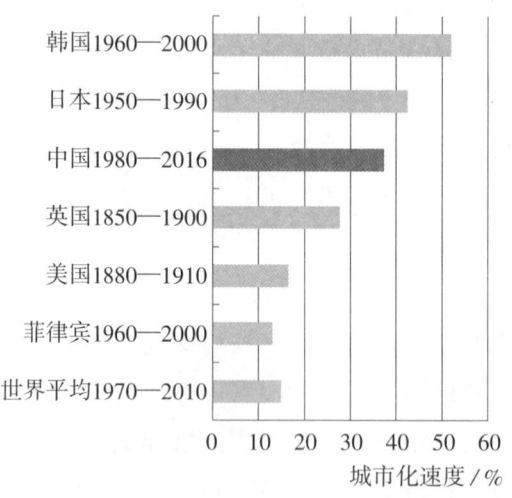

图1 代表性国家快速城市化阶段的城市化速度

从同一时段的国际水平来看，我国的城市化进程在全球范围内属于高速。在2000年之前，城市化增长速度基本上与东亚、中东和北非持平；2000年之后，由于东亚经济发展水平较高，相比中东、北非而言城市化已经接近尾声，所以城市化增速从年均4%以上，逐渐下降至不足3%。我国城市化增速基本与

东亚同步,但略高于东亚平均水平(图2)。

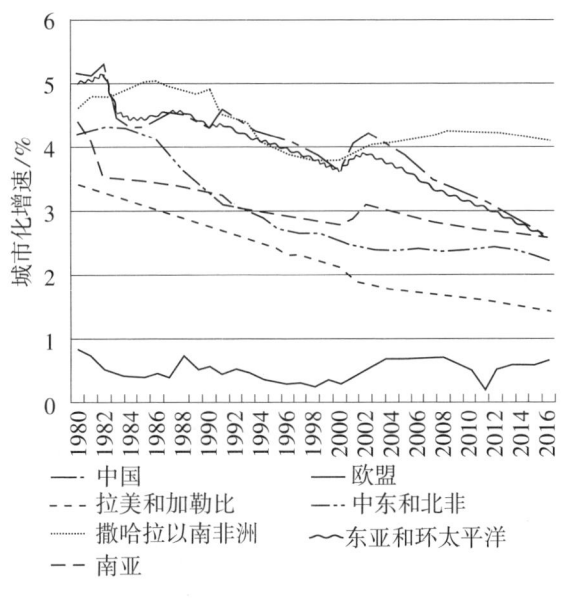

图 2　中国城市化增速(1980—2016)

资料来源:国家统计局、世界银行、国际货币基金组织。

在全球范围内,战后世界城市化的水平不断提高,到 2016 年为止,全球已有 54% 的人口居住在城市。同时,伴随着城市化水平提高的是城市化增速的逐步下降,从 20 世纪 60 年代初的约 3%,逐渐收敛到 21 世纪的 2.2% 左右(图3);到 2016 年,这一数值已经降至约 2.04%。相对于全球水平而言,我国的快速城市化起步于改革开放初期:我国自 1978 年起城市化进程加速,虽然我国 1978 年的城市化率只有全球水平的一半略多,但通过 30 多年的高速发展,我国的城市化水平在 2013 年超过全球水平,相当于用不足一半的时间实现了二战后城市化发展的追及和赶超(图4)。

但是,我国城市化的最大特征并非是城市化的速度,而是与城市化相伴随的经济增长。大部分发展中国家在二战后都有过至少增加一倍以上的城市化规模,但并没有产生像我国这样的经济快速增长,它们的经济增长与城市部门的联系也较为松散。以泰国为例,泰国在二战后的城市化进程也相当顺利,目前的城市化水平只比我国少几个百分点(泰国 2016 年城市化率为 51.54%),但其经济长期以来增长极其缓慢,城市化没有产生额外的经济增长动力。事实上,这种短期内的城市化与经济起飞伴生现象,而且发生在大尺度的地理范畴内,从 20 世纪至今也只发生在极少数亚洲新兴经济体中,中国就是其中之一。

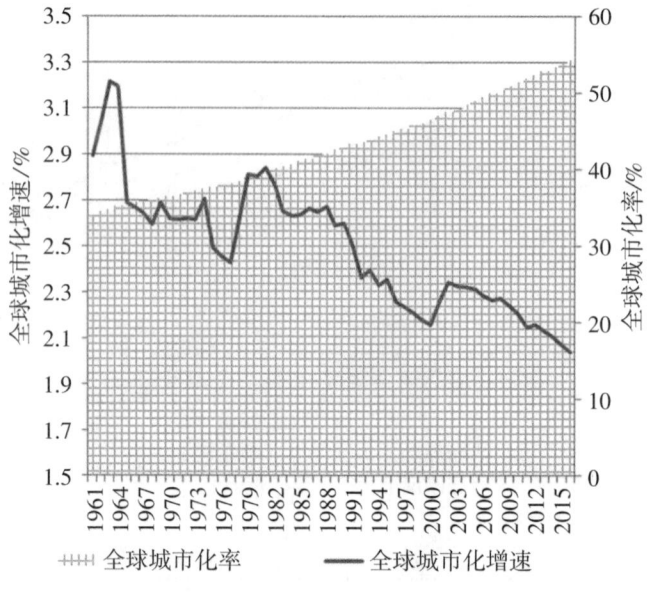

图 3　全球城市化率和增速（1961—2016）

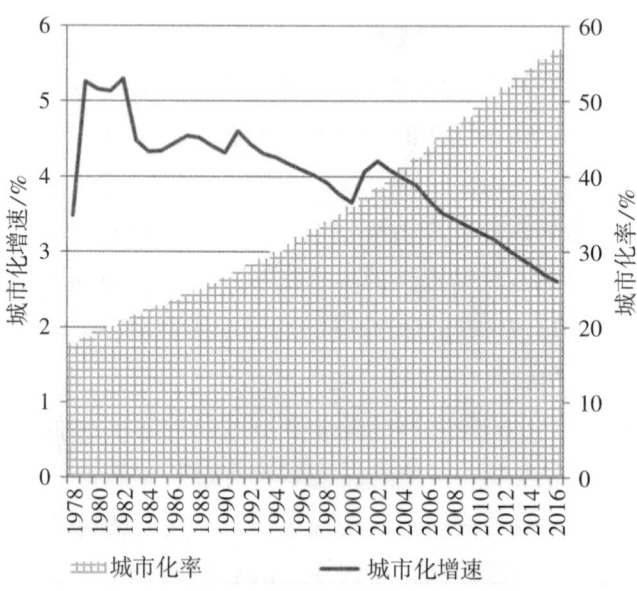

图 4　中国城市化率和增速（1961—2016）

资料来源:国家统计局、世界银行。

（二）我国东部沿海是城市化的集中地区

我国东部沿海地区的城市化率平均而言在我国属于高水平（图5），其城市密集度也居全国首位。当前，东部沿海区域城镇化率整体较高，大部分省市城镇化率都高于全国平均水平，但是，在这一地区内，城镇化水平和城市群的发育也呈现梯度发展：①从省际差异来说，除去上海、北京、天津等直辖市，2015年城市化水平从最高的广东省（70%左右），到最低的河北省（略高于50%）（图6），东部地区的区域内省际城市化差别也是我国各大地域板块中最大的；②从城市群的分布来说，我国最重要的三大城市群全都分布在东部地区，但也存在城市化覆盖密度较小的区域，如河北省的大部分，福建、广东的一部分。

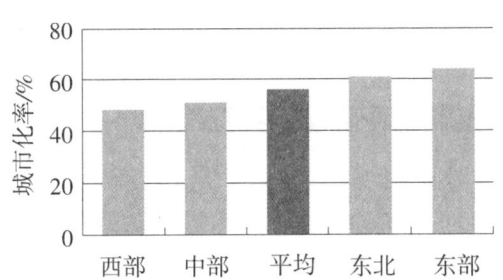

图5 中国城市化区域的城市化率差异

资料来源：国家统计局、世界银行。

从经济地理的意义上说，东部沿海地区集中体现了我国改革开放近40年的成果，其中也包括城市化与城市群发展的成果。东部虽然占地只有我国国土总面积的一成多，但拥有我国超过四成的人口。这一地区的三大主要城市群，包括环渤海城市群、长三角城市群和粤港澳大湾区城市群，不仅是我国主要城市群中规模最大、人口最为集中的，也是我国在改革开放时期发展最为迅速、起到经济和社会发展主要引擎作用的城市群。

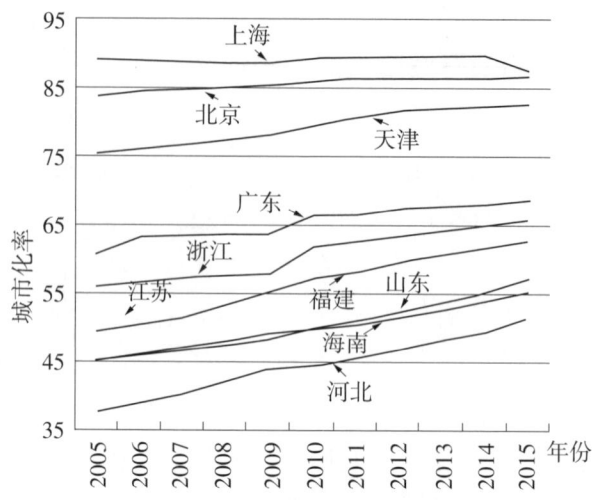

图6 东部区域的城市化增速（2005—2015）
资料来源：国家统计局、世界银行。

（三）中国城市化的高速阶段已经接近尾声

我国在改革开放后的快速城市化，其主要驱动力有两个。

第一，是城市化进程被压抑后的反弹。我国的上一波城市化高潮出现在20世纪50年代至60年代中期，其中虽然因三年困难时期等有所曲折，但总体的城市化进度和速度都非常快。这一城市化进程被"文化大革命"带来的经济混乱，以及"文革"时期"上山下乡"等错误政策所打断，使得我国的城市化进程出现了长达10多年的低潮期。因此，1978年以后的高速城市化，很大一部分是被长期压抑的城市化需求的反弹。

第二，是借助我国经济发展进入快车道后的追赶效应。第二次世界大战后，由于新兴国家兴起，以及新技术革命带来的生产关系和社会关系的革命，使得在工业化国家和发展中国家同时出现了城市化和城市人口激增的新浪潮，这促成了战后至今的城市化增速都保持在2%以上（图7）。我国在改革开放以来，事实上同时在多个领域、多线程向发达国家和其他发展中国家进行了追赶，其中城市化是非常重要的一个环节。从城市化的平均水平来说，我国目前已经赶上并超过了世界平均水平。

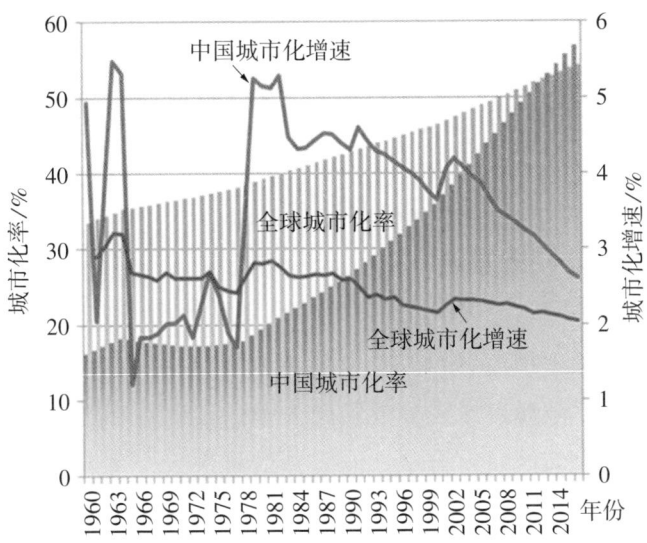

图 7　中国在全球城市化进程中的位置（1960—2016）

但是，我国甚至全球范围内，高速城市化的内部和国际条件现在都发生了转变，高速城市化态势也正在结束。

从国际条件来说，首先，发达国家的城市化已经很少有发展空间了。以日本为例，其城市化水平已达94%，再行提高的余地已经不多。其次，诸多发展中国家、特别是新兴工业经济体经过二战后的长期和平发展，城市化水平也已经接近发达国家，不再存在二战后初期世界各国大比例城市化差幅的状况，因而追赶效应也相应变弱。

从我国的内部条件来说，首先，随着经济进入新常态，我国的经济发展很难再出现改革开放前30年的两位数增长，经济增长将转为中高速、质量型增长，因此，推动城市化速度的经济因素强度将会减缓，发展重点将从速度型城市化逐步让位于质量型城市化。其次，虽然相对于发达国家而言，我国目前的总体城市化水平还不算很高，速度也相对而言较快（图8），但我国幅员辽阔，正如前述，对于胡焕庸线以西的广大地区来说，由于环境压力的客观存在，城市化的动力相对较小。再次，我国东北、东部沿海和中部地区不少省份的城市化已经达到较高水平，继续保持高速城市化的可能性也不大。

总之，随着各种条件的转变，我国的城市化将在10～20年内继续保持相对高速，但将逐渐减速，并由粗放的规模增长，转变为注重效率、精致和环保的质量型增长。

二、粤港澳大湾区城市群的层次化发展

(一) 香港、澳门的发展

由于港澳的特殊地理位置,以及地理大发现以来中西、中国和南亚、东南亚贸易的逐渐加强,港澳慢慢成为中国融入全球性贸易和产业链条的关键性节点。在整个粤港澳大湾区城市群中,港澳是最早进入全球化,也是最早成为发达经济体的城市。

港澳的发展,事实上可以分为三个主要历史阶段。第一个阶段是中华人民共和国成立前,港澳作为贸易、中转服务中心和洋商定居点的时代。由于港澳的工资水平较高,"因夷人止知来往贸易,凡百工所备,均需仰给于华人,而贫民亦可藉此稍沾余利,历久相安,从无争竞"①,普通劳工收入较内地高出数倍,吸引了大量华人前往定居。第二个阶段是20世纪60年代至八九十年代,由于日本向部分亚洲经济体开始产业转移,使我国港澳的产业结构发生变化,同时也促成了我国港澳的人均GDP开始追赶发达国家与地区(图8、图9)。在这一阶段,港澳不仅完成了向发达经济体的转变,而且经济结构经历了支撑性产业从服务业向制造业,再向高端服务业的转变。第三个阶段开始于港澳回归,特别是2003年开始的《关于建立更紧密经贸关系的安排》(CEPA)。CEPA是港澳经济与内地市场融合的基础性制度安排,对港澳未来的发展空间具有决定性的拓展意义。

---

① 《广东巡抚韩崶奏报查阅澳门夷民安谧并酌筹控制事宜前山寨关闸仍旧防守折》,清嘉庆十四年二月初五日(1809年3月20日),见《葡萄牙东波塔档案馆藏清代澳门中文档案汇编》(第1册)[M]. 澳门:澳门基金会出版,1999:724.

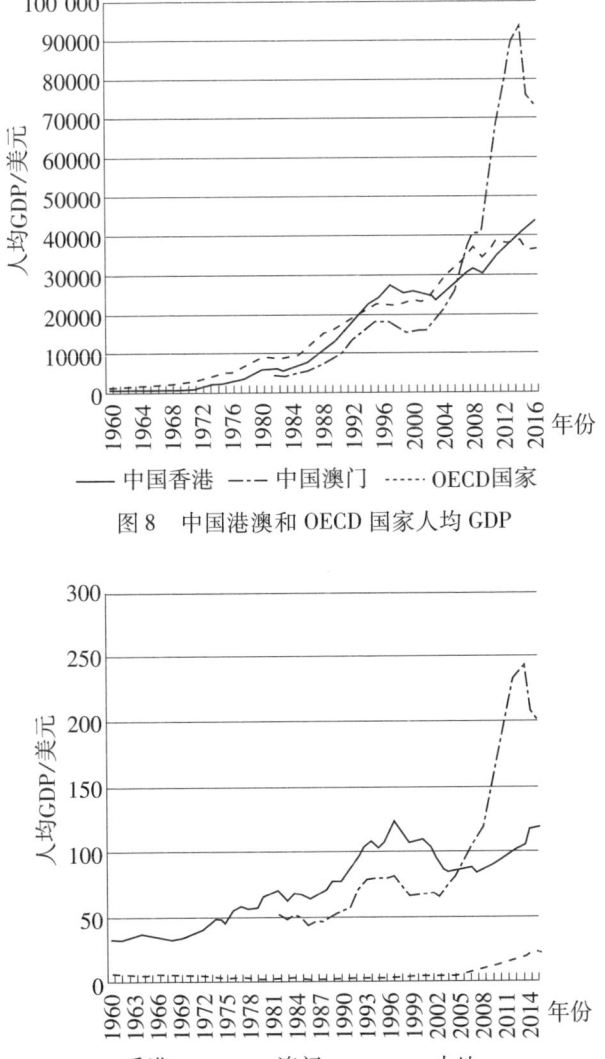

图 8　中国港澳和 OECD 国家人均 GDP

图 9　中国内地和港澳人均 GDP（以 OECD 为 100，单位：美元）

资料来源：国家统计局、世界银行。

（二）近代内地城市群的发展：城市化与其问题

近代广东地区城市群的发展可以粗略地划分成两个阶段。在第一阶段，原有的四镇格局随着广州开埠等事件，逐渐演变为以省（广州）为中心，佛山、番禺等弱化为副中心的态势。在四镇之外，中山、惠州等传统型市镇则相对快速发展，随着晚清新型产业缓慢但持续地登陆广东，它们也向现代城市开始转型。这一阶段的城市化的主要变化形式，与港澳的发展，构成了从以穗澳为双中心城市链，逐步转变到以穗港为双中心，辅之以数个中小型城市环绕的格局。中华人民共和国成立后，虽然内地与港澳交流减少，但这种基本格局一直持续到改革开放初期。

以城市化的速度而言，我们可以看到，粤港澳大湾区内地的城市，在改革开放以来实际上存在着两种互相交替的城市化步伐（表1）。在改革的初期和深圳、珠海特区成立初期，特区城市的发展速度明显要高于非特区城市，这一效应也拓展到了特区周边的城市（如东莞）。进入20世纪90年代以后，特区增速放缓，非特区城市的发展则开始增速，广州、佛山、中山等城市的城市化速度接近翻番，明显高于同一阶段我国的平均城市化速度。进入21世纪后，特区城市和非特区城市之间的界限开始模糊，城市化的增速出现趋同。

表1　粤港澳大湾区9个内地城市在改革不同阶段的人口城市化年均增速（%）

时期	广州	深圳	珠海	佛山	惠州	东莞	中山	江门	肇庆
1982—1990	2.80	24.88	7.87	3.11	2.11	6.07	2.77	1.01	1.15
1990—2000	4.67	15.45	6.88	5.93	3.46	13.98	6.69	1.33	0.49
2000—2015	2.06	3.28	1.88	2.23	2.64	1.66	2.06	0.90	1.24

资料来源：广东省统计局

这种交替发展的结果是，在城市规模的意义上，截至20世纪90年代已经相对巨型化的广州、深圳，到了21世纪进一步向千万以上级别的人口迈进（图10）。另一方面，佛山、中山等城市也向具有全国性影响力的大型城市发展，以佛山、东莞为例，前者在未来5~10年内，将进入800万以上人口级别，后者则可能达到1000万人口。

同时，在粤港澳大湾区还存在着20个以上的县级市或由县改制而来的区（如花都、三水等），以及数量众多的建制镇。由于大湾区原有城市规模的扩张，这些中小型城市体出现了两种分化。第一种分化，是由于城市边界的向外推进，使得县级或乡镇级城镇被"吞"进城市，变成了新城区的一部分；第二种变化，是中小型城市体本身不断扩大，互相之间以及和其他城市的城镇边界发生交汇，使得城市化地区连成一体。

但是，大湾区快速城市化也带来了一些问题，特别是在城市化的速度和城市扩张的质量之间，产生了一定的拉力。正是在城市和中小城镇城市化的同时推动下，密集、快速的城市化在狭义上的珠江三角洲尤为明显，目前，地理上狭义的珠三角地带已经接近完全的城市化，城市间原有的农业地区基本消失。另一方面，相应于城市人口的扩张，市区建成面积的增速在2000年以后也非常快（图11）。但是高城市化率下，人口城市化速度和土地城市化速度并不完全匹配。

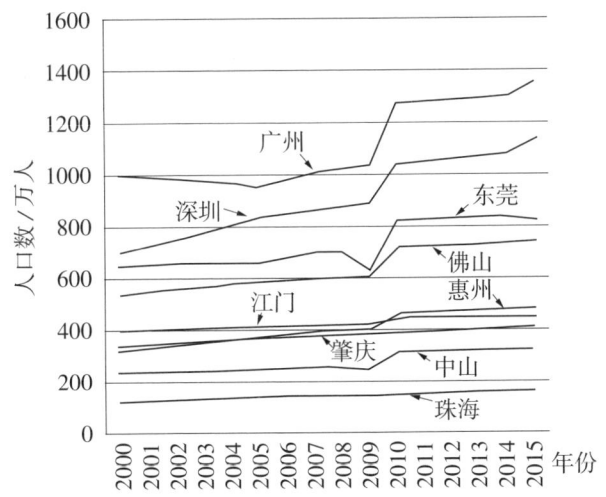

图10　粤港澳大湾区9个内地城市人口增长
资料来源：广东省统计局。

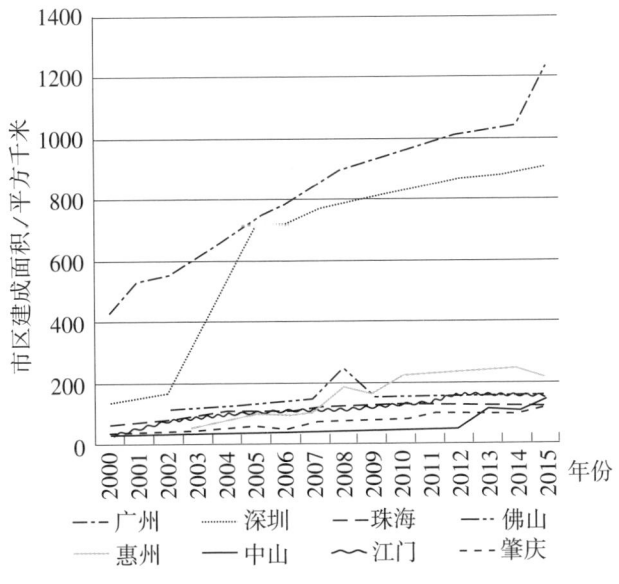

图11　粤港澳大湾区8个内地城市市区建成区面积
资料来源：广东省统计局。

粤港澳地区人口分布较为均匀且人口规模大，加之近年来人口在继续以较大幅度增长。但是，一方面由于地方对土地财政过度依赖，另一方面土地利用的方式延续了 20 世纪的粗放、低效型，无效率利用的情况较为突出。总体而言，粤港澳大湾区内地的主要城市，除东莞因建成市区面积统计口径多次变更，已不具参考价值外，其余 8 个主要城市的人口城市化速度和土地城市化速度在 2000 年以后有较大的背离现象。在绝大部分年份，土地城市化速度要远远高于人口城市化速度（图 12～图 19），这种现象说明，通过大规模"圈地运动""造城运动"来促成土地的城市化，但是城市化以后的土地承载力并不能确保进一步的人口城市化。在不改变粗放型土地、空间利用的情况下，粤港澳大湾区存在着相当程度的无效率或低效率城市化，这对于建设高质量城市群、提高湾区人民生活水准、保证公共财政支出效率来讲，具有负面效应。

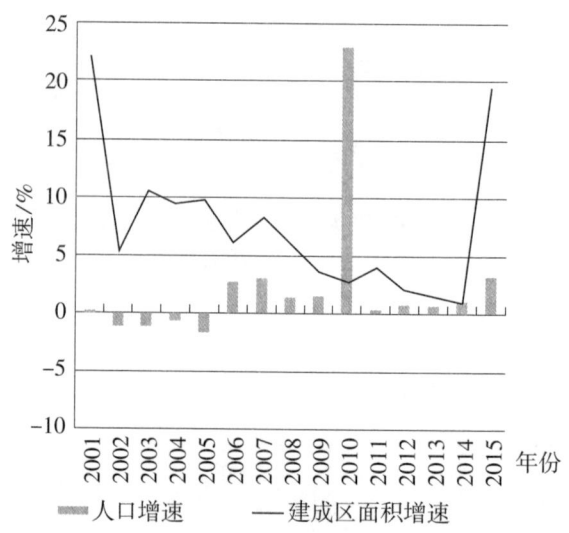

图 12　广州人口增速和市区建成区面积增速

资料来源：广东省统计局。

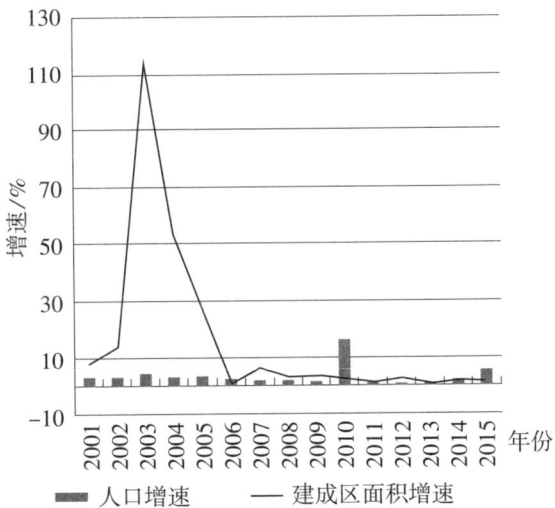

图 13 深圳人口增速和市区建成区面积增速

资料来源:广东省统计局。

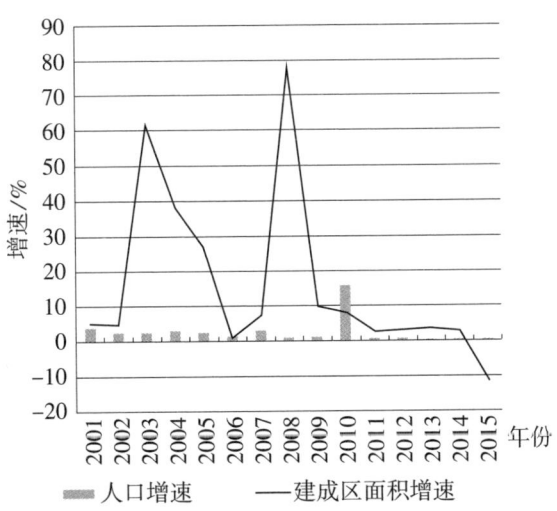

图 14 惠州人口增速和市区建成区面积增速

资料来源:广东省统计局。

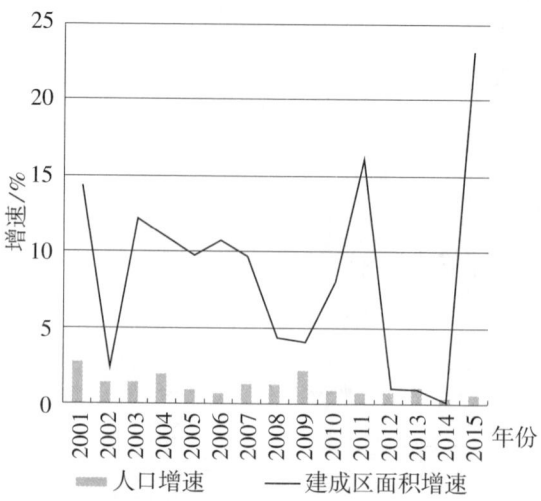

图 15　肇庆人口增速和市区建成区面积增速

资料来源：广东省统计局。

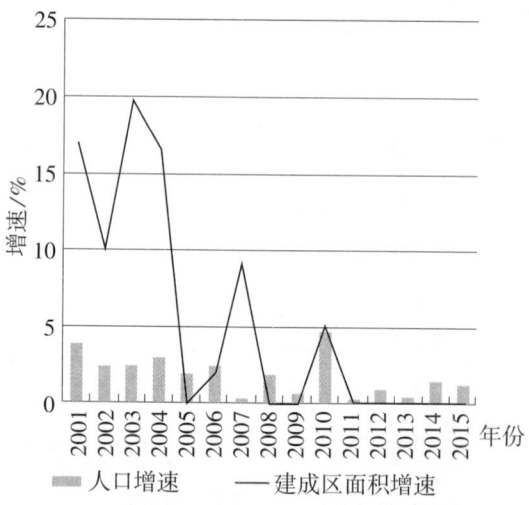

图 16　珠海人口增速和市区建成区面积增速

资料来源：广东省统计局。

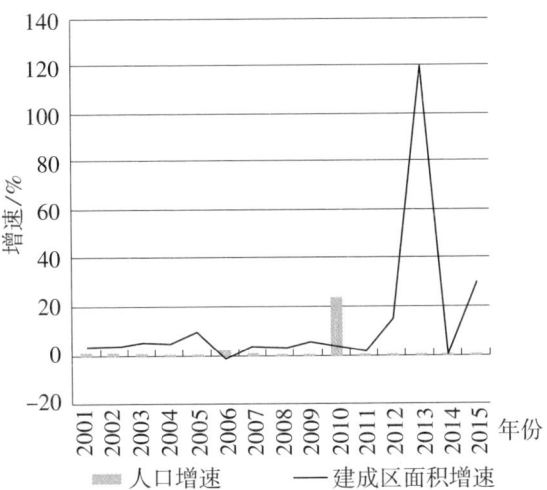

图 17　中山人口增速和市区建成区面积增速
资料来源：广东省统计局。

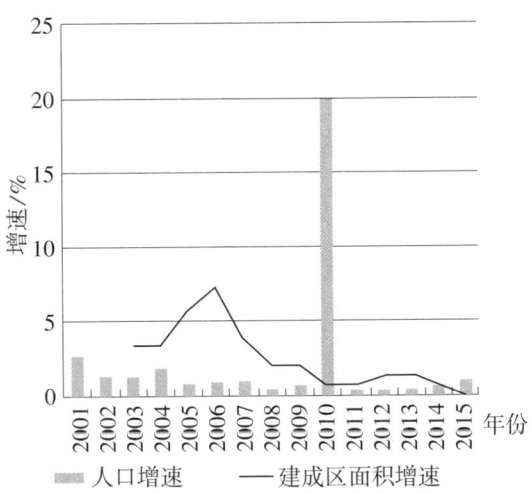

图 18　佛山人口增速和市区建成区面积增速
资料来源：广东省统计局。

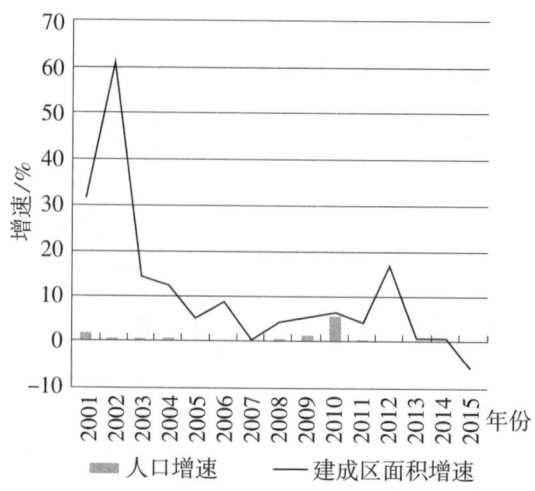

图 19　江门人口增速和市区建成区面积增速

资料来源：广东省统计局。

（三）深圳的兴起：粤港澳大湾区城市群经济转型的缩影

从 20 世纪 80 年代开始，深圳以"三来一补"的加工业作为主导，迅速实现了经济的突破性增长。在这个过程的背后，是香港从 20 世纪 70 年代开始的去工业化进程，这一过程因中国内地、特别是珠三角的开放而加速，因此，香港是粤港澳地区大型、特大型城市中首个完成现代城市转型的，香港的转型意味着香港的工业产业从香港转移至珠三角地区，这使得湾区的资源在整个 20 世纪 80 年代，以及 90 年代的大部分时间都处于香港和内地的系统性重新配置中，这对于整个湾区来讲都是资源的合理化配置。因此，湾区原先的低收入端（内地城市）能够借助与香港间的要素价格均等化过程，实现经济追赶。从相对数来说，追赶之初的 20 世纪 80 年代早中期，即使是穗深等城市，其人均 GDP 也只有香港的 1/20 乃至更低，但在短短 30 多年中，这个差距已经被压缩到了 2/5 左右（图 20）。

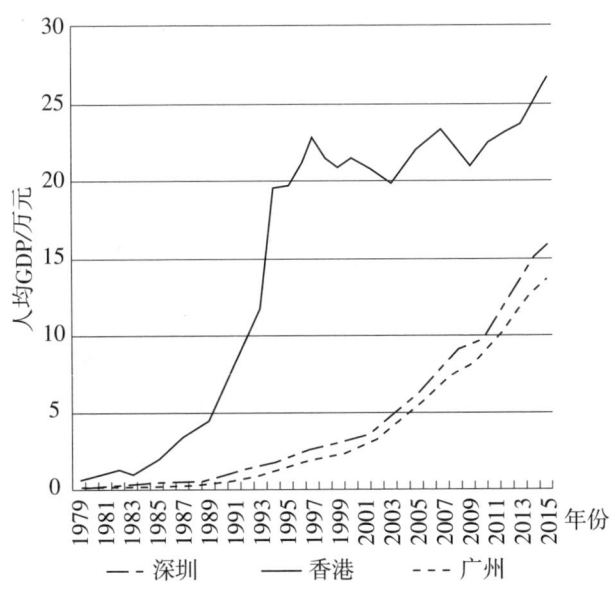

图 20　深港澳人均 GDP（万元）

资料来源：广东省统计局、国家统计局。

深圳由于其地理位置紧邻香港，并有着特区地位，它的发展、追赶经验也是最为突出的。深圳的第二产业、第三产业比重变化趋势在粤港澳地区的内地城市中具有代表性特征。一般来说，在经济起飞的初期，拉动经济发展的主要引擎是第二产业，以及服务于第二产业的相关第三产业。20 世纪 70 年代末，深圳（原宝安等县）第一、二、三产业的比重约为 4∶2∶4，可见深圳发展之初不仅以传统农业为主导产业，工业发育不足，而且第三产业具有传统社会大而低端的特征。自深圳成为特区后，第一产业占 GDP 比重逐年下降（图 21）。

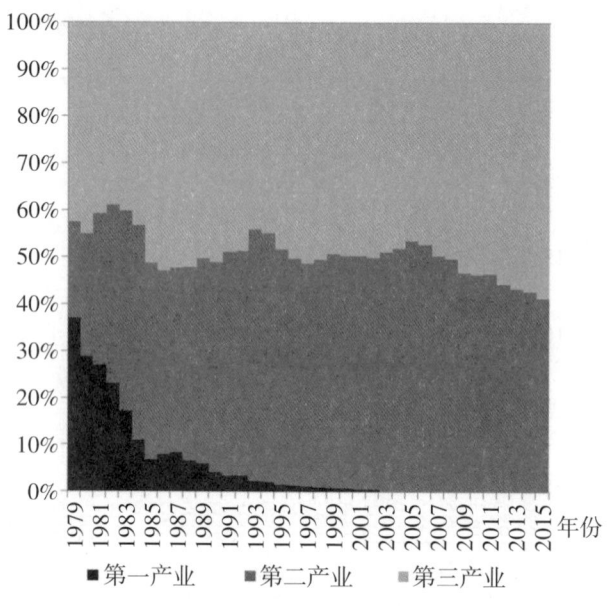

图 21　1979—2015 年深圳产业比率

资料来源：广东省统计局、国家统计局。

但是，自 2008 年后，深圳的第二产业占 GDP 比重出现了较大幅度地下降（图 21），这种情况在广州等地也有类似表现（图 23），这代表了产业升级面临阶段性反复。

首先，第二产业比重下降的最主要成因是第二产业人均产业附加值增速减缓：深圳工业企业员工数占第二、三产业员工总数之比在 60% 左右，但是其产业附加值却只有第二、三产业的四成左右，这说明深圳第二产业的效率偏低，不仅存在着较大比重的低端制造业，而且这种制造业的比重正处在增大过程中。其次，香港出现大规模、持续性的制造业比例下调是在 20 世纪 80 年代中期（图 22），这一阶段香港的人均 GDP 已经达到 OECD 平均值的七成多，而深圳、广州出现这种状况时，人均 GDP 只有 OECD 平均值的五成左右，存在第二产业升级未完成而发生停滞乃至倒退的风险。再次，大湾区城市的第三产业重心普遍处于低端，因此，在目前阶段发生第三产业比例持续上升，事实上有进入去工业化通道的风险。

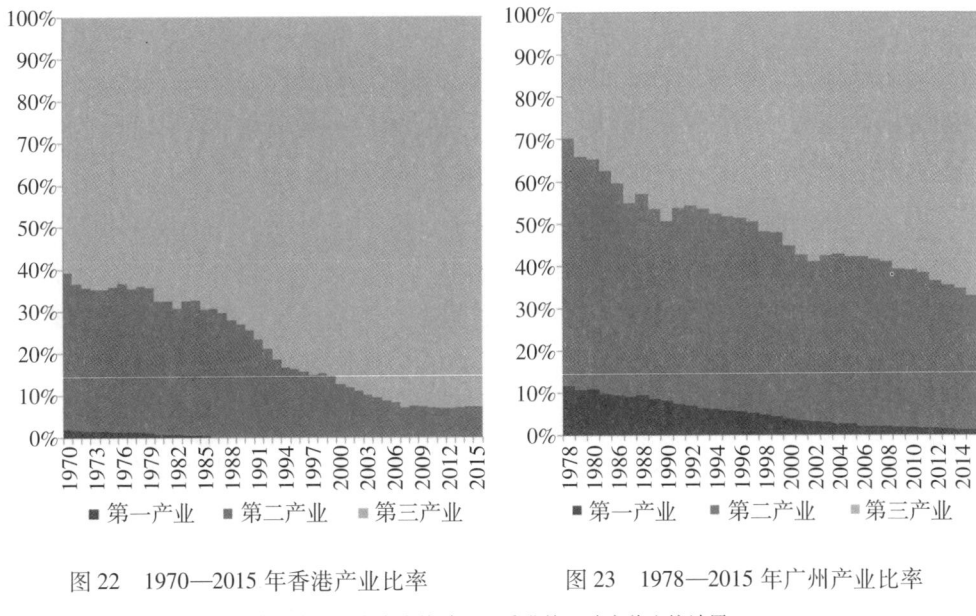

图 22　1970—2015 年香港产业比率　　　图 23　1978—2015 年广州产业比率

资料来源：广东省统计局、香港特区政府普查统计署。

（四）增加城市群容量、促进城市空间多样化的迫切需要

2000 年之后，由于此前约 10 年的人口城市化高潮，城市用地与人口增长之间的矛盾加剧，使得广州、深圳等城市疏散城市人口和城市扩容成为一个迫切的需要。从 2000 年初开始，政府对土地开发的进度逐渐加速，这促成了主要城市的新城区数量和总建成市区面积都有了较大幅度的扩张（图 24）。伴随着合理规模的都会区开发，地理上的狭义珠三角地区已经成为了连绵的城市化区域，农业区域和农田事实上绝迹了。在这个过程中，城市内部和各个城市之间的交通联系逐渐发展起来。

交通运输是现代文明程度的主要衡量指标之一。在现代经济、现代社会交往中，出于发展的需要，必须在近距离和远距离上同时实现人员往来、货物运输等需求，而现代交通运输在这方面尤为重要。随着城市数量和面积的不断增加，高密度城市空间逐渐形成复杂的城市群网络体系，港澳回归后，这种态势愈发明显。由于粤港澳大湾区面积较大，各个城市之间以及城市内部的不同区域之间的经济、社会发展，由于自然、地理和历史因素的不同而呈现出多元化

的态势。港澳珠大桥等跨界大型基础设施项目的筹建，以及便捷的交通网络与信息网络又加速了城市群内各城市间人流、物流、信息流、资金流、技术流等空间要素的流动，粤港澳大湾区城市群的空间结构日益复杂化。因此，确保交通运输与区域经济、社会协调发展，具有重要的现实意义。

但是，到目前为止，由于地理和历史条件限制，粤港澳大湾区城市群城市内和城市间的交通网络都受到一定的制约。

首先，在大湾区主要城市内，公共交通体系增量不足。以陆地公交系统为例，虽然部分城市（佛山、珠海、江门、中山等）在2000年后的人均公交车辆拥有量增速很快，但这是建立在这些城市公共交通建设较为迟滞的基础上的；而原有较完备公共交通体系的城市（广州、深圳等），公共交通体系增速明显慢于城市的人口扩张速度（图25）。更加之，由于城市面积的增大，对于公共交通的需求事实上是以指数形式扩张的，但2000—2015年大部分大湾区城市的公共交通供给都没有产生类似的变化。换而言之，在城市内部，公共交通的供需存在较大矛盾。

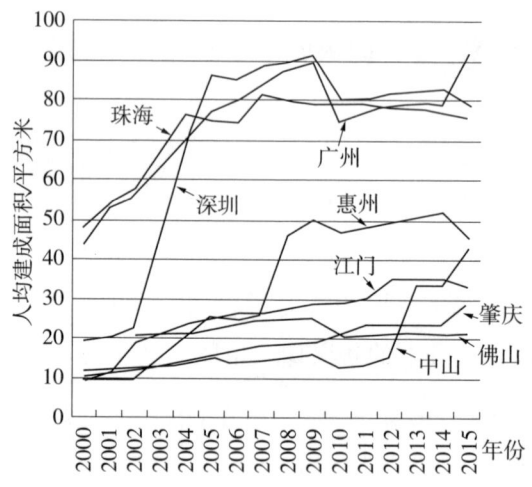

图24　大湾区内地城市人均建成面积

资料来源：广东省统计局。

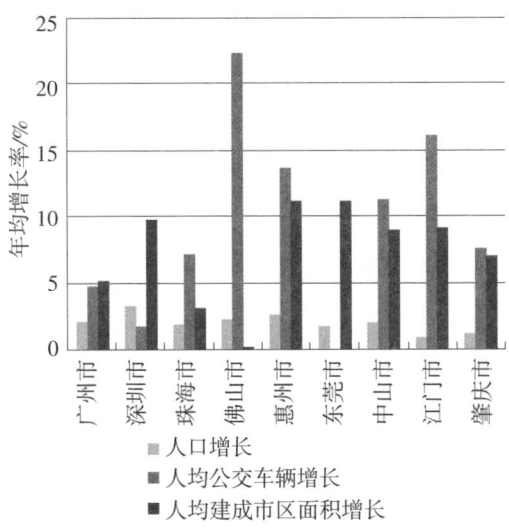

图 25　大湾区 9 个内地城市公共交通与城市化指标
资料来源：广东省统计局。

其次，粤港澳大湾区城市群的城市间，以及与周边城市间的通达性（通达性指从某一地点出发，到达另一地点的便利程度）、覆盖度和辐射度都有所不足。在狭义地理上的珠三角核心，特别是广州周围以及深圳地区，交通设施的覆盖度相当高，但是，这种覆盖度随着与广州的距离加大而迅速递减，在粤港澳大湾区的一些外圈城市，覆盖度和核心区域存在明显差异，这在长期内将影响大湾区城市群的内部整合，特别是广深之外其余 7 个内地城市之间的整合水平。虽然由广州至湖南和江西的两条出省交通走廊建设条件较好，能够带动沿线大湾区城市群与省内其他地区以及外省的互动，但是大湾区内部，特别是东西两翼沿海的交通轴线呈断裂状态，这也会使得城市群内部的整合程度受限。

三、粤港澳大湾区城市群未来发展的政策可能性

（一）城市空间的深化与城市更新质量的提高

在过去近 40 年的时间里，粤港澳大湾区城市群的城市化特征是高速、大面

积的土地城市化。正是这种城市化,使得粤港澳大湾区城市群能够成为我国乃至世界范围内屈指可数的超级大型都市圈。但是,这种粗放型城市化也会留下隐患,特别是在城市的容量和质量上,这就需要对已有的城市空间进行质量型更新。

我国现有的城市更新政策,主要是针对两种情况制定的。第一种是20世纪90年代初开始的旧城改造,主要是一些计划经济或更早时期的已有城市区,由于建筑质量老化,或功能性需求发生变化;第二种是20世纪90年代末至今的城中村改造,主要是由于城市边界的扩张,使得原处于城市边缘的城中村,逐渐转化为城市的核心区域,出于规划或管制的需要。在这两种情况中,我国结合国外经验,形成了一整套关于城市基础设施更新、拆迁赔付比率与安置过程、容积率以及历史文化遗址保护等方法。但是,这些更新方法,对于处理20世纪90年代以来形成的新城区,不仅在处理手段上有些不足,而且也缺乏整体性的指导思路。

粤港澳大湾区城市群是我国最早城市化的地区,因此,累积性的城市更新需求非常高。在城市更新的重点从规模转变为质量后,需要以市场为主要手段,用市场代替政府作为调节多元利益主体之间复杂关系的平台。具体来说,可以从这几点入手:

第一,改变政府在城市更新中的角色。政府的主要作用,应该是搭建以市场为主导的城市更新平台,让开发商、原居民在城市总体规划的框架内,自主参与、灵活达成协议。在现实中,政府出于土地财政等考虑,会较为强势地介入更新,通过搭建更新平台,一方面可以保证政府的财政收入维持在一定水平,从而保证公共开支和社会服务水准;另一方面,更新平台可以实现让利于民,使得原居民在法律法规允许范围内,在经济、环境、建筑方法等各方面都有更大的余地和开发商协商。而且政府角色的转换,使得政府从主动参与方转变为市场秩序维护者,减少了可能出现矛盾的概率,对于维护社会稳定具有促进作用。

第二,改变开发商的参与过程、照顾城市低收入和弱势群体。政府在城市更新过程中,应该把解决弱势群体住房问题作为开发商参与商品住宅开发的先决条件,强制性要求开发商提供一定数量的廉租房和保障用房。为了提高开发商积极性,一方面可以以增加容积率、减少土地出让金等方法,鼓励开发商参与，同时也可以考虑灵活应用政策杠杆，将开发商提供的廉租房和保障用房以住房券形式，在开发商间允许转让，在保证保障用房总量的前提下保持开发商具有一定灵活性。

第三，适当放开现有容积率和各种构建物的比率限制。我国当前城市规划并没有完全考虑我国东部地区人口稠密、城区居住压力较大等特征，因此，在地方性立法中，粤港澳大湾区城市群应当对相关法规做出相应调节。事实上，湾区城市的城市更新是对既有高密度居住、生活空间的改造，要达到完全代偿原有居民，同时增加新的城市容量，就必须开放层高、楼间距等条件。在参考国际经验时，需要对北美等空间广阔的城市，以及西欧狭促型城市空间做出区分，选择适合湾区实际情况的做法，加以吸纳、改进。

（二）城市劳动力市场的再组合与城市群产业网络的重组

我国的城市化进程现在还未完结，正处于动态的进行过程中，这在劳动力市场中表现得尤为明显。我国目前有 2.5 亿至 3 亿的城市居民，由于没有所在地的户口，导致其不能完全获得居住地的城市公共服务和社会保险覆盖。在过去的约 40 年中，平均每 10 年我国的城市人口就有 1 亿左右的增量。在这一部分人群中，大约有 40% 是因为附近的城市扩张，而非主动地变成城市人口的，而因寻求更好的工作机会，移民进入城市的比例则与之相当。这导致我国每年约 4% 的平均城市化率，也使得城市的机能扩张长期内落后于城市人口的增速，以户口系统为主导的城市公共服务和福利体制难以赶上城市化步伐。即使粤港澳大湾区城市这样经济发展水平较高的地区，与城市化水平相符合的劳动力市场，以及相应的福利、社会保障体制也还处于建设过程中。

另一方面，在粤港澳大湾区城市群内部，由于近年来第二产业升级乏力，而使得以广深为首的城市无法发展适应其城市经济发展水平的第三产业，导致第三产业持续低端化。同时，具有现代城市特征的高端服务业（例如金融、会计、法律和商业）和高新技术第三产业（例如工业设计、建筑规划）难以形成集聚效应。因此，大湾区城市群需要加快升级制造和服务业中附加值较低的产业，并通过提高关键产业的平均人力资本的项目，来促进辅助性产业的产业价值提升。

目前来说，粤港澳大湾区最为迫切的任务之一，就是在内地的 9 个城市基础上，设立统一的劳动力市场。只有 9 个城市具有统一的劳动力市场，才有可能在此基础上实现"9＋2"的统一市场，也只有保证了 9 个城市社会、医疗等辅助性劳动者保障制度的无障碍联通，才有可能在"9＋2"的基础上充分吸引全国和世界高端人才。但是，在目前广东的 9 个城市中，人为设置的劳动力流动障碍，或对其他城市社会保障资格持有者的歧视性政策还很多。因此，粤港澳大湾区城市群应当尽快出台包括户籍、就学、就医、住房保障在内的一揽子劳动力市场统一方案。在这样一种方案下，可以使用身份证或社会保障卡无障碍地在 9 个城市间实现劳动力流通，并消除地区间就医、就学和其他社会福利差异，用"'9 城'一卡通/一账通"，作为实现"'9＋2'一卡通"的阶段性和前提性成果。

（三）通过小城镇和密集性交通网构造大湾区的城市群网络

粤港澳地区经济发展水平在我国位居前列，但是，整个地区与现代化城市相适应的城市土地、交通和规划管理水平，不仅在各个地区间层次不齐，而且广东省的 9 个城市总体水平偏低。就城市化的空间模式而言，广东 9 市，特别是狭义上的珠三角地区已形成网络化的空间和城市发展格局，其总体空间和土地使用方式在结构上较为合理；从动力机制来说，中小城镇，特别是县和乡镇级城镇曾经在珠三角的崛起和发展中起到过重大作用，这些城镇不仅有较好的产业和社会基础，城镇基础设施建设也较为完备，但近十几年广东在政策力度上的差异造就了当前城市化资源、特别是交通网络资源密集投放于大中型城市，相对来说，忽略了中小城镇的空间型差异。

由于中小城镇的交通在区域性交通网络政策制定中被相对忽视，其交通现状呈现可通达性依赖于单一结构路网，普适性交通网络发展较差。但是，在我国进入新常态发展阶段以后，粤港澳地区的发展越来越依赖于密集资本、新技术、高端人才等结构性要素，如果中小城镇继续得不到有力的政策扶持，则未来可能出现中小城镇空心化、资源持续流出，到时城市群网络空间将演变成大城市为主的点状结构。要在粤港澳大湾区城市群实现"网络带动、整体推进"的区域布局，就必须做到如下几点：

第一,改变现有的陆地交通单一依赖公路体系的局面,在珠江三角洲设立区域性轨道交通公司,发展低速轨道通勤系统。珠江三角洲相对于长江三角洲、环渤海湾区而言,人口密度大、区域面积相对较小,南北、东西距离都在200千米左右;在内地,作为交通枢纽的广州,与主要城市的直线距离则基本都在180千米以内,大部分城市甚至都在80千米以内。因此,在珠三角地区,对于一般通勤人员而言,低速(150~220千米/小时)轨道交通完全可以满足日常的生活和工作需要,即使是处于珠三角边缘区的江门等城市,低速轨道交通也可以实现与中心城市的一小时生活圈对接。按照欧洲及日本的经验,高密度、多站点的轨道交通对于粤港澳大湾区城市群的适用度更高,也可以摆脱高铁站点稀少且交通不便、安检程序复杂、候车时间长等缺点。更加之,广东地区已有的岭南通、粤卡通等支付系统已经实现联网,可以直接用于轨道交通,实现随到随走。

第二,加强交通走廊建设,打通珠三角两翼沿海通道。粤港澳大湾区的数个交通走廊对本区域的经济提升作用十分明显,如区域内的广州—东莞—深圳走廊,以及跨区域的广州—韶关—湖南走廊。但是,在本区域内,连同珠三角两翼,特别是往东至潮汕、往西至阳江、湛江的交通走廊路网稀少、并不明显。交通走廊的最大作用是带动沿线地区的经济活力,但珠三角两翼沿线地区与主要交通干线的连通状态还没有达到密集程度,这在长期内可能会影响大湾区城市群的总体性发展。因此,在条件允许的前提下,有必要加强珠三角两翼沿海通道建设,大幅度提高沿线各县区交通容量。

发展澳门会展 促进中葡贸易

苏小恩 刘 明 萧志成

澳门大学工商管理学院

一、在澳门建设"中葡经贸合作会展中心"符合澳情

支持澳门建设成为"中葡经贸合作会展中心"的决定是中央政府于2013年11月在澳门举行的第四届部长级会议上首次提出。根据相关决定,澳门特区政府从2014年开始通过澳门贸易投资促进局(贸促局)着手统筹和推动相关工作。经过接近三年的实践,"中葡经贸合作会展中心"的建设已渐露雏型。

从澳门的实际情况来考虑,有效地把握国家支持"深化澳门平台作用"的机遇而积极地将澳门打造成一个"中葡经贸合作会展中心",为澳门创造出的边际经济效益是相当可观的。实践中,澳门在过往十年间通过以发展博彩度假村的模式而同时兴建而成的各种世界级会展设施,不但为澳门的会展业提供了具有国际竞争力、吸引力的固定资本和品牌,同时亦为这个产业在澳门的长远发展提供了具有经济效益的规模。换言之,由于各种已经落成(或在2019年前会相继落成)的固定设施对于本地会展业的日常营运而言是不变的投入,因此这些设施的经济效益在其可承载的容量下,会随着会展举办数目的增加而上升。

此外,从产业链的角度分析,"经贸会展"是促进国际经贸发展的一个重要中介环节/产业。实践中,这个环节为跨地域的买卖双方和相关投资者提供一个互动的环境,降低各方在商业决策上的不明确性,从而促进相关交易的达成和长远发展。由此,在国家明确希望大力推动与葡语国家发展经贸合作的特定情境下,澳门由于与葡萄牙的历史渊源而被定位为"一个平台"(在"一个平台"上,中央政府明确支持澳门进一步构建成为"中葡经贸合作会展中心""中葡中

小企业商贸服务中心"和"葡语国家食品集散中心"等"三个中心")。这种角色确实可以为本地会展业更明确和更聚焦地提供一个具发展空间的商机。基于上述各种客观因素,将澳门建立成为一个"中葡经贸合作会展中心"不但与"深化澳门平台作用"的发展路径相一致,而且符合澳门的实际情况。

二、在建设"中葡经贸合作会展中心"过程中有必要考虑的策略性课题

要能有效地把握相关机遇,将澳门建设成为一个具经济效益的"中葡经贸合作会展中心",以及确保这个"中心"在实践中的可持续发展,澳门特区政府和业界必须建立一个有效的长远互通/互动机制,从政策和实务两个层面推动这个"中心"在促进中葡经贸合作上的实际功能,为本地会展业打造具特色的商业元素,从而在推动相关业务发展时建立有别于邻近地区会展业的市场定位。

根据贸促局从2014年已经展开的工作和相关报道分析,在澳门不断深化发展成为"中葡经贸合作会展中心"的过程中,澳门特区政府可以在现有基础上,更主动和积极地与中国内地及葡语系国家进行沟通,为有意拓展双方市场的中葡企业(以至包括在这些国家内的外资企业)提供一个具商业价值和效率的服务平台。从国家在2015年与各个葡语国家之间的双边贸易总额观察(表1),贸促局除了可以考虑在国内设立相关联络处外,还可探讨在巴西、安哥拉(位于非洲西岸)、莫桑比克(位于非洲东岸),以至东帝汶等葡语国家设立相对应的联络处,或与当地贸促机构在已经签署的合作协议上,研究相关机构在澳门设立举办推广中葡经贸合作会展专柜的可行性。

表1　2015年中国与葡语国家之间双边贸易总额

国家	所在地域	双边贸易总额/亿美元
巴西	南美洲	718.080
安哥拉	非洲	197.050
葡萄牙	欧洲	43.700
莫桑比克	非洲	23.930
东帝汶	亚洲	1.067
圣多美和普林西比*	非洲	0.079
佛得角、几内亚比绍、赤道几内亚*	非洲	0.834
		984.740

资料来源：macauhub。

* 没有参与在澳门举行的"中国-葡语国家经贸合作论坛"。

三、澳门的现状分析

提出任何政策建议的前提是对现状有着清晰而准确的判断和认识。根据中国-葡语国家经贸合作论坛（澳门）常设秘书处网站提供的信息，中国和葡语国家之间由官方正式提出的经贸合作始于2003年，当时由中国政府发起，中国商务部主办，澳门特别行政区政府承办，安哥拉、巴西、佛得角、几内亚比绍、莫桑比克、葡萄牙和东帝汶7个葡语国家共同参与，创立了中国-葡语国家经贸合作论坛。在此之后的13年里，中国与葡语国家之间的经贸往来飞速发展。无论是货物交易/双边的直接投资，还是双方的投资完工项目工程价值，都取得了飞速的发展。但是澳门与葡语国家之间的经贸发展是非常有限的（图1给出了2010—2016年澳门与葡语国家进出口总额的数据），贸易主要由食品、衣服，以及少量设备构成，而且占中国与葡语国家贸易的比重比较小（图2）。

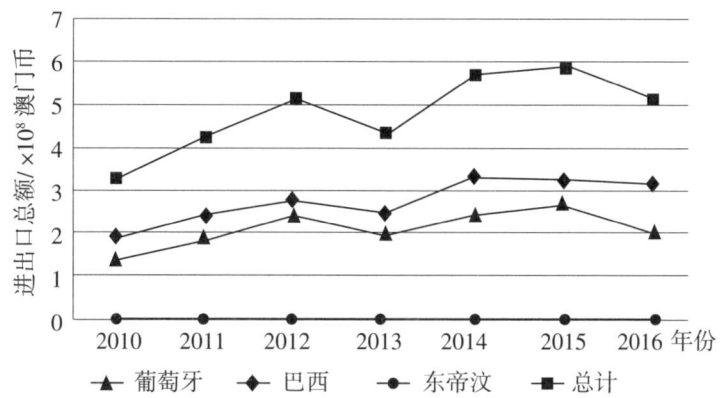

图 1　2010—2016 年澳门与葡语国家进出口总额
数据来源：中国国家统计局、澳门统计暨普查局。

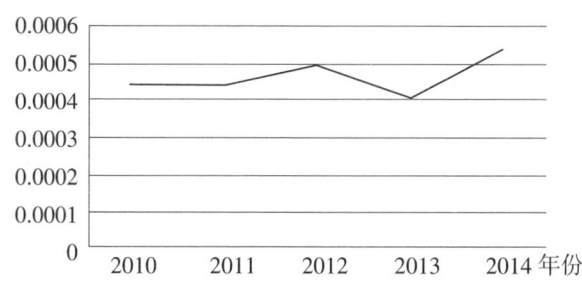

图 2　中国澳门与葡语国家贸易量占中国内地与葡语国家贸易量的比重
（数据根据各年澳门币兑美元的平均汇率换算）

同时，澳门与内地之间签署的 CEPA 协议也并没有为澳门带来足够的贸易量。首次 CEPA 协议签署于 2003 年。在过去 13 年里，澳门和内地之间，总共签署了 13 个 CEPA 补充协议，尽管澳门和内地之间的贸易量比之前有了很大的提高，但是当前，"CEPA 对促进两地贸易的成效仍有改进的余地，在货物贸易领域，由于澳门制造业相对不够发达，10 多年来澳门累计 CEPA 零关税货物进入内地受惠货值 6000 万美元"。

澳门之所以并没有在中葡经贸往来之中发挥重要作用，核心原因有以下几个：

（1）澳门并不是一个地区物流中心，而且也没有在未来成为一个重要物流中心的潜力。

澳门在过去之所以被葡萄牙所重视，是因为澳门位于中国沿岸，并且有港口，使得葡萄牙殖民者可以从海上建立起基地，并作为向内陆进行贸易或入侵的前沿基地。澳门的殖民历史远远长于香港，但是近代之后，澳门并没有像香港一样，成为东南亚重要的贸易口岸，最重要的原因是澳门附近水域太浅，无法通航大型船舶，因而无法成为地区重要的商品集散地。而这个缺点在大航海时代并没有体现出来，因为当时最大的船舶也只有几百吨（例如麦哲伦环球航行时，其5艘船中，有2艘130吨，2艘90吨，1艘60吨）。从珠海海事部门和澳门港务局联合编制的《环澳门水域船舶航行指南》中可以查到，澳门附近各个港口以及主航道的水深以及靠泊能力的数据（表2），澳门近岸有4～5米的水深，不会成为旧时船舶通行的阻碍。但是随着工业的发展，现在的远洋巨轮动辄数万吨、数十万吨，吃水动辄10多米，甚至20米，澳门没有条件为这些巨型船舶提供泊位。

就算目前澳门的水深足以满足大型船舶的通行，澳门也缺乏大港口为大量大型船舶提供足够的泊位。海运目前仍然是单位成本最低的运输方式，并且在可见的未来，不会有任何方式的运输成本比海运低。澳门是一个海滨城市，因为缺乏天然深水港以及面积狭小，毫无疑问很难成为一个重要的地区物流中心。

表2 洪湾港区码头情况一览表

码头名称	种类	靠泊能力/吨	泊位数/个	码头长度/米	前沿水深/米	码头架构	码头位置
西域码头	货柜	1000	1	88	4.1	板桩	保税区
		500	2	149.8	3.4		
加华码头	货柜	1000	2	110	4	板桩	保税区
华电码头	油品	1000	2	150	3.2	高桩	洪湾
洪湾码头	多用途	300～500	9	598	3.6	高桩	洪湾涌
豪通货运码头	散货	1800	2	100	4	板桩	湾仔
湾仔口岸码头	客运	100	1	16	3	板桩	湾仔
环岛游码头	客运	500	6	60	3	浮趸	湾仔
横琴码头	客货运	100	4	60	2	岸壁	横琴岛

洪湾港区航道序号	航道名称	起点	终点	维护等级	航道维护尺度/米			技术等级
					水深	宽度	弯曲半径	
1	马骝洲水道	灯笼沙尾	融和门	四	2.15	50	360	I
2	十字门水道	北口	夹马口		2.15	50	360	沿海航路

澳门航道序号	航道名称	起点	终点	维持深度/米	维护宽度/米	备注
1	外港航道	外港进口浮标	Bd 浮标	4.88	120	禁止非高速客船进入
2	仔航道	仔进口浮标	8 号浮标	4.88	120	
3	澳门水道（往内港航道）	TP2 浮标	24 号浮标	3.98	60	
4	内港航道	航海学校纬度线	筷子基纬度线	3.98	55	
5	九澳港航道	2 号浮标	6 号浮标	4.88	75	
6	路航道	西南角灯桩	8 号灯浮		50	

(2) 澳门本身并没有足够的市场来消化足够大的贸易量。

澳门虽然是世界上人口密度最大的地区，但是澳门的面积只有115.5平方千米，人口约64万人（根据澳门统计暨普查局2016年第三季度人口统计的推测）。而作为国内重要的一线城市，拥有广大消费市场的香港，约有729万人，面积为2755.03平方千米；北京面积16 441平方千米，约有2170.5万人。所以，尽管澳门有着亚洲第一、世界第二的人均地区地生产总值，但是其市场总量仍然狭小，不足以支持庞大的双边贸易。

(3) 澳门缺乏足够的土地、人口，以及高素质人才，难以成为重要的生产基地。

澳门土地面积狭小，尽管人口密度很高，但是人口总量仍然很少。同时，由于澳门博彩业发达，因此人均收入水平很高，这使得澳门不具有发展传统劳动密集型产业的可行性。尽管澳门有大量的资金，这使得资金密集型产业在澳门具有自生能力，但是由于缺乏在特定领域的长期投入，澳门现在既缺技术，也缺相关的人才来发展自己的产业。但是由于澳门具有丰富的资金储备，因此单就引进技术和引进人才方面来看，澳门反而在发展资金密集、技术密集型产业上具有明显的比较优势。

四、澳门会展业简介

澳门三大主要的大规模会展场馆分别是澳门威尼斯人金光会展中心、澳门塔会议娱乐中心（又名"澳门塔"）以及澳门国际会展中心。附近城市例如香港、珠海和广州也有许多重要的会展场馆。香港三大主要会展场馆分别是香港会议展览中心（HKCEC）、亚洲国际博览馆（AWE）以及香港国际贸易展览中心。珠海最主要的会展场馆是珠海国际会议和展览中心，而广州最主要的会展场馆则是中国进出口商品交易会展馆。

澳门国际贸易投资展览会（MIF）是一项重大的国际贸易博览会，由澳门贸易投资促进局主办。第21届澳门国际贸易投资展览会已于2016年10月20日至22日在威尼斯人度假村酒店举办。

澳门金光大道适合举办大规模PSC-MICE活动的原因如下：

（1）澳门机场靠近澳门金光大道，且两者都位于凼仔区；

（2）澳门金光大道位于凼仔度假区，这里坐落着许多星级酒店；

（3）澳门金光大道在举办会展活动方面具有丰富经验：威尼斯人度假村酒店是由澳门贸易投资促进局主办的澳门国际贸易投资展览会（MIF）的举办场地；

（4）当港珠澳大桥投入使用后，参会者将能够便捷地穿行于澳门与香港之间。澳门机场可以为内地和亚洲其他国家的访客提供服务。在PSC-MICE活动运行几年后，将有可能提高来自葡语国家的参会者及访客的人数，届时澳门可考虑安排PSC-MICE专用航班。

五、关于建立中葡经贸合作会展中心的建议

（一）对澳门发展中葡会展中心的建议

基于上面的分析，我们认为澳门需要付出巨大的努力才能成为物流中心，并且也比较难发展大规模工业生产。澳门的比较优势主要在于：（1）靠近内地，并且作为国家特别行政区，在政策上享有更多的优惠。同时，澳门和葡语国家有着特殊的关联，中国政府也有意扶植澳门成为中葡交流中心；（2）澳门有着全世界最发达的博彩业，在高端服务业的运营上有着丰富的经验和资源；（3）澳门政府有着充足的资金，足以支持政府认为必要的投资。结合澳门的优势和劣势，可以大致得出结论：在澳门具有自生能力、具有比较优势的产业是资本密集型且产品附加值高的服务业或高端制造业，会展正是具有比较优势的产业之一。

（二）中葡会展中心发展的具体措施

（1）政府在建设这个"中心"的过程中（特别是在发展初期）有必要担当一个重要的协调者，甚至推动者的角色

在建设澳门成为"中葡经贸合作会展中心"的课题上，一个必须被正视的事实是，这个构思在相当程度上是由行政/政治取向启动的。与市场主导的会展业相比，政府在建设这个"中心"的过程中（特别是在发展初期）是有必要担当的一个重要的协调者，甚至推动者的角色。由于中国与分布在不同地域的葡语国家在进出口贸易和投资等法规上的设置和实践存在着一定的差异，因此一些中葡企业虽然可以通过在澳门举行的会展活动寻找出可行商机（甚至能够在短时期内签署相关合作协议），但是在最终落实时却有可能因为在不同国家或地方政府的层面上所遇到的法规差异导致买卖双方或相关投资者的交易成本大幅增加。业界人士指出，这些由法规上的差异而引起的问题甚至已经影响到葡语

国家的个别企业对中国企业的出口协议。另一方面，中国的企业对葡语国家的企业经贸合作亦存在着相似阻碍。例如一些中国企业对巴西企业的出口贸易便由于巴西"本土化元素高"而无法顺利落实或延续。

如果上述存在于各国之间的经贸法规的差异而引起的问题无法在一定程度上得到缓解，那么澳门的"中葡经贸合作会展中心"未必能够有效地将其商贸合作功能与其他地区的会展中心有效地区分开来。反之，如果澳门特区政府可以积极地在政府的层面上，寻求中央政府进一步支持，对一些通过在澳门举行的中葡经贸会展活动而达成的经贸合作协议在国内不同省市落实时制订出合理和明确的法理依据，那么在澳门所建设的"中葡经贸合作会展中心"便能凸显其独有的中葡经贸服务平台的功能。

（2）深化目前的政府间合作，在目前中国－葡语国家经贸合作和人才信息网的基础上，推动B2B平台的建立

目前，在中国推动"一带一路"倡议实施的大框架下，很多希望走出去的内地企业非常希望能借助此机会，通过政府搭建的平台和相关的协作，规避风险，进军国际市场。而澳门中葡经贸合作平台作为中国对外贸易中一个重要的平台，将受到中央政府、澳门特区政府的高度重视，因而通过此平台进行招商引资的风险必然较小，必然会受到众多企业的青睐。澳门可打造澳门休闲商务、娱乐时尚、文化遗产等多元化旅游城市形象，在中国内地和葡语国家加大营销宣传，树立高质量的休闲娱乐和会展旅游目的地新形象，为中国－葡语国家经贸合作会展旅游业提供持久的动力。

目前，澳门贸促局在内地已经设有5个联络处，透过一系列工作对外推介澳门会展业优势，在引进国际知名会展活动在澳门举办的同时，宣传澳门本土的展览会，吸引和协助葡语国家企业到澳门参展观展。同时，贸促局与多个葡语国家贸促机构签订了协议，建立起经贸促进和信息交流的合作机制。特别是在澳门举办"澳门国际贸易投资展览会"（MIF）以及"澳门国际环保合作发展论坛及展览"（MIECF）等展会活动时，均邀请葡语国家的官员和企业家一同参展参会；同时，为协助葡语国家企业开拓内地市场，邀请葡语国家贸促机构组织葡语国家企业赴内地参加各项展会，协助与内地企业进行洽谈对接，有效发挥了澳门作为中国与葡语国家经贸合作服务平台的功能。

大幅度提高中葡会展中心的功能，需要在中国的更多城市和更多葡萄牙语

国家进行大力推广。同时，澳门也应该在相关葡语国家设立联络处，了解当地情况，在当地发展相关的厂商加入中葡经贸平台。最终借助澳门在中国内地和葡语国家贸易中的信息和资金优势，将中国－葡语国家经贸合作和人才信息网建立成B2B交易中的淘宝，形成线上线下一体的商务交流平台。使得澳门会展业成为中葡商贸交流的核心。笔者相信，这将进一步强化澳门在中葡交易中的信息优势，扩大平台的影响力，推动双边贸易。

（3）通过对CEPA条款的具体化，落实CEPA关于推进澳门会展业发展的精神，助推中葡经贸平台的成长

如改革开放之初内地招商引资通常都有税收优惠政策一样，推动中国和葡语国家通过澳门平台进行交易，在澳门举办会展，同样要求澳门特区政府和中央政府携手对企业提供相关的税收鼓励和政策支持。而目前CEPA中双方对于支持澳门会展业的发展，还停留在方向上，因此有必要对相关的条款进行细化，将优惠落到实处，对企业产生真正的鼓励。

笔者建议，对通过中葡平台进行贸易的厂商在一定年限之内例如5～10年，进行税收减免。同时通过中葡平台贸易的澳门企业和内地企业享受同水平的税收和政策待遇。一方面减少贸易中的交易成本，鼓励企业通过平台走出去；另一方面使得企业在刚刚进入新市场的时候有机会适应当地市场，逐步培养企业在竞争市场中的自生能力，使得中葡经贸合作平台能够健康向前发展、不断成长，也使得加入企业能获得实惠。

（4）鼓励民间和学术交流，强化澳门中葡经贸合作平台的品牌效应

在中葡贸易平台的建立过程中，有3个核心问题需要一一处理：

①语言上的不同。

由于澳门特殊的历史原因，使得澳门有着中国最好的葡语教育环境，同时，澳门本身也和葡语国家有着很多历史和文化方面的联系，这使得澳门在推进中国与葡语国家的发展过程当中，可以扮演非常特殊的角色。因而，一方面，澳门特区政府应该鼓励本地学生学习葡语以及研究葡语国家；另一方面，也应该和内地合作，在澳门建立葡语学习中心。设立奖学金，鼓励、资助学生进行葡语的学习，并且可以尽早通过平台签订毕业后的合作协议。这对于内地学生尤其具有吸引力，可以吸引到优质的生源。有了大批高质量的、由澳门培养、在澳门中葡经贸平台工作的葡语翻译，整个商贸交流就会变得可行。同时，如果

由中葡平台提供翻译,一方面,各方进行商贸交流时,更省时、省事,平台也更容易了解到当前中葡贸易交流的情况,为平台的进一步发展奠定基础。

②文化、历史上的不同导致的互相不了解。

为了发挥中葡贸易平台的作用,除了语言之外,还必须对相关葡语国家进行针对性研究,对其国内的政治政策、民族文化、贸易条件进行研究。一旦解决了语言问题,研究人员就可以借助第一手数据进行研究。国内目前的国别研究,相对来说仍然把主要精力、资源集中在美国、俄罗斯、欧洲国家这些传统强国上,而针对葡语国家的研究投入相对较少。这一方面使得葡语国家的研究人才非常稀缺,限制了国内与葡语国家的交流;而另一方面,任何文化、语言、政府、民间的交流,都建立在充分的商业利润的支持之下。也只有当交流转变为利润之后,才能反过来刺激更多的交流和研究。而澳门的中葡经贸平台,一方面对于葡语国家的研究需求远大于其他单个内地城市,另一方面,又能通过相关的研究成果,在中葡经贸平台上获得足够的收益。因此,一旦澳门开始在葡语国家研究上进行投资,必然带来整个葡语国家研究的兴盛,并为澳门带来丰厚的经济、政治回报。

笔者建议,首先,应成立葡语国家研究中心,同时聘请葡语国家研究人才,将内地、乃至世界在葡语和葡语国家研究的优秀人才聚集到澳门,形成相关的学术中心和交流中心。同时和葡语国家同级别大学发展短期课程和交流项目,互相派遣留学生,发展民间和学术交流,并要求每个交换生,不论专业,需交一篇对葡语国家某一方面的实地考察研究报告作为交换项目的合格报告,进一步帮助澳门了解葡语国家情况,为双方长远关系的健康发展奠定基础。

③平台目前缺乏口碑和知名度,导致加入厂商的数量有限。

当年马云发展淘宝网的时候,曾豪掷3.5亿元人民币进行推广,并且放言支付宝3年之内不许盈利。作为一个当时仅在中国市场运作的企业,尚且需要如此的推广力度,澳门中葡经贸平台,也必须做好进行足够投入的心理准备。

(5) 与香港及广州合作举办大型国际会议展览

摘选自第20届MIF回顾:"商业配对洽谈区的驻场采购商共进行了约574场洽谈,其中117家葡语国家企业参与配对洽谈,洽谈内容主要涉及酒类产品、食品及饮品、保健品、家具、护肤品、餐具、首饰、旅游服务、会展服务及投资顾问服务等产品与服务。"回顾中还强调了澳门与葡语国家之间密切的商业关系。

相比人口是澳门10倍左右的香港，澳门拥有与香港相同数量（3个）的主要会展场馆。以目前PSC-MICE活动举办的频率与容量来看，或许并不适合再建立新的会展中心。然而，在澳门举办针对葡语国家的会展活动，有助于巩固澳门与葡语国家之间的联系，同时强化澳门的平台作用。为此，澳门可以使用现有设施来支持PSC-MICE。

与香港的合作——葡萄牙美食节如在香港会议展览中心或亚洲国际博览馆举办，将使澳门与香港之间的合作成为可能，同时，与此相关的其他PSC-MICE活动可在澳门举办。参会者和访客均可暂时依靠轮渡便捷往来于两城之间，待港珠澳大桥投入使用后，还可通过汽车往来。

与广州的合作——中国进出口商品交易会（又名广交会）自1957年举办以来，每两年在广州举办一次，现已成为中国最大的展览会。一些广交会上的项目可在澳门进行展出，中央政府可作为桥梁，从中促成此项安排。PSC-MICE活动可效仿广交会模式，每年举办一次。

提供免签入境澳门是香港和中国内地吸引参会者的奖励与政策，为了吸引葡语国家的参会者和游客，澳门特区政府应当与中央政府和香港特区政府建立联系，为葡语国家公民参与PSC-MICE活动提供免签入境澳门、香港和内地的权利。

六、澳门中葡平台的远景展望

由于葡萄牙语国家和西班牙语国家在语言和文化上有相近之处，在中葡平台发展成熟之后，可以继续扩展，使之发展成为中西平台，为澳门发展拓展更广泛的空间。从长远的发展策略而言，澳门作为"中葡经贸合作会展中心"的功能在实践中可以在不同地域内扩大其辐射效应，扩展至一些西班牙语国家。这是由于除了巴西以外，其余8个葡语国家的绝对经济规模相对较小。以购买力平价（purchasing power parity）来衡量，巴西在2015年的地区生产总值为3.199万亿美元（中国以19.7万亿美元位居全球首位），葡萄牙为0.2903万亿美元，安哥拉为0.1848万亿美元。因此，单纯依赖中国与葡语国家之间的经贸活动来支持这个"中心"的可持续发展，有可能会在若干年后由于市场出现饱和的情况而面对各种不明确因素。基于这个考虑，以及葡萄牙语和西班牙语的相似性，加上西班牙语是大多数南美洲国家所采用的语言（例如与巴西相邻的秘鲁和哥伦比亚，以及智利和阿根廷等国家），有策略地和有序地将澳门的"中葡经贸合作会展中心"在其发展过程中推广至相关西班牙语国家合乎长远发展。以2016年11月在秘鲁举行的亚太经合组织会议为例，香港特区政府亦明确表示欢迎秘鲁的相关企业到香港进行各种会展活动，作为加强与中国经贸往来的一个可选择途径。由此可见，长远来看，相关商机可以为澳门重点发展成为"中葡经贸合作会展中心"提供更广阔的发展空间。

七、总结

自澳门行政主权由葡萄牙收归中华人民共和国以来，澳门不仅成功发展了娱乐业与酒店业的基础设施建设，在会展业的发展上也成效显著。鉴于葡萄牙语是澳门的通用语言之一，澳门可以利用其特殊地位，起到巩固与葡语国家之间关系的平台作用。澳门可以利用这些基础设施来为葡语国家组织会展活动。在港珠澳大桥投入使用之后，澳门国际航线匮乏的主要障碍会得到实质性解决，活动参加者可以便捷地通过香港来到澳门。此外，在中央政府与香港的支持下，与香港和广州之间的会展合作也将备受瞩目。

基层社区治理现代化背景下我国城市社区统战工作社会化和科学化研究

——基于粤港澳大湾区建设视域下广东省珠三角历史考察

祝全永

华南理工大学马克思主义学院

2006年7月第20次全国统战工作会议提出"以社团为纽带、社区为依托、网络为媒介、活动为抓手,加强新的社会阶层人士统战工作"和"充分尊重、广泛联系、加强团结、热情帮助、积极引导"的20字统战工作方针。党的十八届三中全会公报阐述"畅通民主渠道,健全基层选举、议事、公开、述职、问责等机制。开展形式多样的基层民主协商,推进基层协商制度化,建立健全居民、村民监督机制,促进群众在城乡社区治理、基层公共事务和公益事业中依法自我管理、自我服务、自我教育"。2017年6月中共中央和国务院印发《关于加强和完善城乡社区治理的意见》,这是新形势下指导城乡社区治理工作的纲领性文件。《意见》充分体现习近平总书记系列重要讲话精神和治国理政新理念新思想新战略,提出了加强和完善城乡社区治理的总体要求、目标任务和保障措施,为开创新形势下城乡社区治理现代化新局面提供了根本遵循。2017年11月党的十九大政治报告提出"打造共建共治共享的社会治理格局",即"加强社会治理制度建设,完善党委领导、政府负责、社会协同、公众参与、法治保障的社会治理体制,提高社会治理社会化、法治化、智能化、专业化水平。加强预防和化解社会矛盾机制建设,正确处理人民内部矛盾。加强社会心理服务体系建设,培育自尊自信、理性平和、积极向上的社会心态。加强社区治理体系建设,推动社会治理重心向基层下移,发挥社会组织作用,实现政府治理和社会调节、居民自治良性互动"。因此，如何积极推进城市社区统战工作社会化和科学化服务城市社区治理现代化历史进程，充分发挥城市社区新的社会阶层人士统战工作的桥梁纽带和依托载体作用，加快构建科学有效的城市社区治理体制机制，推进和服务城市社区治理现代化的制度现代化、公信力和执行力的有效运作实施贯彻，是新时代中国城市基层治理现代化建设亟需回应和解决的重大理论与实践问题。

一、社区治理现代化视域下我国城市社区统战工作社会化和科学化内涵界定及其辩证关系

（一）内涵界定

（1）统战工作社会化：指在国家与社会关系不断调整、社会力量成长壮大、社会阶层多元分化、社会经济结构发生深刻变化的新的历史条件下，统一战线进一步向社会各方面延伸和渗透，对象不断扩大、领域不断拓宽、功能不断扩展，统战工作重心下移，参与单位不断增多，工作力量不断充实，方式不断丰富的过程。这就是坚持党总揽全局、协调各方的原则，形成党委统一领导、统战部门牵头协调、各有关部门、人民团体等促使社会各界广泛参与，统筹协调，科学发展，营造人人支持、共同参与的大统战格局。社区统战工作社会化，就是开展共同居住在一个社区内的来自不同单位、不同年龄层次和文化结构以及具有不同爱好和特长的统战对象的统战工作。

（2）统战工作科学化：就是一个不断实践、推进、完善和把握统一战线规律的价值，力求降低统一战线成本和提高统一战线绩效的过程。具体包括：第一，它是一个长期实践、推进、完善、探索和创新的质量互变过程；第二，它是要在统战工作实践中增强遵循统战工作客观规律的自觉性，在传统统战科学理论的指导下去解释和回答统战工作面临的重点、难点和热点问题，实事求是、理论联系实际，遵循、创新和发展中国共产党统战工作基本理论、路线、方针、政策、纲领、制度体制和方式方法中提高统战工作科学化水平；第三，它是一

个不断遵循矛盾普遍性和特殊性规律的实践过程，也就是中国共产党统战工作普遍性规律的总要求和总方向在统战工作崭新领域特殊性的具体要求和方向。社区统战工作科学化，就是一个不断实践、推进、完善和把握基层社区统战工作规律的价值，力求降低基层社区统战工作成本和提高基层社区统战工作绩效的过程。

（3）城市社区治理现代化：指在贴近城市居民生活的"多层次复合型"的社区内，依托于政府、民间组织、社会组织、居民自治组织和居民个人等各种网络体系，应对社区内普遍存在、难以回避和共同面对的公共问题，共同实现公共服务和社会事务管理和治理现代化过程。是城市社区内不同治理主体依靠社区治理现代化的资源优化配置选择组合，建构权力、责任和利益"三位一体"的稳定共同体的权力边界和权力组合模式关系，包括社区治理主体、客体、社区治理手段和方式现代化等。

（二）辩证关系

两者都是相辅相成的矛盾过程，都是彼此调适和合、互动平衡、合力双赢的良性循环科学发展过程。城市社区是城市居民群众安居乐业的家园，是党和国家许多政策措施落实的"最后一千米"，巩固党的执政基础意义重大、逻辑关联。加强城市社区治理现代化建设，必须构建"大党建、大统战和大社区治理"的"三位一体"的城市社区治理现代化格局，必须坚持党的领导，加强社区党组织的党建和统战法宝作用，切实发挥基层党组织领导核心和战斗堡垒作用，把城市社区治理工作纳入重要议事日程，将党的领导贯穿于城市社区治理全过程各领域，确保党的路线方针政策在城市社区全面贯彻落实。健全城市社区党组织领导下充满活力的基层群众自治机制，用党内基层民主带动基层群众自治，用社会主义核心价值观引领城市社区文化和精神塑造。加强城市社区党风廉政建设，推动全面从严治党向城市社区延伸，切实解决城市居民群众身边的腐败问题。加强城市社区治理现代化建设，必须坚持服务城市居民群众，提高居民群众议事协商能力，尊重居民群众的主体地位和首创精神，谋划创新路径向居民群众问计，落实创新举措靠居民群众参与，衡量创新成效由居民群众评判。必须坚持改革创新，注重完善城市社区治理体制，健全基层党组织领导、基层政府主导的多方参与、共同治理的城市社区治理体系。必须坚持城乡社区治理统筹协调，注重以城带乡、以乡促城、优势互补、共同提高，促进城乡社区治理协调发展。积极推动城乡社区结对共建，实现城乡社区组织联建、资源共享、人才互动和信息互通，不断扩大城乡社区治理现代化收益面。

二、广东省珠三角城市社区统战工作社会化和科学化服务城市社区治理现代化历史考察

广东省2017年社会科学学术年会分会场——"粤港澳大湾区城市群建设"研讨会2017年11月23日在华南理工大学公共政策研究院举行。"粤港澳大湾区现代化城市群建设"研讨会旨在为粤港澳的学者搭建一个"粤港澳大湾区"研究的广阔交流平台，探讨"粤港澳大湾区"建设的重要意义，为国家的改革发展提供理论借鉴和决策建议。深化粤港澳合作，是中央坚定不移地推动"一国两制"伟大事业继续前进，支持香港和澳门长期繁荣稳定的重要举措。2017年3月，《政府工作报告》提出，要"研究制定粤港澳大湾区现代化城市群发展规划"。未来的粤港澳大湾区城市群，应该进行体制上的整合创新，不只停留在经济层面，还要考虑社会层面的整合创新，尤其是珠三角与港澳在社会经济上的、体制上的相互借鉴和融合。"基层社区治理现代化背景下新时代社区统一战线服务粤港澳大湾区现代化城市群建设研究"，理应受到当代中国政治学和社会学学术界的广泛关注。根据广东省档案馆历史资料考察，习近平新时代（2012年11月8日党的十八大召开以来至今天）以前的新世纪新阶段（2000年1月1日至2012年11月8日）已经取得系列的研究成果，粤港澳大湾区建设视域下广东省珠三角城市社区统战工作社会化和科学化服务城市社区治理现代化成绩凸显，开创了历史新局面。

（一）广州市开创城市基层社区统战工作社会化和科学化服务城市社区治理现代化新局面

根据广东省档案馆历史文献资料考证，2004年5月以来，广州市海珠区江

南中街努力开创城市基层社区统战工作社会化和科学化新局面。第一，完善城市基层社区统战组织网络体系。建立健全社区统战工作领导工作协调小组；完善统战成员联系统战组织网络；构建由社区党支部书记负责统战工作，民政专职干部担任统战工作联络员的城市社区统战工作机制，形成了城市社区统战工作有人抓、有人管、有人干的自上而下的统战工作网络，为城市基层社区统战工作社会化和科学化提供了健全的组织保证。第二，建立健全城市基层社区统战工作制度。主要构建党政领导定期研究工作制度、社区统战工作协调小组会议制度、情况通报制度、专题调研制度、处理突发事件制度和健全统战成员学习、档案、信息反馈、信访等制度。第三，创新城市基层社区统战工作机制方法。主要采取情况通报会、社区统战工作协调小组会、座谈会等形式，组织学习统战方针政策，做好思想政治工作；坚持以活动为载体，增进联系和友谊；鼓励统战成员在自愿基础上成立各类学习联谊小组，逐步形成统战成员自我教育、自我管理的机制；发挥城市基层社区有关单位作用，通过相互协调和资源整合，双重联络、教育、引导、服务统战成员，并最终达到优势互补和利益共享；搞好双向服务，既为统战弱势群体服务，又鼓励统战成员加强社区建设和管理服务，促进地区发展。

（二）深圳市多措并举推进城市社区统战工作社会化和科学化服务城市社区治理现代化

深圳市龙岗区委积极推广2003年9月召开的"深圳市加强城市社区统战工作经验介绍现场会"经验成效。（1）理论观念创新：把握全党工作大局，提高基层统战工作认识水平。（2）领导方式创新：把统战工作摆上党委工作的重要议程，加大党委对统战工作的领导力度。（3）工作机制创新：完善组织管理架构，理顺工作关系，实行归口管理。（4）工作制度创新：建立健全规章制度，营造统战工作的良好环境。（5）工作方法创新：积极探索基层统战工作的新方法和新途径。正如2008年6月深圳市委统战部副处长王外平等课题组调研认为，近年来深圳市龙岗区着力创新城市基层社区统战工作体制机制和方式方法。城市基层社区统战工作伴随城市化进程步伐加快和城市体制改革而开创了的城市基层统战工作新领域和新局面。

2005年12月，新一届深圳市委领导班子多措并举推进城市社区统战工作。（1）加强组织领导，市委常委兼任统战部长，树立统战部门工作权威性。（2）加强机构和编制建设，充实统战部门机构力量。（3）加强统战部领导班子建设，加大统战部干部交流力度。（4）市委常委会定期开会研究和指导统战工作。（5）加强统战"三支队伍"培训，不断巩固多党合作事业的政治基础。

2008年6月以来，深圳市宝安区委统战部构筑城市社区统战工作社会化和科学化调研工作格局服务城市社区治理现代化。（1）坚持"三个服务"宗旨，即统战调研为区委区政府中心工作服务，为统战工作全局服务，为社会经济发展服务。（2）实现"五个结合"，即统战调研要与宣传贯彻统战方针政策、构筑"大统战"格局相结合；与密切联系统战对象、为统战对象服务相结合；与发现解决问题相结合；与发现培养人才相结合；与开拓观念思路相结合。（3）完成"三个构筑"，即构筑纵向联动和横向互动工作机制，构筑多渠道多形式全方位的工作模式。（4）实现"三个目的"，即全面掌握"统情"，为制定统战工作的方针政策提供依据；密切联系党外人士，树立党的形象；培养一专多能的复合型统战干部队伍，增强做好统战工作的能力。（5）发挥"三个作用"，即凸显统战部调研决策参谋作用；推进调研成果落实和转化，扩大统战影响；以调研扩大统战宣传，推进统战工作社会化和科学化服务城市社区治理现代化。

（三）珠海市积极探索城市社区统战信息化和网络化建设服务城市社区治理现代化

2001年以来，珠海积极推广城市社区统战信息工作经验成果。2001年10月11至14日，珠海市委承办了中央统战部全国统战信息工作研讨会（南方片会），中央统战部办公厅助理巡视员申建华总结了珠海市等经验成果为：善学与巧学；增强工作责任感；有较强的信息意识；坚持实事求是的原则；善于抓住问题关键；注意研究信息工作规律和特点；摸索规律，善于创造性地开展工作；善于创造性地反映更多更好的信息；善于做好组织协调；善于养成良好的思维习惯，多动脑子，强化观察、思考和分析问题的能力，锻炼提高思维灵敏性。

2003年以来，珠海市委积级开展统筹区委落实，健全网络和建设队伍，拓展城市社区统战工作社会化和科学化服务城市社区治理现代化水平。（1）加强组织领导和完善城市社区统战组织网络。2005年开始政治实职安排区委常委兼任统战部长，各镇、街党（工）委专门设立一名统战委员，成立社区统战工作领导小组，由分管党群的副书记任组长；城市社区居委会成立社区统战工作联络小组，由社区党支部书记担任组长；（2）加强城市社区统战工作的组织领导。区政协专门成立了12个社区联络工作组，将131名委员，以镇、街为基础，按其工作单位属地划分到所在社区联络小组；（3）健全城市社区统战工作制度。区委专门下发《关于在全区开展社区统战工作的若干意见》，明确社区统战工作的原则、任务、要求、方法和措施；区委统战部编印《社区统战工作学习资料》发至各部门单位，各镇、街道办，居委会；拓宽工作领域，注意根据每个街道、社区区域人群的不同，有所侧重开展工作；为非公经济代表人士、民主党派、高级知识分子设立统战服务窗口，开展特色服务。

（四）东莞市积极探索城市社区党群统战工作向"两新"组织延伸拓展，推进城市社区统战工作社会化和科学化服务城市社区治理现代化

2005年以来，东莞市委充分认识到加快城市社区党群工作向"两新"组织延伸拓展统战工作是贯彻落实科学发展观、化解社会矛盾、构建和谐东莞的时代需要，是各级领导的职责所在。认真把握党群工作向"两新"组织延伸拓展工作的重点。关键是谋求共识，基础是工作覆盖，核心是以人为本，保障是制度建设，加快"两新"组织领域组建党群组织步伐；努力加大党群工作向"两新"组织延伸的力度，加强统战机构设置、调研、计划、协调和督查工作。

三、广东省珠三角城市社区统战工作社会化和科学化服务城市社区治理现代化的难题挑战和社会成因探析

（一）难题挑战

2004年以来，深圳市推进统战侨务进城市社区，以及统战工作社会化和科学化服务城市社区治理现代化面临的"三大"难题：第一，统战侨务进城市基

层社区，主要依靠社区居委会开展工作，而社区居委会工作人员都是一些基层干部，对统战工作的认识还有待提高，不熟悉统战侨务理论政策，只能边干边学。如何对他们进行教育学习培训，提高他们统战侨务理论水平，是首先亟需解决的问题；第二，统战侨务进城市基层社区，必须开展各种形式的活动，需要一定经费，按照各项工作进入社区要"费随事转"的原则，需要划拨一定经费。目前，深圳市统战工作尚未全面纳入社区，而试点社区的经费主要靠基层统战部门从有限的业务经费中划拨，试点面少，时间短，还可以应付，如果试点面广，时间长，怎样解决，需要统筹考虑；第三，现在计生、安全等工作纷纷进入社区，把它纳入社区的建设和日常工作，而不是作为额外负担，这是关系到统战侨务在社区长久开展的关键。建议把社区的工作经费列入统战侨务工作的专项经费，把统战侨务工作列入社区党建目标责任制进行考核，使经费与工作任务直接挂钩。

2003年7月以来，佛山市委积极破解城市社区统战工作社会化和科学化服务城市社区治理现代化面临的"六大"难题：第一，基层党政领导干部的城市社区统战观念淡薄，不少同志缺乏统战意识，不懂得何谓"统战"，不了解统战理论和党的统战方针政策，许多方针政策在基层单位难以落实或容易变形；第二，对统战工作的重视程度有待提高，对统战工作的认识存在误区，不少基层单位将统战工作等同于经济工作，忽略了统战工作的政治性；第三，统战工作体制机制与工作要求不相适应，缺乏具体政策指导。有些政策文件下发不到基层单位，有些政策规定不够明确，如县（市）一级党外干部的政治安排、实职安排，在人大、政协担任领导职务的党外人士的生活待遇，没有民主党派地方组织但有基层组织的党派如何发展等问题，都没有明确的政策规定；第四，统战干部的配备、使用和交流得不到重视，统战干部素质不高。他们缺乏学习和交流的渠道，素质难以提高。不少统战部门成为领导干部的"养老院"，一些年纪偏大的领导干部，在其他部门难以提拔时，就被安排到统战部门享受待遇，他们既不熟悉社区和社团统战方针政策，工作上又往往力不从心，"官多兵少"的现象普遍存在；第五，统战工作机构设置不合理，从县（市）一级来说，对台工作、宗教工作归口统战部，但没有独立的机构或牌子，党政不分，不利于行政执法，容易出现工作上的漏洞，尤其是宗教方面疏于管理，隐患较大。同时，统战部、侨办有各自的隶属关系和主管部门，工作上的要求又不同，在实际工作中容易出现不协调的情况；第六，经费不足，工作条件差，影响统战工作的开展。不少基层单位认为，目前的经费仅够维持正常的办公开支需要，要拓展统战工作，经费上有困难。

2006年11月以来，珠海市委统战部高度重视城市社区统战工作社会化和科学化服务城市社区治理现代化存在的难题和解决对策。存在难题为：一是珠海市地处"一国两制"交汇点，对外交往频繁，统战成员思想更活跃，观念更复杂；二是由于社会环境及发展不同，社区统战工作重点各有差异；三是城市社区统战工作方针政策和任务的贯彻落实相对薄弱。解决对策为：构建"纵向到底，不留空白点；横向到边，做到全覆盖"的城市基层社区统战工作新框架。正如2007年4月广东省社会主义学院肖莉副教授等课题组调研认为，珠海市香洲区创新城市社区统战工作体制机制是新的历史条件下城市基层统战工作的拓宽和延伸。破解存在难题必须不断加强工作部署和运行机制、制度人员和经费保障机制、褒奖激励和惩戒处罚考核机制等机制建设，确保城市社区统战工作规范有序开展。

（二）社会成因

综上所述，广东省珠三角城市社区统战工作社会化和科学化服务城市社区治理现代化难题挑战凸显地域性、社会性、群众性、复杂性和服务性等基本特征，社会成因归结为：城市社区统战工作对象复杂化，统战工作难题多样化，统战部门可调度资源匮乏化，统战工作大团结大联合目标任务艰巨化，统战工作进社区的重要性迟疑化，统战工作主动性缺失化，统战工作内涵片面化，统战工作体制机制空心化，统战工作合力空白化，社区党建与统战工作摩擦化。具体表现为如下四大社会原因：

（1）社会转型和社会阶层分化是根本动因。随着改革开放的不断深入和中国特色社会主义市场经济的发展，经济发展瞬息万变，社会转型雷霆万钧，利益诉求功利多样，思想价值观念嬗变多元。这种变化迫切要求统战工作必须在领域、对象、方式等方面进行拓展，朝着社会化方向进行改革与调整。

（2）价值观念多元化与利益诉求多样化是客观需要。转型期社会阶层逐渐分化为众多不同的价值主体和利益群体，产生迥异的价值观念和利益诉求。这就迫切需要统战工作走向社会化，纵向深化，横向细化，回应与协调各个社会群体的利益和诉求。

(3) 化解社会矛盾与构建和谐社会是内在动因。随着体制转轨、机制转向、社会转型和利益调整，各社会阶层群体资源占有和利益分配不均衡，当代中国正处于社会矛盾突发期和凸显期。这就迫切需要统战工作重心下沉，与不同社会阶层群体开展充分的沟通与交流，平衡资源，协调利益，化解矛盾，达成社会共识，稳步推进和谐社会构建。

(4) 公民社会的成长壮大和公民有序政治参与诉求的日益高涨是重要因素。随着国家与社会关系的不断调整和理顺，我国公民社会逐渐成长壮大，公民有序政治参与意识和能力的不断提高，迫切需要凭借统战工作社会化和科学化进程，了解民情、反映民意、集中民智、争取民心，增加民主协商广度、深度、厚度和力度，最大限度地满足广大人民群众政治参与的愿望和要求，为推进中国特色社会主义民主政治建设奠定深厚的社会基础。

四、全面提高城市社区统战工作社会化和科学化服务城市社区治理现代化水平的对策探析

（一）以社区为依托，把新的社会阶层人士统战工作纳入统战工作范围，贯彻落实城市社区统战工作社会化和科学化服务城市社区治理现代化的路线方针政策

根据广东省档案馆历史资料考证，新的社会阶层人士中处于相同或相近层次的人群集中居住在一个小区或社区，以及一些非公有制企业、社会团体和民办非企业单位纷纷在街道社区落户这一趋势，社区目前已经成为团结凝聚新的社会阶层人士的重要平台。譬如，近年来，上海各区（县）先后都成立了社会工作党委等专门工作机构，中心城区104个社区（街道）全部成立了综合党委，郊区的部分社区（街道）和镇也成立了综合（经济）党委。这些基层党委同区（县）党委一道，形成了上下对应，工作互动，各方联动的工作网络，为团结凝聚新的社会阶层人士统战工作，贯彻落实城市社区统战工作社会化和科学化服务城市社区治理现代化的方针政策提供了一个广阔的舞台。

（二）以"互联网＋"现代信息网络为媒介，充分发挥大数据时代"互联网＋"现代高科技手段优势，构建城市社区网络统战工作机制

凭借新媒体网络平台，加强网络统战信息的搜集和整理。传统做法是依靠社区或社团事务管理部门。就比较正式的社团而言，其信息搜集与整理相对比较容易。但是，未经社团事务管理部门批准备案的非正式社团或群体组织的信息搜集与整理的难度相对较大。因此，对策举措如下：第一，凭借新媒体网络平台，充分利用网络搜索引擎，加强网络统战信息的搜集和整理，通过各种网络论坛或实用性网站来搜集整理相关信息。完善区、镇（街）、社区三级统战信息工作网络工作机制；第二，统战部门要投入人力、物力、财力，配备一批先进网络信息技术设备，引进和培养一批信息技术人才，积极建立统战工作专门网站，以信息化手段推动统战工作。

凭借新媒体网络平台，加强新的社会阶层人士的联系、引导、教育、管理和服务。目前，包括上海市在内的全国各地已经或正在筹备建立相关网站，以便通过网站来及时宣传城市基层统战方针政策，报道他们参加活动的情况，引导他们积极承担社会责任，形成正确的政治态度；有些网站甚至已经开设或打算开设论坛，为他们提供相互交流的平台，并借此及时了解他们的利益需求、价值取向和政治诉求，在有针对性地开展政治引导和维权服务的同时，也逐渐开辟了他们民主参政的一条新渠道。因此，加强城市社区的引导、联系、管理和服务应该大胆遵循和借鉴这种统战工作路径。

（三）构建城市社区"两新"组织党建和统战工作机制，全面提高城市社区党建和统战社会化和科学化服务城市社区治理现代化水平

健全满意周到的城市社区党建和统战工作能够凝聚人心和团结力量，增强社区凝聚力、吸引力和向心力。条件优良的城市社区治理现代化亟需构建城市社区"两新"组织党建和统战工作机制。建立健全各项制度，完善各项工作机制，是加强新世纪新阶段城市社区"两新"组织党建和统战工作机制的重要内容。内容包括城市社区"两新"组织党的组织人事人才工作机制、教育学习培训机制、党组织和党员管理机制、党组织与业主的联系机制、党组织的群众工

作机制、网络党建工作机制、社会工作体系机制和制度机制等八个方面，它们相辅相成构建了一个逻辑严密的内在机制。同时，城市社区统战工作是"大党建工作"的重要组成部分，城市社区统战工作也应成为社区党委工作的重要内容，纳入到党委的日常工作中去。

（四）构建城市社区统战组织人事人才工作机制

一是城市社区统战组织信息网络机制；二是城市社区民主党派干部选派挂职锻炼机制；三是城市社区"组织部和统战部"的"两部"培养选拔党外干部工作联系会议制度；四是城市社区"党建"与"统战"协调互动机制；五是加强城市社区"党建和统战"两支队伍建设；六是城市社区统战领导班子建设和统战干部队伍建设。

（五）构建城市社区教育学习培训和动态管理"四位一体"的统战工作机制

构建教育学习培训的统战工作机制。要切实加强对城市社区党政领导干部统战理论和统战方针政策的教育学习培训机制建设，每年要分别举办一期分管统战工作副书记、统战部长和统战委员教育学习培训班；不断加强对城市社区统战干部的业务培训，不断提高城市社区统战干部的素质，不断把年富力强和有专业知识的干部充实到城市社区统战部门中来。要切实加大城市社区统战工作的舆论宣传教育管理力度，消除"经济统战"的单纯片面思想，有关的统战杂志、政策性文件、资料要下发到基层单位党组织。要进一步加强城市社区统战委员的统战意识，学会运用统战工作方法，努力提高城市区、镇（街）、社区三级统战工作理论水平。

构建城市社区动态管理的统战工作机制。一是要规范机构设置，实行归口管理，建立适合县级统战工作的体制机制；二是建立情况通报制度；三是开展专题调查研究制度；四是开展公益活动和联谊活动制度；五是纵向联动和横向互动工作机制；六是长效预警机制和维稳工作机制；七是党群和统群工作延伸"两新"组织工作机制；八是要提供相对稳定充足的办公经费，特别实行财政倾斜政策，在基层统战部门增加一项"统战工作特别费"，用于开展重大的统战活动和重要统战事务；九是要制定有关基层统战工作的政策性文件，明确规定基层统战工作的职责、任务，以及其他各方面可操作的政策规定。

（六）构建城市社区治理褒奖激励机制

城市社区治理褒奖激励机制是指上级党委及其统战部门通过各种形式的、长效的褒奖激励措施，激发和调动城市社区基层党委、统战部门以及广大统战干部等基层统战工作主体积极主动凝聚统战工作力量、构建结构体系和运行规则。其具体要求是：一是要在年度统战工作测评的各项业务指标体系中引进量化指标，每年以完成指标的情况来反映工作业绩；二是每年评选统战工作先进单位和先进个人；三是要对统战系统中的先进事迹和模范人物大力宣传鼓励。

（七）构建城市社区"三社联动"机制

学术界把"社工""社区""社会组织"（以下简称"三社"）比喻为拉动社会治理现代化创新机制的"三驾马车"。创新社会治理现代化的关键在基层，重心在社区。近年来，广东省积极探索构建以社区为平台，以社会组织为载体，以社会工作专业人才为支撑的"三社联动"机制，使"三社"相互融合、相互协同和相互促进的良好局面加速形成。广东省的宝贵经验做法得到民政部的充分肯定。2015年10月，广东省民政厅出台《关于推进社区、社会组织和社会工作专业人才"三社联动"的意见》（以下简称《意见》），对已经取得的经验做法认真总结凝练，并将"三社联动"机制深入推进社区治理现代化。《意见》强调，通过分类推进试点，整体部署实施，争取到2017年底，广东省珠三角初步建立以需求为导向，以社区为依托的社会组织依法登记、社工专业人才培养和使用体系，"三社联动"机制日益健全，基层社会治理能力现代化水平显著提升。到2020年，广东省基本实现"三社联动"机制建设全覆盖，有效形成社区、社会组织和社工专业人才良性互动和有机衔接的良好局面。

综上所述，改革开放40年来，随着中国共产党对中国特色社会主义现代化建设做出的战略安排，提出了"实施区域协调发展战略"和"推动形成全面开放新格局",创新引领率先实现东部地区优化发展,建立更加有效的区域协调发展新机制。随着"北有雄安新区、南有粤港澳大湾区"区域发展战略实施,以城市群为主体构建大中小城市和小城镇协调发展的城镇格局,加快农业转移人口市民化,城市基层社区治理现代化背景下新时代城市社区统一战线工作社会化和科学化服务城市基层治理现代化,服务粤港澳大湾区现代化城市群建设研究方兴未艾,新时代中国政治学和社会学学者应该责无旁贷从事划时代的理论与实践的国家高端智库课题研究,服务国家建设。

参考文献

[1][2] 夏建中. 中国城市社区治理结构研究[M]. 北京:中国人民大学出版社,2012.

[3] 时政论坛. 努力开创城乡社区治理新局面[N]. 北京:人民日报,2017-06-13①.

[4] 中共广东省委统战部办公室. 广东统战信息. 广州市江南中街扎实开展社区统战工作(2004年5月21日),(广东省档案馆216—2004—117).

[5][6] 中共广东省委统战部办公室. 广东统战信息. 中共深圳市委多措并举推进统战工作(2005年12月6日),(广东省档案馆216—2005—441).

[7][8] 中共广东省委统战部办公室. 广东统战信息. 深圳市委召开"加强基层统战工作现场会"(2001年9月5日),(广东省档案馆216—2001—336).

[9] 中共广东省委统战部办公室. 广东统战信息. 构筑社会化调研工作格局狠抓调研促发展(2003年4月24日),(广东省档案馆216—2003—223).

[10][11] 中共广东省委统战部办公室. 广东统战信息. 珠海社区统战工作初见成效(2005年11月30日),(广东省档案馆216—2005—434).

[12] 中共广东省委统战部办公室. 广东统战信息. 东莞市党群工作向"两新"组织延伸(2005年10月28日),(广东省档案馆216—2005—397).

[13] 中共广东省委统战部办公室. 广东统战信息. 深圳市社区统战工作面临的一些问题(2004年12月30日),(广东省档案馆216—2004—537).

[14][20][22] 中共广东省委统战部办公室. 广东统战信息. 制约基层统战工作的主要问题、原因及建议(2001年7月9日),(广东省档案馆216—2001—119).

[15] 中共广东省委统战部办公室. 广东统战信息. 扎实开展社区统战工作开创城市统战工作新局面(2006年11月6日),(广东省档案馆216—2006—353).

[16] 肖莉,广东省社会主义学院课题组. 改革开放以来广东新的社会阶层统战工作. 广东省社会主义学院学报(广州)[J]. 2007.4.4-12.

[17][18] 中共上海市社会工作委员会. 2009年度中共上海市社会工作委员会机关调研课题汇

编. 新形势下团结凝聚新的社会阶层人士的途径和方法研究［M］. 上海：上海人民出版社，2010：143 – 159.

［19］［24］祝全永. 转型时期"两新"组织党的组织建设创新研究［EB\OL］. 中国期刊网.

［21］中共广东省委统战部办公室. 广东统战信息. 深圳市探索"处室带社团"的统战工作新机制（2004年5月12日），（广东省档案馆216—2004—93）.

［23］中共广东省委统战部办公室. 广东统战信息. 基层呼吁建立统战工作激励机制和加强干部培训工作（2001年6月19日），（广东省档案馆216—2001—168）.

［25］［26］南方公益. 广东加快建立"三社联动"机制［N］. 广州：南方日报，2015 – 10 – 21. ①.

主题三

粤港澳大湾区建设与城市治理

肇庆市
佛山市
广州市
东莞市
惠州市
深圳市
江门市
中山市
珠海市
香港
澳门

粤港澳大湾区城市群的法治指数与法治差序研究

滕宏庆

华南理工大学法学院

一、粤港澳大湾区城市群的法治指数

粤港澳大湾区城市群法治指数主要基于三点研究背景：一是2017年3月5日，李克强总理在《政府工作报告》中提及国家"正在研究制定粤港澳大湾区城市群发展规划"，"粤港澳大湾区"首次列入国务院《政府工作报告》，这也是中央层面首次提出"粤港澳大湾区城市群"的概念，即包括香港、澳门和珠三角的广州、深圳、珠海、佛山、东莞、惠州、中山、江门、肇庆9个城市作为一个整体来规划；二是与此相呼应的，目前在国家新型城镇化规划当中，城市群是我国新型城镇化的主体格局，所以，城市群的法治研究成为了一项崭新的课题；三是香港、澳门特别行政区与广东毗邻，区域一体化发展过程中的法治问题多样复杂，需要面对和解决的法治难题多层次、多面性、多维度，法治指数研究是一种新思路、新方法。

首先，从世界各国城市群发展的空间格局来看，沿海湾区城市群是发展条件最好、最具有竞争力的城市群，例如著名的美国旧金山湾区城市群，但湾区城市群发达的基本条件和根本保障就是畅行法治、法律至上。目前，珠三角湾区城市群是国内最具有国际化特征和法治化基础的地区之一，尤其是香港和澳门已经是国际知名的法治优良之地。改革开放以来，珠三角9个城市也已经历30多年来的经济崛起和坚持不懈的法治建设，完全有必要也需要通过法治评估指数体系进行衡量监测。

其次，"湾区"一般指的是围绕沿海口岸分布的众多海港和城镇所构成的港口群和城镇群,由此衍生的经济效应被称为"湾区经济"。目前,湾区已成为带动全球经济发展的重要增长极和引领技术变革的领头羊,世界银行的一项数据显示,全球60%的经济总量集中在入海口区域。全球较为明显的湾区有三个:纽约湾区(2016年GDP 1.4万亿美元)、旧金山湾区(2016年GDP 1.8万亿美元)和东京湾区(2016年GDP 0.8万亿美元)。这三大湾区是全世界经济最发达的地区。从这些知名湾区的经验来看,湾区经济往往具有显著特征:开放的经济结构、高效的资源配置能力、强大的集聚外溢功能、发达的国际交往网络。这就是湾区带动的地方优势造就的。粤港澳大湾区就是国家致力打造的全球第四大湾区,可以说,"粤港澳大湾区城市群"作为中国第一个湾区经济未来可期。事实上,若以珠三角9市和港澳2区为粤港澳大湾区的主要范围,其面积约为5万平方千米,人口超过6600万,2016年经济总量超过1.36万亿美元,对外贸易总额超过1.8万亿美元,并且拥有世界上最大的海港群和空港群。其辐射半径可以延伸到我国中西部多个省份,以及东南亚国家。

而国家战略中的城市群整体性规划不仅是湾区经济的规划,更是湾区所有内容的规划。考察湾区经济的代表者,除了显著的经济特征,更有成熟的法治特征。所以,粤港澳大湾区要成为世界上经济最发达的城市群地区,也要是法治最发达的地区。因为粤港澳大湾区城市群要成为创新能力最强、最具有国际竞争力和最开放的城市群地区离不开法治国家、法治政府、法治社会的建设和保障。为此,有必要对粤港澳大湾区城市群进行法治指数研究,调查粤港澳11个城市的法治发展状况,为法治协同创新和发展进步寻找方向和路径。

最后,"法治指数"在全球范围内刚刚兴起,2005年世界银行发表名为《国别财富报告》的评估报告,"法治指数"的概念首次被提出用来表述和评判一国人民守法意识的意愿以及对该国法律制度的信任程度。2007年美国律师协会、联合泛美律师协会、泛太平洋律师协会等律师组织发起成立"世界正义工程"(world justice project),将"法治指数"明确为判断和衡量一个国家的法治状况及其程度的量化标准和评价体系。此后,法治评价指数及其实现问题就成为了世界法治国家观测研究和实务对照的热门焦点。

所以,由笔者领衔华南理工大学法治评价与研究中心团队于2017年3至4月开展了这一项区域法治评价课题研究。此次法治评价以粤港澳大湾区内香港、澳门、深圳、广州、珠海、佛山、中山、东莞、惠州、江门、肇庆共11座城市为评价对象，采用专家评估模式，以立法质量、法治政府、司法公正和法治文化四个方面为评价内容，并围绕这四个维度构建法治评价指标体系，该指标体系由立法质量、法治政府、司法公正、法治文化4个一级指标、20个二级指标和100个三级指标组成，沿用其中一、二级指标设计专家调查问卷，三级指标用于解释对应的二级指标供专家打分时参考，每位专家就11个城市的20个二级指标打分，问卷每题各10分，各城市法治评分总分为200分，最后再折算为百分制分数得出各城市最终的评分结果，详细法治评价指标体系见表1。

表1 粤港澳大湾区城市群法治评价指标体系

一级指标	二级指标	三级指标
立法质量	民主立法	立法程序公开、公众参与、审议民主、表决严格、发布通畅
	科学立法	立法技术完备、可行性论证、必要性论证、立法规律、立法标准
	创新立法	地方立法能力、立法特殊性、与已有法的重复率、可复制性、立法影响力
	实效立法	立法不抵触、立法稳定、立法精细、法律规范完整、可操作性
	绩效立法	立法预测成本、实际成本、经济社会收益、价值效益、立法效率
法治政府	政府信息公开	主动公开、申请公开、公开比例、公开内容完整度、公开及时性
	权责一致	行政立法、行政作为、行政不作为、责任政府、政府法律顾问
	廉洁政府	官员贪腐、财产公示、选任退出机制、财政支出符合预算、监察审计专门监督
	行政自由裁量权限制	裁量法定、基准中立、幅度合理、专业技术性、裁量过当责任
	行政决策和应急法治	重大决策民主、依法决策、应急预案及演练、突发处置合法、专家辅助
司法公正	程序公正一	司法职业化、人员多元化、管理制度化、司法资源保障、律师代理率
	程序公正二	审判流程公开、执行信息公开、裁判文书公开、诉讼期限严格、审判程序标准
	程序公正三	法定期限内立案、简易程序适用、当庭宣判、审限内结案、司法可预测性
	实体公正一	裁判结果公正、判决文书说理、司法错判、司法终审、司法抗诉
	实体公正二	裁判执行实现、执行异议、执行错误、司法赔偿、司法救济衔接

续表

一级指标	二级指标	三级指标
法治文化	公民法治意识	普法宣传、法律信仰、公民守法、法律服务平台、法律数据共享
	企业依法营商	企业守法、劳资关系矛盾、企业社会责任、知识产权保护、法务律师
	公益组织依法活动	合法登记、合法业务、法律援助、组织数量规模、社会贡献值
	替代性纠纷解决机制	行业自律、人民调解、公民自治、专业仲裁、民间习惯规则
	法律教育和律师人才	法学院校、法科师生数、律师人口数量比、律师专业化、法律职业国际化

问卷回收后即进行问卷录入及分数的计算工作。计算评分结果采取的是逐层加权求取均值的做法，首先计算专家为11座城市的20个二级指标打分的均值，然后依次计算四个一级指标的均值，最后再根据一级指标得分求取各城市法治评价总分。评分结果显示：香港以89.13分位居榜首，第二名澳门85.41分，第三名深圳76.75分，第四名广州75.94分，第五名珠海70.63分，第六名佛山70.29分，第七名中山67.34分，第八名东莞67.15分，第九名惠州65.07分，第十名江门64.98分，第十一名肇庆63.53分。另外，各城市总评分及其在立法、执法、司法以及法治文化四方面的具体评分结果见表2。

表2 粤港澳大湾区城市群一级指标法治评价结果

一级指标	香港	澳门	深圳	广州	珠海	佛山	中山	东莞	惠州	江门	肇庆
立法质量	8.71	8.31	7.69	7.57	6.99	6.86	6.58	6.61	6.41	6.38	6.23
法治政府	9.01	8.69	7.58	7.53	7.05	7.09	6.83	6.67	6.58	6.61	6.41
司法公正	9.03	8.68	7.79	7.65	7.29	7.25	6.89	7.05	6.7	6.74	6.58
法治文化	8.91	8.48	7.65	7.64	6.92	6.92	6.62	6.52	6.34	6.27	6.20
各城市平均分	8.91	8.54	7.68	7.59	7.06	7.03	6.73	6.71	6.51	6.5	6.35
各城市总评分（百分制）	89.13	85.41	76.75	75.94	70.63	70.29	67.34	67.15	65.07	64.98	63.53
城市评分排名	1	2	3	4	5	6	7	8	9	10	11

二、粤港澳大湾区城市群的法治差序

从表 2 显示的 11 城总评分来看,虽然所有城市法治评分结果都达到及格线(＞60 分),但是进一步分析粤港澳大湾区城市群法治水平评分结果可以得知:首先,在 11 城中,港、澳法治发展水平最高,分别为 89.13、85.41 分,港、澳与广东省 9 城的法治水平差距明显,9 城的评分无一超过 80 分;其次,广东省内 9 城的法治水平也存在明显差异,省内法治发展水平排名最后一名的肇庆市评分比排名第一的深圳市低了 13.22 分;最后,综合 11 城评分结果来看,各城市评分档位差异明显,处于 80 分以上段位仅有港、澳两城,70～80 分段位有深、广、珠、佛四城,而 60～70 分段位则有中山、东莞、惠州、江门、肇庆五城。因此,通过横向比较 11 城整体法治水平可以发现,粤港澳大湾区 11 城之间法治水平高低不一,差异较大。而且从图 1 具体法治一级指标显示出的该城市法治结构图观察,港澳的图形、深广的图形、七城的图形都各自相似。所以,粤港澳大湾区城市群的法治可以如图 2 分成三层:第一层次,高度法治城市:香港、澳门;第二层次,中度法治城市:深圳、广州;第三层次,浅度法治城市:珠海、佛山、中山、东莞、惠州、江门、肇庆。

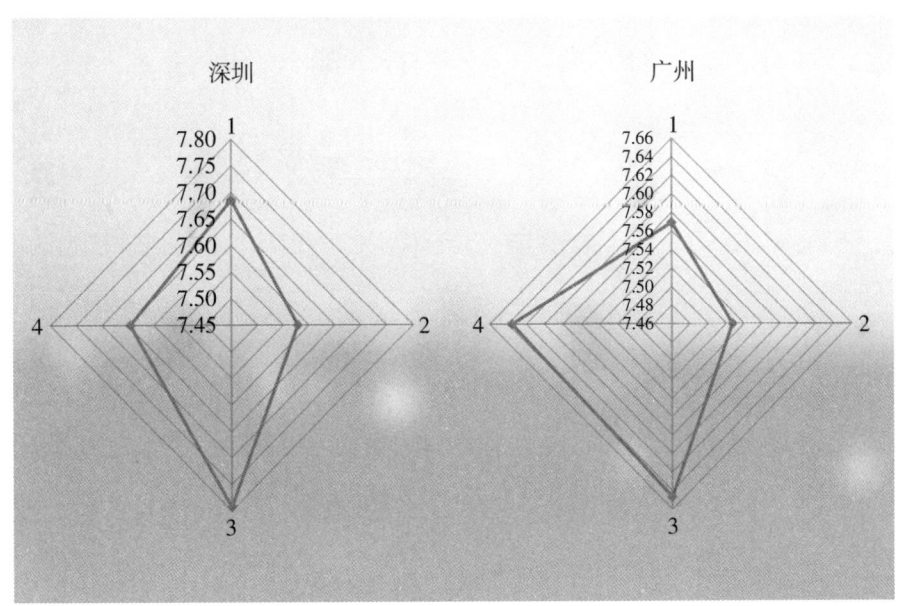

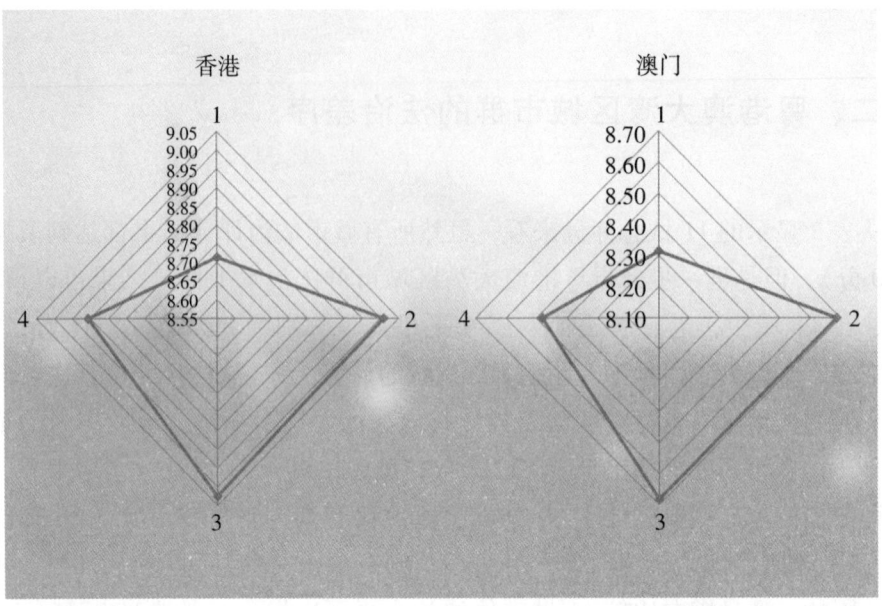
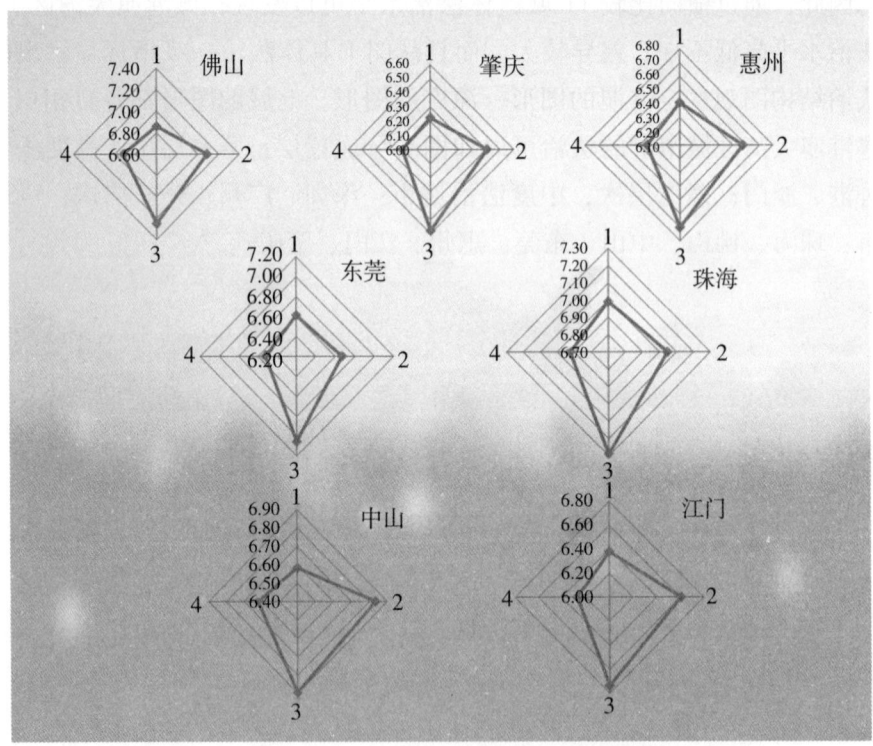

图1 11个城市一级指标网状图

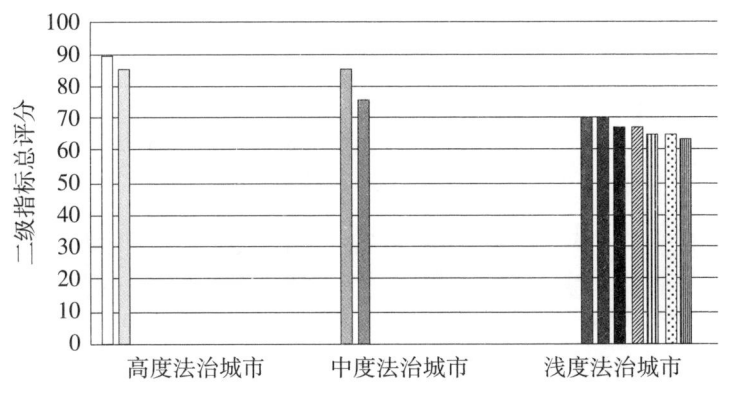

图 2 粤港澳大湾区城市群法治状况分层排行榜

另外,粤港澳大湾区城市群法治评价是在对各城市的立法质量、法治政府、司法公正以及法治文化四方面进行评分后所显示的平均分。因此,要把握该区域的法治发展状况,不仅要关注 11 城的总分排名,还要对各城市在立法、执法、司法以及法治文化各方面的具体表现进行解析。如表 2 和图 3 所示,在立法质量方面,仅有港、澳 2 城的评分在 8~9 分段位,深、广 2 城的评分在 7~8 分段位,而其余 7 城的评分则在 6~7 分段位;在法治政府方面,香港的评分达到了 9~10 分段位,澳门的评分为 8~9 分段位,深、广、珠、佛的评分在 7~8 分段位,其余 5 城的评分在 6~7 分段位;在司法公正方面,香港的评分仍然处在 9~10 分段位,澳门的评分处在 8~9 分段位,深、广、珠、佛以及中山等 5 城的评分在 7~8 分段位,其余 4 城的评分则在 6~7 分段位;最后,在法治文化方面,港、澳 2 城的评分在 8~9 分段位,深、广的评分在 7~8 分段位,而其余 7 城则在 6~7 分段位。据此,通过对粤港澳大湾区 11 城分别在立法、执法、司法以及法治文化四个方面的横向比较可以看出,11 城在立法、执法、司法以及法治文化发展水平上的差异与城市间总体法治水平之间所展示出的差异极其相似,港、澳在各方面的表现仍然首屈一指,广东省内,深、广在上述四方面的发展水平次之,其余 7 城相对弱势。且总体法治水平较高的城市,在上述四方面的发展状况也是最优的,可以说,11 城在上述四个方面的法治发展水平是各城市总体法治水平的具体体现。

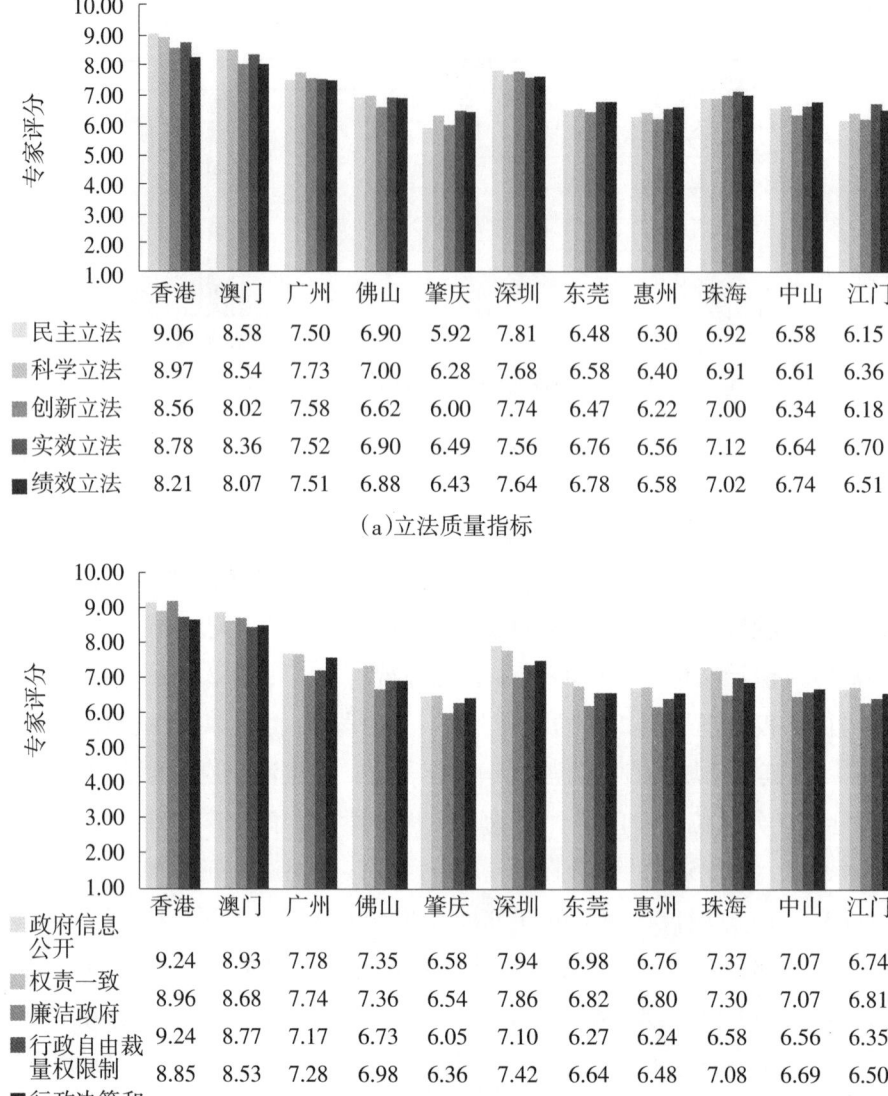

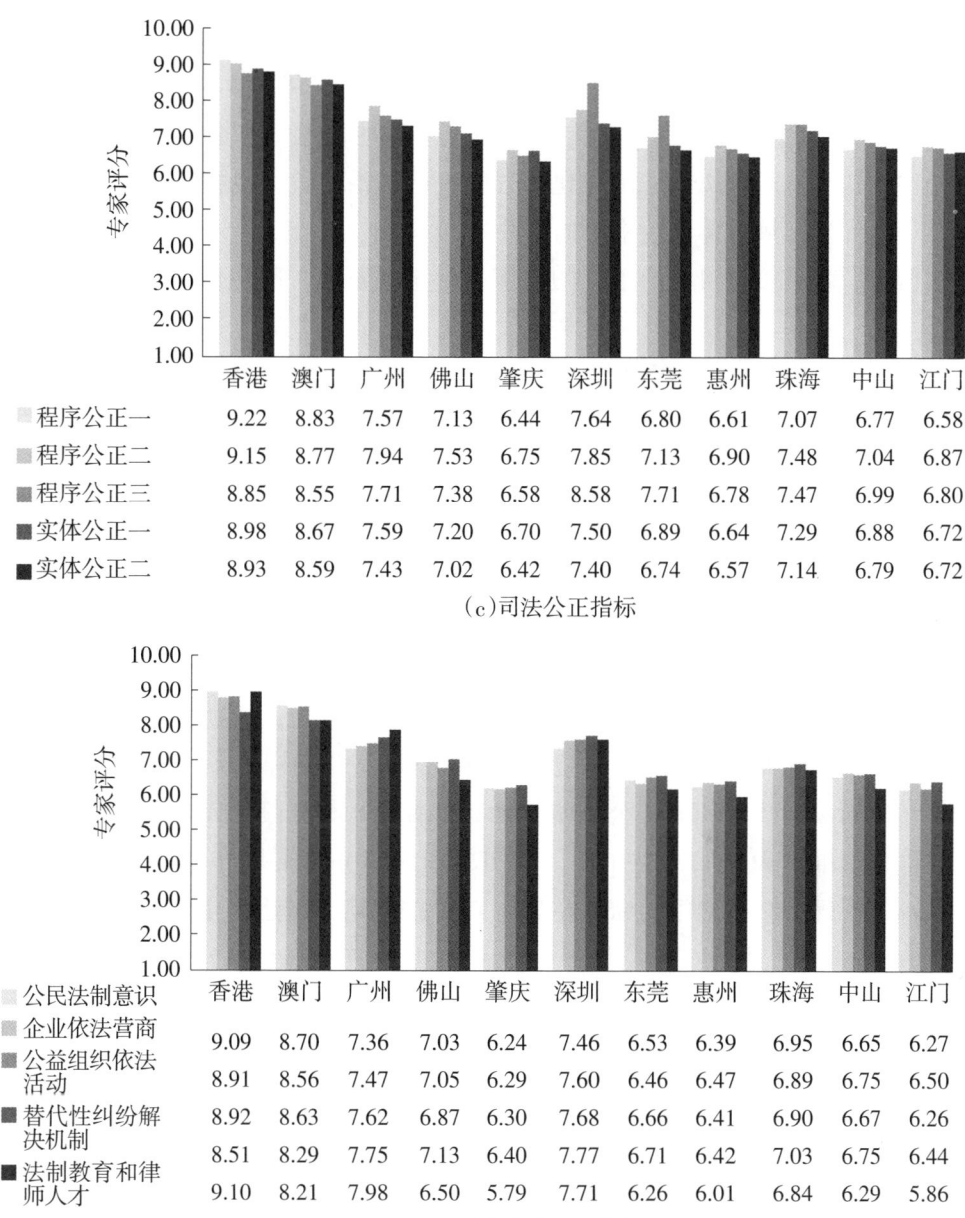

图3 粤港澳大湾区城市群一级和二级指标比较

通过对粤港澳大湾区11城在总体法治水平以及在立法、执法、司法、法治文化四方面的横向比较后发现，区域间的法治水平呈现出较大的差异，不同城市间的法治发展水平的高低差异面貌突出。另外，通过上述分析还可以得到的一条促进区域法治发展的思路是,促进整体区域法治的(合成)发展,要从区域内各城市本身(部分)下手,"稳高拉低",保持较高法治水平城市的发展势头,同时提升低水平城市的发展能力。更进一步地,还要从各城市内部(零件)在立法、执法、司法以及法治文化各方面进行法治建设,以提升各城市法治水平,最终促进区域整体法治水平的提升。

因此,各城市自身法治水平的均衡发展至关重要。同样地,了解各城市自身在立法、执法、司法以及法治文化发展水平方面的差异是进行各城市法治建设的前提。如表2所示,在香港,法治政府和司法公正两项指标的评分处在9~10分段位,另两项评分处在8~9分段位,四项指标评分结果之间的标准差为0.13,可见,虽然香港法治水平评分在不同的段位上,但相互之间的差异不算明显;在澳门,四项指标的评分都处在8~9分段位,四项指标评分结果之间的标准差为0.16;在深圳,其评分处在7~8分段位,四项指标评分结果之间的标准差为0.08;在广州,其评分处在7~8分段位,且四项指标评分结果之间的标准差为0.05;在珠海,其立法质量和法治文化指标的评分处在6~7分段位,而法治政府和司法公正指标的评分在7~8分段位,四项指标评分结果之间的标准差为0.14;在佛山,其立法质量和法治文化指标的评分同样处在6~7分段位,而法治政府和司法公正指标的评分在7~8分段位,四项指标评分结果之间的标准差为0.15;在中山,其四项指标评分结果均处在6~7分段位,且四项指标评分结果之间的标准差为0.13;在东莞,司法文化指标评分结果处在7~8分段位,其余三项指标评分结果处在6~7分段位,且四项指标评分结果之间的标准差为0.20;在惠州,其四项指标评分结果均处在6~7分段位,且四项指标评分结果之间的标准差为0.14;在江门,其四项指标评分结果均处在6~7分段位,且四项指标评分结果之间的标准差为0.19;在肇庆,其四项指标评分结果均处在6~7分段位,且四项指标评分结果之间的标准差为0.15。11城一级指标评分标准差统计见图4。

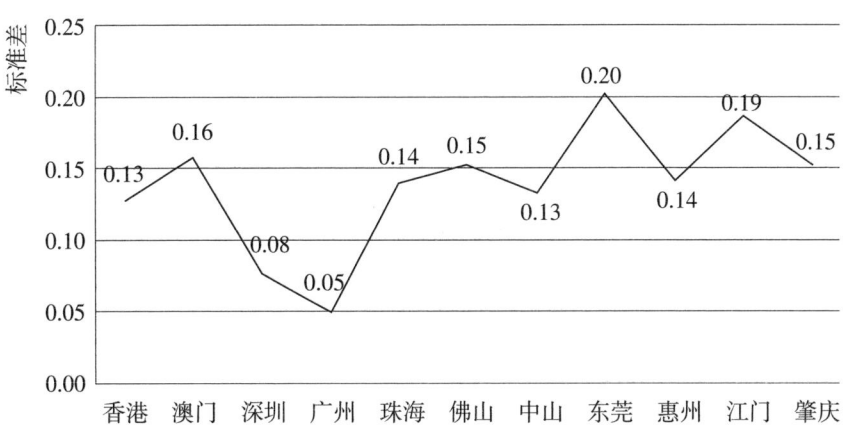

图 4 粤港澳大湾区城市群一级指标评分标准差折线图

如图4所示,如果用标准差来反映各城市在立法、执法、司法以及法治文化发展水平上的离散程度,可以看出,并非总体法治水平高的城市,其在立法、执法、司法以及法治文化等具体方面的发展就最为均衡、全面。以总体法治水平排名第二的澳门和排名第七的中山为例,澳门的标准差值要大于中山的标准差值,这说明虽然澳门总体法治水平优于中山,但澳门在立法、执法、司法以及法治文化发展水平上的不均衡要比中山市相对强烈。通过纵向比较各城市内部立法、执法、司法以及法治文化上的发展水平可以得知,法治差异在同城不同法治表现形式上同样存在。

综上所述,通过对粤港澳大湾区城市群法治指数的分析可以得知,一个不可忽略的现实问题是,对于各种出于政治、经济、文化等方面的发展需求或是其他目的而集结形成的区域而言,内部各城市法治水平的均衡发展是促进区域整体法治建设、法治水平得以提高的必然途径;同时,各城市自身在立法、执法、司法、法治文化等方面的发展水平是其法治水平的重要组成部分,并且会制约着该城市法治水平的提升,进而对区域整体法治水平产生影响。这种经不同城市间的横向比较和各城市内部在立法、执法、司法以及法治文化上的纵向比较反映出来的法治水平的高低差异,才能够概括区域法治差异的全貌。然而,"差异"指的是不同事物经过比较后呈现出的不相同,这是一个相对平面的概念,无法涵盖同一事物内部存在的差异。因此,用它来囊括区域横向、纵向两个维度的法治水平高低差异显然不合逻辑。为此,笔者率先创新采用"法治差序"概念来叙述区域法治在横向和纵向上法治发展水平的差异状况。"差序"

一词最早出自费孝通先生的著作《乡土中国》，时至今日，由于其具有横向、纵向两个维度上的比较所呈现出差异的内涵而具有极强的概括力和包容性，故此得到学界的广泛运用；同时该词所体现出的内涵与当前我国区域法治的发展特征极为吻合——不同城市间法治水平的高低差异（横向维度）和城市内部法治具体在立法、执法、司法以及法治文化等方面的发展水平高低差异（纵向维度）。因此，"法治差序"作为法治评价理论的基本概念完全成立，而通过课题组发布的粤港澳大湾区城市群法治指数评估结果明确表明：当前粤港澳大湾区城市群应当界定为我国区域法治中非常典型的法治差序格局。

三、未来粤港澳大湾区城市群的共建共享法治

粤港澳大湾区城市群作为一项国家发展战略具有重大意义，通过对11个城市的法治指数研究，笔者认为挑战与机遇并存，粤港澳大湾区城市群的持续法治发力应该着重在湾区整体城市群的法治建设，港澳、广深与其余7城分层的法治建设以及各城市内部的法治建设从三个方面展开，具体包括8个问题的应对解决方案，最终形成共建共享法治的粤港澳大湾区城市群。

在整体湾区法治建设层面，有如下3个建议：

（1）当前应在正视粤港澳三地法治差异的基础上聚焦各自优势，构建良性竞争机制，以竞争促发展。在既有问题短期内难以改善或解决的境况下，各城市应充分发挥各自优势，通过与其他城市之间的良性竞争来实现自我提升，同时促进湾区法治水平的整体提升。

（2）未来需着力解决湾区内部所存留的历史问题。英美法系的香港、大陆法系的澳门与社会主义法系的广东九市的法治历史基础和成长资源迥异。从法治文化的角度来看，求同的法治文化对于促进湾区整体的法治建设具有重要意义。

（3）应从制度层面确定湾区的地位、组织结构和权力配置，制定、发布和实施《粤港澳大湾区城市群法治建设大纲》。要凝聚各方共识制定、发布和实施《粤港澳大湾区城市群法治建设大纲》，将彼此优长经验输出、开放接纳制度，逐步形成粤港澳大湾区城市群区域性法治水平相当、法治能力一流、法治创新

卓越的中国湾区法治的代表。

在湾区内不同法治水平城市群层面,也有如下3个建议:

(1) 粤港澳大湾区城市群法治水平的提升需解决分层差异和停滞固化。粤港澳大湾区城市群法治发展的首要特征是分层,作为高度法治的港、澳,中度法治的深、广,以及浅度法治的其余7城,三个层面之间泾渭分明。由于粤港澳大湾区城市群被视为是一个整体,但现在浅度法治的城市占有城市群的六成以上比例,分层如此明显和比例如此悬殊的情况下,要警惕差别衍生隔离和停滞固化的可能,更要避免形成主观刻板印象,即港澳法治完全优越于内地,广东省内又以一线城市的深广为法治领头羊,其他城市完全无法或根本无需实践法治创新改革。

(2) 粤港澳大湾区城市群要攻坚破解三种同构化演变的制度惯性和路径依赖。目前粤港澳大湾区城市群的法治状况是港澳同构化、深广同构化、七城同构化,港澳在20世纪末回归祖国后,法治发展依然稳健,为港澳社会进步、民生改善、经济繁荣等继续发挥法治优势,而广东经过改革开放三十多年来,一直开风气之先,特别是享有特殊经济政策和立法权优势的深广,在法治领域的策略选择和重点制度上有较大相似度,而同为经济特区的珠海、毗邻广州几乎同城的佛山尽管受到深广制度外溢和政策红利,在7城中表现优异具有亮点,但领先优势并不明显,实质法治结构上并没有差别。因此,不同构造的城市要脱胎于现状,面临着制度惯性和路径依赖的困题,短期难以实现,而2015年新《立法法》赋予了设区的市地方立法权,2015年启动的广州、深圳、珠海自贸区的新制度红利还未收获,广东其他城市依然处于政策普惠的下风。所以,粤港澳大湾区城市群法治必须要在均等前提下逐渐矫正构造差别问题,这就需要深化改革开放。

(3) 探索第三梯队城市法治建设发展的有效路径。除港澳、广深之外的其余7城在湾区内法治发展水平上处于相对弱势地位,所以其亟待解决的问题更多、更为特殊。应在了解自身短板的基础之上,向周边法治水平较高的城市借鉴发展经验,取长补短,自我提升,争取同其他城市齐头并进。

在湾区内各城市层面,还有如下2个建议:

(1)"法治差序"是促进湾区城市群法治发展均衡化的一大障碍,应着力改善湾区内城市间与城市内部的法治差序问题。首先从各城市内部入手,专攻各城市在立法、执法、司法以及法治文化等方面存在的短板,来提高各城市的法治水平;同时应"稳高拉低",保持较高法治水平城市的发展势头,提升低水平城市的发展能力,为最终促进湾区整体法治水平的提升打下基础。

(2) 在城市内调动发挥除国家外的社会、市场及个人等多元主体的作用,协调共治以促进法治发展。《粤港澳大湾区城市群法治建设大纲》的制定,离不开专家进行前期调研以及各城市的立法后评估,离不开广大市民、相对人对于《粤港澳大湾区城市群法治建设大纲》的制定提出反馈意见。而在湾区城市群法治建设的具体运作上,更是离不开多元主体在日常事务中的参与及配合。因此,应充分发挥多元主体力量,携手共同促进湾区法治建设与法治水平的提升。

粤港澳大湾区发展综合评价探索性分析

——基于 2016 年的整体水平以及内部聚合数据

喻 锋 梁绮琪 甘 清

华南理工大学公共管理学院

一、引言

湾区，是指由一个海湾或相连的若干个海湾、港湾、邻近岛屿共同组成的区域。湾区是海滨城市特有的一种城市空间，是城市群的重要形态，有着丰富的海洋、生物、环境资源和独特的地理、生态、人文、经济价值（刘艳霞，2014）。当今世界，湾区已成为带动全球经济发展的重要增长极和引领技术变革的领头羊，由此衍生出的经济效应被称为"湾区经济"。作为湾区空间的重要组成部分，港口与城市发挥着纽带与辐射作用，因此，湾区经济可以说是滨海经济、港口经济、都市经济与网络经济高度融合而成的一种独特经济形态，是海岸贸易、都市商圈与湾区地理形态聚合而成的一种特有经济格局（张锐，2017）。城市作为经济发展的重要载体，是一定区域内经济集聚实体和经济网络的枢纽，只有城市实现协调发展，才会有区域的协调发展，甚至国家的协调发展。城市群作为一个区域间主义的重要载体，需要兼顾城市群内部各主体之间的内部协调发展，以及城市群整体的聚合机能。只有内部协调和整体聚合形成良好的协调关系，才有利于城市群的可持续发展。

在我国，深圳市在 2014 年的政府工作报告中首次提出"湾区经济"，表示要以"湾区经济"新发展构建对外开放新格局，加快推进粤港澳大湾区合作。2017 年 3 月 5 日，李克强总理在《政府工作报告》中明确提出，要推动内地与港澳深化合作，研究制定粤港澳大湾区城市群发展规划。特别是，国家发展和改革委员会、广东省人民政府、香港特别行政区政府、澳门特别行政区政府于2017年7月1日在香港签署了《深化粤港澳合作　推进大湾区建设框架协议》，这意味着粤港澳大湾区城市群建设已经启动。该协议强调，粤港澳大湾区城市群要"高水平参与国际合作，提升在国家经济发展和全方位开放中的引领作用"（覃成林，2017）。

粤港澳大湾区建设是以珠三角为基础，由内地9个市和港、澳2个特别行政区形成的城市群。湾区内9个珠三角城市加港澳2个特别行政区面积达5.62万平方千米，占中国内地国土面积的5.85%（不包括港澳台）。常住人口共约6800万，占全国总人口（不含港澳台）的4.85%；经济总产值约9.31万亿元人民币（按2016年人民币兑美元中间价均价计算折合美元约1.4万亿），占2016年中国经济总量74.4万亿元人民币（不包含港澳台）的12.5%。粤港澳大湾区是继"一带一路"倡议、"京津冀经济带""长江经济带"等发展战略之外的又一新的增长极，是中国改革开放重要支点。

粤港澳大湾区规划不仅将范围从陆地扩展到了海洋，而且它承载了对外开放的功能。粤港澳大湾区是内地和香港的进一步融合，已经超越了传统意义上的地理空间和行政区域协同发展的概念，最重要的是区域内跨制度合作与融合。粤港澳大湾区协同发展的前提是消除影响要素便利流动的因素，打破人口流动及分工的制度性障碍和行政区域壁垒，这对制度建设和改革提出新的要求。

二、研究设计与分析模型

（一）研究设计

目前世界上有三大成熟的湾区：纽约湾区、旧金山湾区、东京湾区。粤港澳大湾区城市群是中国唯一可以对标世界主要城市群和大湾区的区域，具有成为世界级城市群的现实基础和发展实力。本文将基于世界三大湾区和粤港澳湾区发展基础，选取经济、土地、人口、交通、人力等要素，对数据进行多变量综合评价，以期实现简约主义的 KPI 系统观的综合，把粤港澳湾区与三大湾区进行纵横比较，并对内部各城市发展水平进行综合评价研究。本文采取综合评价方法对世界三大湾区进行分析评价。基于数据挖掘、价值投射及可比性进行指标遴选，建立评价指标体系。将粤港澳大湾区作为一个整体，运用加权求和方法与纽约、旧金山、东京这三个世界级成熟湾区相对比。

本文在对粤港澳大湾区经济数据进行研究时，主要选取 GDP 增量、人口密度、第三产业占 GDP 比重和资金总量四个 KPI 指标，对湾区内部各主体之间的竞争－合作关系进行探讨，运用耦合协调度模型分析湾区内各主体之间的协调关系。评价目的主要在于改善湾区内部主体间的协调状态，实现湾区发展总体水平的提升。

评价目的主要在于改善湾区内部主体间的协调状态，实现湾区发展总体水平的提升。评价设计主要有以下两个方面：

第一，基于综合评价方法对湾区合作交流整体效果进行评价。这包括两个方面，即湾区发展现状和湾区发展潜力，前者是包括对湾区经济现状、产业结构、引领作用的评价，后者包括对湾区内人的流动和物的流通情况进行评价。

第二，基于耦合协调度对湾区内各主体之间的协调状态进行评价。运用耦合协调度模型得到湾区内各主体单项水平值之间的耦合协调度系数，探讨湾区内各个城市在不同方面的协调状态。

（二）多变量综合评价模型

多属性效应理论是 1976 年由 Keeney 和 Raiffa 两人致力发展的决策方法，由效用理论发展而来，利用个人表达出主观偏好，即为衡量决策者内心满足程度的函数。而理性决策者其决策行为系以最大效用为依归，理论基础上有完整的数学证明，常见的整合方式是通过简单加权求和的最终效用值，建构效用函数，考虑属性之组合以进行方案评估。本文将借鉴多属性效用理论，运用多变量总和模型，以加权求和方式比较湾区间的发展水平差异。

（三）耦合协调度模型

耦合作为一个物理学的概念，说的是两个（或者两个以上的）系统或是运动形式相互作用而变化的现象。而耦合度是指描述它们作用所产生的影响的程度。它导致了这个结构和系统的有序还是无序的趋势。耦合协调度模型基本公示表达如下，x、y分别为耦合的两个系统：

$$C = \left\{ \frac{F(x)F(y)}{\left[\frac{F(x)+F(y)}{2}\right]^2} \right\}^k \quad T = gF(x) + hF(y) \quad D(x,y) = \sqrt{C \times T}$$

式中，T为后文所选指标的综合发展指数，反映了指标之间的总体水平，它们的权重将运用变异系数法和归一化法求出。g和h为待定系数，平等关系下一般取0.5，如果非完全对称就要考虑差异化耦合。C为各指标间的协调指数；k为协调系数，本文取$k=1/2$，$D(x,y)$为耦合协调度。耦合度区间如表1所示。

表1 耦合度区间

耦合度区间	耦合程度
$0 < D \leq 0.3$	低度耦合协调
$0.3 < D \leq 0.5$	中度耦合协调
$0.5 < D \leq 0.8$	高度耦合协调
$0.8 < D \leq 1$	极度耦合协调

三、评价指标遴选

（一）粤港澳大湾区发展水平指数指标遴选

为评价大湾区以及世界大湾区的经济发展基础，本文将所采用的指标系统分为经济发展基础和经济发展潜力两个方面，前者主要关注目前大湾区经济发展基础,后者主要关注经济发展的潜力和可持续性(图1)。

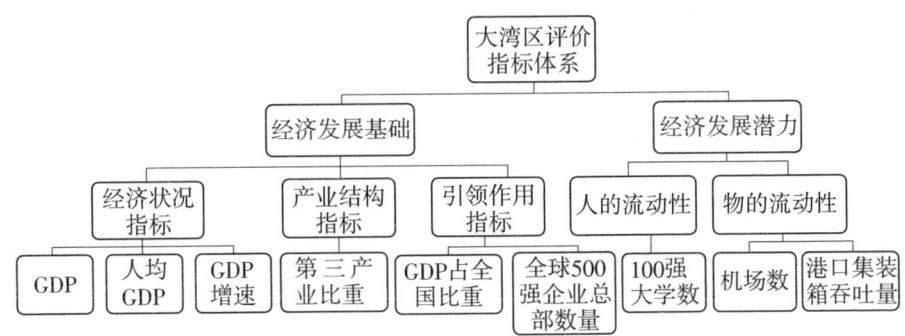

图1 水平指数指标遴选

1. 经济发展基础

(1)经济状况指标。社会经济的稳健增长是经济发展追求的重要目标之一,大湾区经济增长不但能推动整个社会的发展,也能为人民生活水平的提高做出显著贡献。

GDP:国内生产总值是指一个国家或者地区所有常驻单位在一定时期内生产的所有最终产品和劳务的市场价值。GDP是国民经济核算的核心指标,在本评价体系中,选用GDP作为衡量大湾区经济总体状况的指标,能简洁有效地反映大湾区的经济发展现状。

人均GDP:人均国内生产总值是将一个国家或地区核算期内(通常是一年)实现的国内生产总值与这个国家或地区的常住人口(或户籍人口)相比而得出的值。在GDP的基础上引入"人均"的概念,能够更真实地衡量大湾区人民生活水平状况。

GDP增速:在讨论经济发展基础时,GDP和人均GDP是衡量经济发展规模的指标,而衡量经济发展速度的指标也是必不可少的。所以在本评价中,笔者也引入了GDP增速作为考量经济总体状况指标之一。

(2)产业结构指标。产业结构是指经济总量在农业、工业和服务业中的比例结构。随着我国市场经济发展的提高,产业结构的变化趋势表现为:第三产业在经济总量中的比例越来越大,它对吸收就业人口、促进经济发展的重要性越来越强。因此,该指数越大,说明产业结构更加合理,经济发展更加平衡。反之,则表明存在扭曲的产业结构和经济发展不平衡的现象。因此,本部分选取第三产业比重来衡量大湾区产业结构的合理性。

第三产业比重：第三产业也称为服务业，是主要提供服务产品的产业。第三产业比重是指第三产业比重和GDP的比值。加快推进第三产业发展和扩大其在整体经济中份额的重要作用，主要是有利于完善和丰富中国特色社会主义市场经济体系；有利于推进经济更好更快地发展，合理化产业结构，具有优化国民经济，提升综合国力的重要作用；有利于扩大劳动人口就业，缓解地区就业压力，提高社会稳定性；有利于提高人民人均收入，提高生活水平，使广大人民最终获得发展的福祉。

（3）引领作用指标。引领作用指标主要衡量的是该地区的经济带动性作用。粤港澳大湾区旨在打造国际一流湾区和世界级城市群，湾区经济形态将成为全球经济重要增长极与技术变革领头羊。例如纽约、旧金山、东京三大湾区通过其开放的经济结构、高效的资源配置能力、强大的集聚外溢功能、发达的国际交往网络，在经济、人口、科技、产业等领域都体现出了无可比拟的集聚优势，这无疑对周边地区经济的发展会起到带动性作用，并对人力、物力、财力都会产生巨大吸引力。因此，为衡量大湾区的引领作用，选取GDP占全国比重和全球500强企业总部数量两个指标。

GDP占全国比重：GDP占全国比重相较于单纯的地区GDP指标而言，侧重于和其他地区GDP的比较概念，更好地体现大湾区对于整体经济的带动作用，更有效地解释该地经济增长对于国家整体经济增长的贡献。

全球500强企业总部数量：2017年中国企业500强的营业收入总额首次突破60万亿元，达到了64.00万亿元，相当于2016年我国GDP总额的86%。由此可见，500强企业对地区经济甚至全国、全世界的带动作用不容忽视，也应成为本文评价体系中的一个重要指标。

2. 经济发展潜力

（1）人的流动性。人才在推动经济社会发展中起着至关重要的作用，地方经济要努力形成"引进一批人才、发展壮大一个产业、推动一方经济发展"的链接式效应，大量的人才在推动经济增长、社会进步等方面是关键因素，因此，人力可持续是衡量经济增长潜力的重要指标。

100强大学数：为衡量人力可持续的状况，选用100强大学数作为指标。100强大学毕业生对于"人才"这个概念有最直接的鉴定，一般而言，100强大学输出的劳动人口文化素质高于平均水平,自主创新能力越强,越能促进经济发展向内涵式发展模式的方向前进。

(2)物的流动性。一个区域的经济发展往往带来交通量和物流量的巨大增长,因此交通业和物流业的发展不但能从侧面说明一个地区经济发展的状况,更能为地区经济的持续发展提供支撑作用,从而促进经济的发展。

机场数:在促进地方经济发展,尤其是发展中国家和地区的发展中,航空运输业所起的作用越来越大。机场尤其是主要枢纽机场,能够提供城市和区域进入航空运输系统的门户;创造当地就业机会;促进其他相关就业。机场所在的区域,已经成为越来越具有吸引力的商业区位,而且影响力巨大,成为潜在的经济增长中心。因此,选用机场数作为交通物流水平的一部分,能从侧面衡量大湾区经济增长的潜力。

港口集装箱吞吐量:港口吞吐量是指一段时期内经水运输出、输入港区并经过装卸作业的货物总量,它是反映港口生产经营活动成果的重要数量指标,港口吞吐量的流向构成、数量构成和物理分类构成是港口在国际、地区间水上交通链中的地位、作用和影响的最直接体现,也是衡量国家、地区、城市建设和发展的量化参考依据。

(二)粤港澳大湾区发展聚合指数指标遴选

评价粤港澳大湾区的内部聚合发展基础,本文主要运用KPI思维,从经济状况、人力资源和土地资源、资金资源、产业结构这四个要素进行评价(图2)。

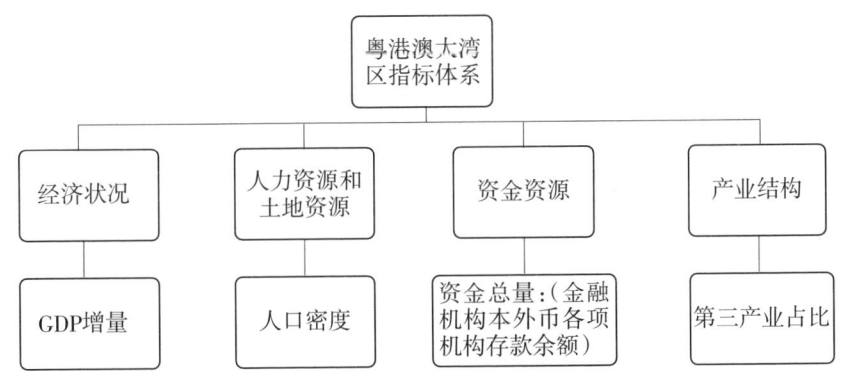

图2 聚合指数指标遴选

1. 经济状况

GDP 增量：在讨论经济发展基础时，GDP 是衡量经济发展规模的指标，而衡量经济发展速度的指标也是必不可少的。所以在评价粤港澳大湾区发展基础时，引入了 GDP 增量作为考量经济总体状况的指标之一；考虑到城市群各主体城市的发展禀赋基础差异，选用 GDP 增量的绝对量作为经济状况的测量指标。

2. 人力资源和土地资源

人口密度：人口密度是单位面积土地上居住的人口数。为更科学有效地体现大湾区内部聚合发展的情况，采用人口密度以体现人力资源和土地资源的协调状况。它是表示世界各地人口的密集程度的指标。通常以每平方千米或每公顷内的常住人口为计算单位。城市的发展需要考量人口要素和土地要素的匹配。土地是区域社会经济发展的载体，所有的经济建设都需要一定的空间来进行活动，因此，土地利用与社会经济发展之间紧密联系，相互影响。随着粤港澳大湾区的城镇化建设和工业化发展，必然使得建设用地的需求持续增长。

3. 资金资源

资金总量：（金融机构本外币各项机构存款余额）资金是区域经济发展的助推器。任何经济建设活动必然要以投资为起始点，而资金是原始投资和生产流程中的重要连接点，资金链断裂往往会造成极大的不良后果。本文选取金融机构本外币各项机构存款余额作为指标，用以衡量粤港澳大湾区的资金资源，能够有效地体现当地资金的充裕程度以及可利用的资金资源。

4. 产业结构

第三产业占比：优化产业结构是加快转变经济发展方式的重点任务，而推动第三产业的发展是优化产业结构的重要内容。第三产业和消费的关系最为直接，在拉动经济增长的三驾马车中，消费是最可靠、最具可持续性的拉动力量。美欧日等发达经济体经济增长主要来自于消费拉动，第三产业占 GDP 的比重多年来均保持在 70% 左右。粤港澳大湾区作为我国经济领头羊，在评价中对其第三产业占比的衡量是必要的。

四、实证分析

(一) 数据来源

本部分具体考察世界三大湾区和粤港澳大湾区经济发展和经济潜力状况的相关指标,同时探究粤港澳大湾区内部城市发展的耦合协调度。数据主要是从文献、新闻报道以及广东省统计年鉴中获取。

(二) 世界三大湾区与粤港澳湾区发展水平指数实证分析

四大湾区实证分析中所选取的指标,方向一致,可直接对指标进行无量纲化处理。本文选用线性比例法对数据运用极大值法进行指标无量纲化。

在指标体系中,粤港澳大湾区排名第一的有 4 个指标:GDP 增速、100 强大学数、机场数、港口集装箱吞吐量。粤港澳排名最后的有 3 个指标:人均 GDP,第三产业比重,全球 500 强企业总部数量。粤港澳大湾区以 6520 万 TEU(港口集装箱吞吐量)排名第一,远超第二名东京大湾区的 766 万 TEU,该指标的数据为粤港澳总分排名第一做出了巨大的贡献。纽约、旧金山、东京大湾区的第三产业占比都在 80% 以上,纽约甚至接近 90%,而粤港澳大湾区的第三产业占比仅为 62.2%,远远落后于另外三个大湾区。粤港澳的 GDP 排名第二,而人均 GDP 却排名最后,这主要是由于粤港澳地区人口数量过多。粤港澳虽然人均 GDP 排名最后,但 GDP 增速却远远高于其他三个大湾区,可见粤港澳的发展潜力大、发展势头猛(表 2)。

表2 四大湾区基本数据

水平指数指标	经济发展基础					经济发展潜力		
	经济状况			产业结构	引领作用	人的流动性		物的流动性
	GDP（亿美元）	人均GDP（美元/人）	GDP增速(%)	第三产业比重(%)	GDP占全国比重(%)	全球500强企业总部数量（间）	100强大学数（所）	机场数（座）	港口集装箱吞吐量（万TEU）
粤港澳大湾区	14027	20627.9	7.90	62.2	12	17	5	6	6520
纽约湾区	13584	68502.3	3.50	89.4	8	22	3	3	465
旧金山湾区	7855	103355.3	2.70	82.8	4.3	28	3	3	227
东京湾区	19876	52305.3	3.60	82.3	26.4	60	2	2	766
总和	55342	244790.8	17.7	316.7	50.7	127	13	14	7978

经过指标无量纲化后，数据处理如下：

表3 线性比例法后四大湾区无量纲化数据

线性比例法无量纲化	经济发展现状					经济发展潜力		
	经济状况			产业结构	引领作用	人的流动性		物的流动性
	GDP（亿美元）	人均GDP（美元/人）	GDP增速(%)	第三产业比重(%)	GDP占全国比重(%)	全球500强企业总部数量（间）	100强大学数（所）	机场数（座）	港口集装箱吞吐量（万TEU）
粤港澳大湾区	0.706	0.199	1	0.696	0.450	0.283	1	1	1
纽约湾区	0.683	0.663	0.440	1	0.300	0.367	0.600	0.500	0.071
旧金山湾区	0.395	1	0.340	0.926	0.160	0.467	0.600	0.500	0.035
东京湾区	1	0.506	0.460	0.921	1.00	1	0.400	0.333	0.117

接下来，运用变异系数法得到每个指标的权重。变异系数是当需要比较多组数据离散程度大小的时候，如果多组数据的测量尺度相差太大，或者数据量纲的不同，直接使用标准差来进行比较不合适，应当消除测量尺度和量纲的影响，而变异系数可以做到这一点，它是原始数据标准差与原始数据平均数的比。在各个指标中，如表4所示，港口集装箱吞吐量的变异系数最大，说明在港口集装箱吞吐量方面，四个湾区所存在的差距最大。第三产业比重的变异系数最小，说明四个湾区在第三产业占比方面存在较小差距。

表4 各指标变异系数值

大湾区评价体系	经济发展基础						经济发展潜力		
	经济状况			产业结构	引领作用		人的流动性		物的流动性
	GDP（亿美元）	人均GDP（美元/人）	GDP增速（%）	第三产业比重（%）	GDP占全国比重（%）	全球500强企业总部数量（间）	100强大学数（所）	机场（座）	港口集装箱吞吐量（万TEU）
变异系数	0.355	0.563	0.532	0.1496	0.763	0.610	0.387	0.495	1.517

通过计算各组数据的变异系数，运用归一化法，可以得到各组数据的权重，结果如表5所示，港口集装箱吞吐量占比最大，占全部指标的24%，人口密度和GDP占全国比重分列后两位，第三产业比重占比最低，仅占2.39%，与其他指标权重有一定差距。

表5 水平指数指标权重

大湾区评价体系	经济发展基础						经济发展潜力		
	经济状况			产业结构	引领作用		人的流动性		物的流动性
	GDP（亿美元）	人均GDP（美元/人）	GDP增速（%）	第三产业比重（%）	GDP占全国比重（%）	全球500强企业总部数量（间）	100强大学数（所）	机场（座）	港口集装箱吞吐量（万TEU）
变异系数	6.61%	10.48%	9.90%	2.77%	14.22%	11.36%	7.21%	9.22%	28.25%

用表4各组权重中数值与标准化后数据相乘,进行加权求和后可得到基于经济发展和经济潜力指标体系四大湾区的评分。从2016年的四大湾区综合得分情况来看,粤港澳大湾区排名第一,东京湾区排名第二,旧金山湾区排名第三,纽约湾区排名第四。粤港澳大湾区排名第一得益于在权重占比较大的指标中,比如港口集装箱吞吐量指标中,粤港澳湾区表现明显优于其他湾区,且该指标占评价体系比重大,因此本文的指标体系下排名高于其他湾区。

表6 世界三大湾区和粤港澳大湾区评分及排名表

世界级湾区	评分	排名
粤港澳大湾区	0.73	1
纽约湾区	0.32	4
旧金山湾区	0.34	3
东京湾区	0.48	2

(三)粤港澳湾区发展聚合指数实证分析

粤港澳湾区城市间实证分析,将选择GDP增量、人口密度、资金总量和第三产业比重指标。所选指标方向一致,可直接进行指标无量纲化处理。

表7 粤港澳大湾区发展聚合指数原始数据

粤港澳大湾区	GDP增量	人口密度/(万人·平方千米$^{-1}$)	资金总量/(万亿元人民币)(金融机构本外币各项机构存款余额)	第三产业占比
广州	1486.223475	0.187929881	4.16	0.6856
深圳	1609.480734	0.596324303	5.78	0.605
珠海	174.4184332	0.097884525	0.54	0.502
佛山	661.3942752	0.192593548	1.2	0.391
东莞	511.6037928	0.335131846	1	0.532
中山	231.7424861	0.181084263	0.44	0.455
江门	166.658473	0.047811951	0.38	0.448
肇庆	99.23809524	0.027233333	0.18	0.365

续表

粤港澳大湾区	GDP 增量	人口密度/（万人·平方千米$^{-1}$）	资金总量/(万亿元人民币)（金融机构本外币各项机构存款余额）	第三产业占比
惠州	258.5955638	0.042085316	0.38	0.414
香港	41.31334642	0.667783412	9	0.928
澳门	-66.03309499	1.963414634	0.72	0.97

从原始数据可以看到，深圳和广州在 GDP 增量上排名前两位，说明其经济带动作用最强；深港澳三地人口密度领先于其他城市；在资金总量方面，香港处于绝对领先地位，深圳和广州紧随其后；第三产业占比方面，港澳领先于其他城市，广州和深圳名列三四位，佛山和肇庆占比较低，产业结构升级进度较慢，未来还有很大提升空间。

由于近两年澳门 GDP 出现负增长，因此澳门 GDP 增量呈现负值状态。为了使数据正负值统一，便于后面计算粤港澳湾区耦合协调度，运用功效系数法统一数据正负值。

功效系数公式为

$$\chi_{ij}^{\phi} = c + \frac{\chi_{ij} - m'_j}{M'_j - m'_j} \times d$$

为了计算统一性，把 c 取为 0.6，d 取为 0.4，把无量纲化后数据集中在 0~1 的区间内，便于之后耦合协调度的计算。功效系数法后，所得结果如表 8 所示。

表 8 功效系数法处理后指标数据

粤港澳大湾区	GDP 增量	人口密度	资金总量（万亿元人民币）（金融机构本外币各项机构存款余额）	第三产业比例	相乘
广州	0.970574457	0.633198657	0.780498866	0.81197	0.802326354
深圳	1	0.717569769	0.853968254	0.75868	0.834982579
珠海	0.657403651	0.614595987	0.616326531	0.69058	0.64520083
佛山	0.773660726	0.634162135	0.646258503	0.61719	0.668401304
东莞	0.737900834	0.663609438	0.637188209	0.71041	0.687522625

续表

粤港澳大湾区	GDP 增量	人口密度	资金总量（万亿元人民币）（金融机构本外币各项机构存款余额）	第三产业比例	相乘
中山	0.671088779	0.631784406	0.611791383	0.65950	0.643631593
江门	0.655551095	0.604251382	0.609070295	0.65488	0.631373845
肇庆	0.639455643	0.6	0.6	0.6	0.610018157
惠州	0.677499488	0.603068304	0.609070295	0.63240	0.6309639
香港	0.62562711	0.732332665	1	0.97223	0.83534288
澳门	0.6	1	0.624489796	1	0.801347902

与上文同理，运用变异系数法，求得四个指标在指标体系中占比。GDP 增量指标占比 25.39%，人口密度占比 23.36%，资金总量占比 25.85%，第三产业占比 25.38%。可以看出，四个指标占比差异不大，符合指标遴选的要求，占比最高的是资金总量，最低的是人口密度指标。

将指标权重与经过功效系数法处理的标准化后数据与表 8 中数据相乘，然后再运用归一化法求得 11 个城市在粤港澳大湾区所占比重。从表 9 中得知，香港和深圳在粤港澳大湾区发展中所占比重最高，其次是广州和澳门，其余城市相差不大，基本符合预期设想。

表 9 粤港澳大湾区各城市占城市群整体份额占比

粤港澳大湾区	广州	深圳	珠海	佛山	东莞	中山	江门	肇庆	惠州	香港	澳门
权重（%）	10.30	10.72	8.28	8.58	8.82	8.26	8.10	7.83	8.10	10.72	10.29

最后运用耦合协调度模型求得粤港澳大湾区 2016 年在 GDP 增量、人口、资金和产业结构指标体系下的耦合协调度。粤港澳大湾区有 11 个城市，可把其看做 11 个系统，把每个系统在四个指标下所得的功效系数相乘，作为公式中的一个 $F(x)$，把每个系统的 $F(x)$ 代入耦合协调度公式运算，得到耦合度 c 为 0.75，耦合协调度 d 为 0.73，达到高度耦合，说明粤港澳大湾区各城市相互间达到协调共生状态，在经济发展、人口和土地、资金和产业结构方面形成较为紧密的协调共生状况。

五、总结

本文构建了评价大湾区发展评价指标,从经济发展现状和潜力角度切入,选择了相关指标,利用 2016 年世界三大湾区和粤港澳大湾区数据,通过加权求和方式得到四大湾区排名:粤港澳排名第一,东京湾区排名第二,旧金山和纽约湾区分列后两位。各湾区排名情况与评价体系中所选择的指标息息相关,由于在本文所选指标中,多为数量型指标,粤港澳大湾区在经济规模上表现出色,因此排名第一。但这并不意味着粤港澳大湾区已经超越世界三大湾区,在产业结构、经济开放度等其他方面粤港澳仍与世界三大湾区有较大差距。

本文也分析了粤港澳大湾区内部各城市耦合协调度情况,探究城市间经济增长量、产业结构、人口和资金总量等要素的协调状况。通过运用耦合协调度模型,得出结论:2016 年粤港澳各城市正处于高度耦合状态,发展状态良好。但也应该认识到,在本文中由于数据获取的限制,所选指标数量较少,在下一步的研究中,将继续探索将截面数据扩展为具有连续性的面板数据,应构建更完善的指标体系,更真实地分析粤港澳大湾区内各城市内部要素的协调状况。

参考文献

[1] 刘艳霞. 国内外湾区经济发展研究与启示 [J]. 城市观察,2014(3):155-163.

[2] 张锐. 世界湾区经济的建设经验与启示 [J]. 中国国情国力,2017(5):31-34.

[3] 覃成林,刘丽玲,覃文昊. 粤港澳大湾区城市群发展战略思考 [J/OL]. 区域经济评论,2017(5):113-118.

[4] 申勇,马忠新. 构筑湾区经济引领的对外开放新格局——基于粤港澳大湾区开放度的实证分析 [J]. 上海行政学院学报,2017,18(1):83-91.

[5] 蔡赤萌. 粤港澳大湾区城市群建设的战略意义和现实挑战 [J/OL]. 广东社会科学,2017(4):5-14,254.

[6] 马忠新. 我国湾区经济对外开放度的比较研究 [D]. 深圳:深圳大学硕士毕业论文,2017.

[7] 鲁志国,潘凤,闫振坤. 全球湾区经济比较与综合评价研究 [J/OL]. 科技进步与对策,2015,32(11):112-116.

打造世界级科技粤港澳大湾区融合发展的对策研究

余平发

致公党中山市委员会

香港回归20周年,中央研究制定"粤港澳大湾区"发展规划。有关"粤港澳"合作很早已经开始,但作为国家级战略发展,只是在2016年广东省政府工作报告中提出"开展珠三角城市升级行动,联手港澳打造粤港澳大湾区"。到2017年两会,这一提法写入国务院政府工作报告,报告中提出"研究制定粤港澳大湾区城市群发展规划",此时的粤港澳区域发展上升为国家战略,成为媲美世界三大湾区(纽约湾区、旧金山湾区以及东京湾区)的第四大湾区,粤港澳大湾区作为中国经济新引擎,受到世界瞩目。

2017年4月7日,国家发改委制定印发《2017年国家级新区体制机制创新工作要点》;2017年4月11日,李克强总理会见香港特首林郑月娥女士时谈到"今年,中央政府要研究制定粤港澳大湾区发展规划"。可见,未来粤港澳三地协同合作将达到新高度,成为提升珠三角区域整体国际竞争力的引擎,并有望成为世界一流湾区城市群。粤港澳大湾区世界级城市群由"9+2"城市组成,即广州、佛山、肇庆、深圳、东莞、惠州、珠海、中山、江门9个城市和香港、澳门2个特别行政区组成的城市群。

一、粤港澳大湾区概念及动态

（一）港区概念

"湾区"指围绕沿海口岸分布的众多海港和城镇所构成的港口群和城镇群，由此衍生的经济效应被称为"湾区经济"。目前，湾区已成为全球经济发展重要的增长极和引领技术变革的领头羊，全球经济总量的60%集中在入海口区域。

（二）粤港澳大湾区概念

粤港澳大湾区由广东9市（广州、深圳、珠海、佛山、惠州、东莞、中山、江门、肇庆）及港澳两个特别行政区组成，世界第四大湾区，是国家建设世界级城市群和参与全球竞争的重要空间载体。总面积5.65万平方千米。截至2015年末，粤港澳大湾区内总人口6765万，经济总量占全国的13%。区内进出口贸易额达1.5万亿美元。粤港澳大湾区亦拥有世界级的海空港群，机场年旅客输送量接近1.75亿人次，港口集装箱输送量接近7200万标箱。粤港澳大湾区将推动"9+2"泛珠三角区域合作向更高层次、更深领域、更广范围发展，其辐射半径将延伸至东南亚国家，成为联通"一带一路"的重要门户，推动粤港澳企业联合"走出去"。

（三）行业动态及其影响

据2016年网络公开数据显示，粤港澳大湾区人口数量、土地面积和港口集装箱吞吐量均列四大湾区首位，GDP总量达到1.38万亿美元，超越旧金山湾区且仅次于纽约湾区。粤港澳湾区第三产业占比仍处于较低水平，仅占62%，纽约湾区占比高达89.5%。同时，粤港澳大湾区人均GDP相对劣势，与其他湾区仍有一段距离。艾媒咨询分析师认为，随着国家对粤港澳大湾区发展规划政策落地,进一步加强粤、港、澳三地区经济、金融、贸易融合,充分发挥三地对外开放平台优势,粤港澳大湾区有望成为世界级经济区和世界级经济增长引擎。目前,粤港澳大湾区在第三产业占比上仍需加大,粤港澳三地在科技创新和金融服务产业上需进一步加强合作。

粤港澳大湾区有望五年内超越东京湾区,成为世界第一湾区。2016年,粤港澳大湾区的经济总量已达到9.35万亿元人民币,较2015年增长7.9%。预计未来六年经济总量仍保持稳定增长,2022年粤港澳经济总量将达到14.76万亿元人民币。艾媒咨询分析师认为,粤港澳大湾区的经济总量已接近纽约湾区,以目前增长速度,有望在五年内超越东京湾区,成为世界经济总量第一的湾区。

二、粤港澳大湾区具备成为世界一流大湾区城市群的基础条件

(一)世界级城市群竞争力与共性

世界顶级城市群大多分布在湾区,全球沿海地区的经济总量和人口主要集中在湾区。从城市竞争的角度,全球城市竞争力最强的一定是大城市群,大城市群的竞争力看湾区,尤其是各国沿海湾区。如美国旧金山湾区,由103个城镇形成一个城市群,各个城市间是平等的,依托各城市自身优势,使整个湾区城市群成为科技经济的创新中心。

世界级城市群都有共同特点,即高聚集度,对内联系紧密,对外高度开放。世界著名三大湾区——东京湾区、纽约湾区、旧金山湾区,他们依靠极强的金融业和发达的科技业,GDP总量和人均GDP极高,加上粤港澳大湾区后,世界上将有四大湾区(表1)。中国符合上述特征的是"两江一海",即环渤海经济圈、长江三角洲城市群和粤港澳大湾区。粤港澳大湾区,是由一个海湾或相连的若干个海湾、港湾、邻近岛屿共同组成的区域,相比较而言,更具竞争力。

表1 全球四大湾区的数据对比

指标（2015年）	东京湾区	旧金山湾区	纽约湾区	粤港澳大湾区			
				大湾区	内地9市	香港	澳门
人口（万人）	4347	715	2340	6671	5874	732	65
GDP（万亿美元）	1.8	0.8	1.4	1.36	0.99	0.32	0.05
占地面积（万千米）	3.68	1.79	2.15	5.6	5.47	0.11	0.003
港口集装箱吞吐量（万TEU）	766	227	465	6520	4494	2011	15
机场旅客吞吐量（亿人次）	1.12	0.71	1.3	1.75	1.0	0.69	0.06
第三产业比重（%）	82.3	82.8	89.4	62.2	54.6	90	89.5
世界100强大学数量（所）	2	3	2	4	0	4	0
世界500强企业总部数量（家）	60	28	22	16	9	7	0

注：根据网络公开数据整理

（二）粤港澳大湾区一个重点任务就在于湾区内城市群的协调发展

发展条件最好的、竞争力最强的城市群，都集中在沿海湾区。东京湾区、纽约湾区、旧金山湾区经济高度发达，2015年，三大湾区的GDP分别达到1.4万亿美元、0.8万亿美元和1.8万亿美元；其次，产业呈现高端化特征，服务业占比均达80%以上（表2），世界500强企业数量分别为22家、28家和60家。而作为下一个世界级湾区，粤港澳大湾区的经济将会达到怎样的高度呢？

华南理工大学公共政策研究院研究助理何欢认为，要建设粤港澳大湾区，其中一个重点任务就在于粤港澳大湾区内城市群的协调发展。城市群协调发展，需要城市群内不同城市之间协调合作，进而提升整个城市群的竞争力。同时，城市群的协调合作也能够抑制各城市之间的恶性竞争，强化不同规模、不同产业导向的城市之间的配合，进而促进区域的经济发展。环珠江湾区的建设，将要求广州转变经济发展模式，明确自身的区域功能定位。接下来随着粤港澳大湾区的建设，广州应该明确自身的功能定位，转变经济发展模式，从以劳动密集型的制造业为主转变为以高端制造业和服务业为主。进而根据新的经济发展模式，对城市进行新的功能规划和布局，在整体规划布局之后再进行都市更新。

表 2 全球四大湾区产业结构、代表产业集群、发展方向对比

湾区	产业结构（第三产业比重）	代表产业	起家	发展方向
粤港澳大湾区	55.6%	金融、航运、电子和互联网	对外贸易	全球创新发展高地
东京湾区	80%以上	装备制造、钢铁、化工和物流	制造业创新	日本核心临港工业带
旧金山湾区	80%以上	电子、互联网和生物	贸易、科技创新	全球高新科技研发中心
纽约湾区	89.4%	金融、航运和计算机	港口贸易	世界金融核心中枢

注：根据网络公开数据整理。

（三）如何在粤港澳大湾区的发展中发挥港澳特殊作用

在这个大趋势中，中国不应该纠结于 GDP 的增长速度，不应该纠缠于继续发展传统的制造业；要发展的是高端制造业、先进制造业。而最重要的方向，是要提升整个社会的治理水平，使其达到一个新的高度。在这个过程中，香港、澳门在很多方面有着比珠三角更优越的地方。发挥港澳的优势，这是李克强总理给我们指明的方向，我们要思考如何在粤港澳大湾区中发挥港澳的特别优势。在这个规划里面，港澳在湾区的发展中将继续起着一个重要的作用。

粤港澳大湾区怎样才能够成为创新的中心。世界上讲大湾区，一般有四个含义：一是有开放的经济结构；二是有高效的经济资源配置能力；三是有强大集聚外溢的功能；四是有发达的国际联系网络。大湾区会给人们提供较好的生活条件和较高的生活水平，但不仅仅限于这些方面。很多统计数据显示，世界上生活条件最好的城市，往往是一些北欧、澳大利亚和新西兰的城市。但是对世界高科技人才、资本最有吸引力的不是这些城市，而是湾区。

值得一提的是，如何既有较好的生活条件，又有创新空间和创新动力机制，引领世界经济社会发展的方向？粤港澳大湾区的发展，一定要在这个思路上下功夫。其中有三点特别值得关注：

第一是要有便捷的网络，如交通网络、市场网络、信息网络、高端制造的

软件网络等。积极发展湾区经济,未来着眼三大方向。一方面发展创新金融与特色金融。充分利用香港在全球金融中的重要地位,结合广东省创业投资和私募融资优势,对接珠三角现代制造业,打造中国创新金融和科技金融中心。另一方面,基于互联网产业的多元化,打造先进制造业和现代服务业的新业态。充分发挥中心城市在现代服务业和先进制造业领域的引领和外溢作用,孵化一批媲美 BAT 的基于互联网的新产业和新企业,以区域融合推动产业的特色化、多元化。

第二是要有创新引擎企业。旧金山湾区有一批优秀企业,如英特尔、惠普、谷歌、苹果等,这批优秀企业是创新的引擎;长三角地区有阿里巴巴等;粤港澳大湾区有华为、腾讯等,这批企业能不能成为创新的引擎,能不能在区内起到带头作用?

第三是要把大学、政府、科研机构、企业的研发中心连成一个能即时分享先进成果的系统。

三、粤港澳大湾区产业布局分析

(一)粤港澳三方的联动、融合将再度升级

粤港澳大湾区是我国经济增长的重要引擎,国家高度重视和支持粤港澳大湾区的发展。2017 年《政府工作报告》中提出,研究制定粤港澳大湾区城市群发展规划。目前粤港澳大湾区建设已摆上重要日程。政府工作报告中,正式提出要研究制定粤港澳大湾区城市群发展规划,标志着粤港澳大湾区的建设正式成为国家战略。粤港澳大湾区建设的提出,高度契合了粤港澳三地经济的发展态势,对促进三地经济一体化发挥着关键的作用。其中,技术创新在广东经济中的贡献作用越来越大,大湾区建立后将可依托港澳促进广东的创新发展。

产业融合是两大产业转型升级、实现跨越的内在规律和必然趋势。从广东的广州、深圳、珠海、佛山、惠州、东莞、中山、江门、肇庆 9 市和香港、澳门两个特别行政区形成的粤港澳大湾区,具备建成国际一流湾区和世界级城市

群的基础条件。2015年，粤港澳大湾区经济规模为1.36万亿美元，港口集装箱年吞吐量接近7200万标箱，机场旅客年吞吐量达1.75亿人次；产业结构以先进制造业和现代服务业为主，港澳地区服务业增加值占GDP比重均在90%左右，内地9市制造业基础雄厚，已形成先进制造业和现代服务业双轮驱动的产业体系。粤港澳三地在经贸、技术、金融等方面开展深度合作交流，正进入全面、深层次合作阶段。

（二）粤港澳大湾区经济实力突出

从表3可以看出，2016年，粤港澳大湾区经济总量近9.18万亿人民币。2015年、2016年两年，广东的经济总量直逼西班牙，在全球居第15位，在中国各省经济总量持续排名第1位。

2015年数据显示：广州GDP追赶新加坡，深圳GDP赶超香港，佛山GDP直追欧洲名城阿姆斯特丹，东莞GDP超越"赌城"拉斯维加斯。经济总量方面，中山与日内瓦、江门与爱丁堡并驾齐驱，弯道超车的肇庆与"工业革命重镇"利物浦相当。

"广州－深圳－香港"是粤港澳大湾区世界级城市群的脊梁，而广佛同城、深莞惠一体化、深汕合作、港珠澳的连通，都是围绕这个湾区展开。广州是华南区中心，拥有厚重的岭南文化；香港是世界金融中心之一，代表先进文明；深圳是中国金融科创中心，加之其民营、制造和高创能力突出，连接周边东莞、惠州、中山、江门湾区制造业等基地，将引领湾区"硅谷"起飞。

表3 2016年粤港澳大湾区城市群的数据对比

	人口（万人）	面积（平方千米）	GDP（万亿人民币）	资金总额（万亿人民币）
香港	737	1104	2.1	9
澳门	64.5	33	0.3	0.72
广州	1404	7434	1.96	4.75
深圳	1191	1997	1.95	6.4
东莞	826	2465	0.68	1.2
惠州	478	1.2万	0.34	0.5

续表

	人口（万人）	面积（平方千米）	GDP（万亿人民币）	资金总额（万亿人民币）
佛山	746	3875	0.86	1.33
江门	454	9504	0.24	0.4
中山	323	1784	0.32	0.5
珠海	167.5	1711	0.22	0.6
肇庆	408	1.5万	0.21	0.2
粤港澳大湾区	6799	5.65万	9.18	25.6

注：根据网络公开数据整理。

（三）2017年粤港澳大湾区交通及产业

粤港澳大湾区交通网络日臻完备。截至2016年底，广东省公路通车总里程21.8万千米，高速通车里程7673千米，位居全国第一；港口码头泊位2811个，其中万吨级及以上泊位304个；全省港口货物年通过能力达到16.7亿吨，位居全国第二，集装箱年通过能力达到5948.1万标箱，位居全国第一。

"十三五"期间，广东省港口将集群化。将整合优化粤港澳大湾区内铁路、公路、水路、民航等基础设施，形成粤港澳大湾区互联互通、辐射国内外的综合交通运输网，成为"21世纪海上丝绸之路"国家门户。

至2030年，珠江口东西两岸将建成12条公路和铁路跨江通道。加快高速出省通道和粤东西北地区连通珠江三角洲的高速公路建设。规划33条出省高速公路，其中通香港4条，通澳门2条。

随着深中通道贯通、港珠澳大桥落成，深茂铁路和广佛江珠城际轨道通车，整个珠江三角洲将形成像旧金山湾大湾区一样的城市群，对周边城市区域的人流、物流、资金流辐射力大幅提升。

四、着力打造粤港澳世界级科技湾区

（一）既有优势，也存在着劣势

湾区经济是金融服务与科技创新深度融合发展的经济形态。粤港澳大湾区如果跟纽约湾区、旧金山湾区、东京湾区相比较，有很多相同点，但也有一个非常大的不同点，即后三个湾区都是同质的，都是在同一个经济体系内的，但是粤港澳大湾区是异质的，包括香港、澳门以及珠三角的九个城市。而今粤港澳大湾区的交通网络已经形成了，但是这个异质的区域存在着优势也存在着劣势。它的优势在于，异质的体系一旦开放和克服阻碍，让市场起作用，就能尽快实现比较利益，提高效益。当然，它的困难就在于怎样克服阻碍。中国还有"一国两制"这个框架，这个难题怎么克服，正是大湾区建设必须思考的。

大家知道，国际贸易、经济、投资界经常讲和引用的是"双边"，双边开放，对等谈判。但是实际上，世界经济发展的过程中也一直存在着单边开放，特别是对大国来说。单边开放就是大国首先对小国、对其他地区开放。在中国跟东盟的自贸区建设中可以看到这样的成果，中国首先在农业方面对东盟开放农产品进入，东盟国家获得利益后自然加快了东盟与中国自贸区的合作进程。

中国首先单边开放的"一带一路"。中国首先让资本走出去，提出思路，如建立亚洲基础设施投资银行，来帮助发展中国家和地区发展基础设施建设。在过去，香港、澳门的经济技术比内地好，所以在20世纪七八十年代大量的香港资本和企业家涌进了内地。那么现在能不能在社会管理和公共服务方面把港澳的经验和专业人才引进来？香港跟世界的经济联系做得很好，能不能把这种联系引进来？

如果这样做形成一个良性循环，就回答了湾区的启动问题，回答了中央所提出的"怎么能让香港、澳门起到作用"的问题。如此，湾区才可以把香港、澳门的作用发挥出来，而且通过这个作用把整个湾区提升到一个更高的层次，再次让广东成为中国改革开放先行先试的高地。

（二）助推广东技术创新驱动经济发展

香港高等教育发达、高端人才储备丰富，科技金融、知识产权等现代服务业发达；深圳综合创新生态体系完善，创新创业氛围浓厚；珠三角制造业发达，转型升级步伐加快；澳门积极谋求适度多元发展，在中医药以及对葡语国家合作等领域具有独特优势。粤港澳地区是世界重要的科技产业、金融服务业、航运物流和制造业中心，拥有比较完备的创新链、产业链和供应链，可以实现从理念、筹资、研发、制造、产业化等一条龙的创新全过程。

因此，建议国家把打造粤港澳世界级科技湾区作为重要战略决策，使粤港澳大湾区成为我国"科技创新的发动机"，推动粤港澳大湾区早日成为创新要素高度聚集、科技产业高度发展、创新生态高度成熟，具有全球要素资源配置能力和影响力的世界级科技湾区。不仅有助于我国"一带一路"倡议的发展，也有助于促进和维护香港、澳门长期繁荣稳定，更是落实国家创新驱动发展战略、加快建设世界科技强国的必然要求。

2016年我国GDP增速为6.7%，而广东省GDP增速为7.5%，GDP总量达7.9万亿元，体量非常大。广东省能保持较高的增长速度，主要得益于创新驱动发展。广东的高新技术企业1.9万家，位居全国第一。从一组数据看：广东全省研发经费占国内生产总值的比例是2.58%，而全国研发经费投入占国内生产总值的比例达到了2.08%，也就是说广东相比全国高出了0.5个百分点。再有广东的发明专利申请受理量是15.6万件，专利授权总量是25万件，国际专利申请量也是全国第一。另外，广东高新技术制造业增加值占工业总值的比值达到28%。

从上述数据可以看出，创新驱动对广东经济的贡献是非常明显的，没有创新发展，广东想要保持较高的经济增长速度是不可能的。所以经济转型升级也好，保持经济持续快速发展也好，还是要靠技术创新。没有技术创新，经济持续健康稳定发展是很难的。创新才是真正引领经济发展的"牛鼻子"。

因此，如粤港澳科技湾区常态化合作机制能真正建立，粤港澳三地科技创新政策能制定并得以实行，国家创新驱动发展战略便能更好落实。广东作为创新驱动的大省，将得益于覆盖港澳、联通国际的技术创新平台的搭建，助推科研及技术领域的发展。

（三）发挥香港"超级联络人"角色

香港未来的发展一定要融入珠三角。粤港澳大湾区城市群应该是一个创新中心、高端服务中心，其中高端服务包括教育、医疗、旅游等，这应该成为香港未来发展的指导性方向。因而，构建粤港澳大湾区需要发挥香港"超级联络人"角色，为科技产业创新牵线搭桥。包括依托香港特有的金融、服务和制度环境，发挥法律、财务、咨询、知识产权等专业服务优势，利用国际金融中心实力地位，加快发展创业投资、风险投资、科技服务产业，推动专利技术创业孵化、应用转化，搭建覆盖粤港澳、联通国际的技术和知识产权交易平台，建设创新技术与产品的供需市场。用好深港河套地区创新及科技园，打造粤港澳科技湾区示范区、先行区。

香港要发展经济，除了要融入国家"十三五"规划，也要融入大湾区发展计划当中。其中，在基建方面，若高铁能够实施"一地两检"，将有助粤港澳三地无缝对接，构建"一小时生活圈"，促进人流、物流、资金流更加顺畅流动，达到互利共赢。同时，粤港两地可在"一国两制"框架下发挥协同效应，创造吸引高端人才环境，将"港深创新及科技园"建设成具有国际化水平的科技产业区和全国性的创新科技人才基地。

由于香港处在粤港澳大湾区出海的前沿位置，因此，粤港澳大湾区的推出对香港经济的发展及价值的体现将是非常正面的。香港在粤港澳大湾区中扮演的角色可称作"超级联络人"。粤港澳大湾区建设可谓是百年一遇的机会，国家将粤港澳打造成一个战略计划去推动，对香港来说是一个很好的机会。抓住这个机会，就可以在国家发展中起到很大的作用。

中国与全球化智库（CCG）常务理事洪为民认为："粤港澳大湾区绝对有机会争做世界第一的湾区品牌。香港的法律、金融及市场体制健全，给予国际投资者信心，加上货币自由流通，是进行融资的好地方。融资又恰恰是科技创新必不可少的一个重要环节。香港的设计、品牌市场化、国际化也有很大的优势，能够和国际接轨。如果以香港、广州和深圳的大学基础科研，香港、深圳的融资，香港的品牌和设计，加上深圳的应用科技和创新，广州、东莞、惠州的高端制造业，香港的国际贸易配套和市场化，以及大湾区的空运和海运能力，这简直是一条全球独一无二的完整产业链。"

在粤港合作上，从深港出发，是一个很好的组合。虽然香港和深圳在很多方面仍存在着一些差异（如人口结构、产业结构、社会体制），两地的优劣恰巧互补，可以发展成双子城市关系（twin-cityhood）。硬件上，两地应加强协调一些基础建设的规划，以机场发展为例，香港机场与深圳机场若能有效连接并作适当分工，相信双方中短期内都没有兴建新跑道的必要。软件方面，香港虽然在若干领域上（如法治建设、信息流通、国际联系）领先深圳，但当香港被评价为创新力不足的时候，深圳则被评为国家最具创新能力的城市之一。香港是外商高度信赖的国际都会，深圳则充分掌握内地市场，故深港绝对有条件合力构建中外资金双向流动的最佳通道。

粤港澳大湾区经济总量在如今就已经比纽约湾区和旧金山湾区高，将来如果建立起粤港澳大湾区"一带一路"专业服务中心、粤港澳大湾区中国智造中心、粤港澳大湾区金融科技中心等品牌，绝对有机会争做世界第一的湾区品牌。

五、促进粤港澳大湾区融合发展的建议

政府工作报告提出研究制定粤港澳大湾区城市群发展规划，或许是两会期间广东省最大的利好。目前，技术创新已经成为广东经济发展的重要引擎，推进粤港澳大湾区的建设，对于推动广东和港澳地区区域经济一体化发展，实现优势互补、创新驱动，都具有十分重要的意义。依托港澳建设更多创新孵化器、研发中心，可以促进广东在科研、技术领域和全球的交流与合作。

针对发展优势和区域特点，粤港澳大湾区应努力建设成为全球创新发展高地、全球经济最具活力区、世界著名优质生活区、世界文明交流互鉴高地和国家深化改革先行示范区。推进粤港澳大湾区建设是一项系统工程，需要统筹策划、精心设计、稳步实施，要坚持全球视野，坚持"一国两制"，坚持市场主导，坚持合作共赢。建议重点从以下几个方面谋划粤港澳大湾区的发展，包括加强基础设施互联互通，打造全球创新高地，携手构建"一带一路"开放新格局，培育利益共享的产业价值链，共建金融核心圈，共建大湾区优质生活圈。

一是着力推进基础设施互联互通。"道路通,百业兴",要进一步加快大湾区基础设施建设,推动内地与港澳交通设施有效衔接,构建高效便捷的现代综合交通运输体系,共建世界级港口群和空港群,优化高速公路、铁路、城市轨道交通网络布局,完善现代货运物流体系。加强基础设施互联互通,形成与区域经济社会发展相适应的基础设施体系,重点共建"一中心三网",形成辐射国内外的综合交通体系。

二是着力提升市场一体化水平。要进一步创新联动发展机制,推动各类生产要素在区域内便捷流通;推进投资便利化,加大重点领域开放力度;促进贸易便利化,加强口岸协作,创新查验模式,实行更高标准的贸易监管制度;推进人员往来便利化,鼓励港澳人士赴粤投资及创业就业,为港澳居民提供更多发展机遇。打造全球创新高地,合作打造全球科技创新平台,构建开放型创新体系,完善创新合作体制机制,建设粤港澳大湾区创新共同体,逐步发展成为全球重要科技产业创新中心。

三是着力打造国际科技创新中心。要依托国际自主创新示范区建设,充分发挥粤港澳科技优势,积极吸引和对接全球创新资源;加快构建区域协同创新体系,推动内地和港澳科技合作体制机制创新,深化粤港澳科技创新交流,支持共建国际化创新平台、联合实验室和研究中心。携手构建"一带一路"开放新格局,深化与沿线国家基础设施互联互通及经贸合作,深入推进粤港澳服务贸易自由化,打造 CEPA 升级版。

四是着力支持重大合作平台建设。要进一步发挥三大平台在深化改革、扩大开放、促进合作中的试点示范作用。强化南沙新区综合服务枢纽功能,依托国家级新区和自贸试验区双区叠加优势,加强与港澳全面合作;优化提升前海深港现代服务业合作区功能,打造营商环境对接、经济发展协同的深港合作体系;支持横琴与澳门加强合作,密切与葡语系国家的经贸往来。培育利益共享的产业价值链,加快向全球价值链高端迈进,打造具有国际竞争力的现代产业先导区。加快推动制造业转型升级,重点培育发展新一代信息技术、生物技术、高端装备、新材料、节能环保、新能源汽车等战略新兴产业集群。粤港澳大湾区要想对标东京、纽约、旧金山世界级城市群湾区,还需要进一步的规划发展,积极加强建设工作。

五是着力构建具有国际竞争力的现代产业体系。要重点加快发展金融、航运等现代服务业,促进生产性服务业向专业化和价值链高端延伸,推进生活性服务业向精细化和高品质转化;增强制造业核心竞争力,推进制造业转型升级和优化发展;培育壮大战略性新兴产业,推动新一代信息技术、生物技术、高端装备制造、新材料、文化创意等新兴产业发展壮大。共建金融核心圈,推动粤港澳金融竞合有序、协同发展,培育金融合作新平台,扩大内地与港澳金融市场要素双向开放与连通,打造引领泛珠、辐射东南亚、服务于"一带一路"的金融枢纽,形成以香港为龙头,以广州、深圳、澳门、珠海为依托,以南沙、前海和横琴为节点的大湾区金融核心圈。

六是着力共建宜居、宜业、宜游的优质生活圈,推进美丽湾区建设,加强生态环境协同治理,注重绿色山体和蓝色海湾保护;增加优质公共产品和服务供给,推动教育合作发展,健全就业创业服务体系,深化粤港澳文化交流,密切医疗卫生合作,推进区域旅游发展,建设休闲人文湾区。共建大湾区优质生活圈,以改善社会民生为重点,打造国际化教育高地,完善就业创业服务体系,促进文化繁荣发展,共建健康湾区,推进社会协同治理,把粤港澳大湾区建成绿色、宜居、宜业、宜游的世界级城市群。

参考文献

[1] 艾媒网. 2017—2018 中国粤港澳大湾区专题研究报告 [EB/OL]. 中商情报网讯,2017 – 07 – 25.

[2] 搜狐网. 一文读懂"粤港澳大湾区"的组成交通及未来发展规划(最全整理)[EB/OL]. 中华资本市场,2017 – 07 – 05.

[3] 杨沐. 不要错误理解粤港澳大湾区的战略设想 [N]. 海峡都市报,2017 – 05 – 17.

主题四

粤港澳大湾区建设中的环境与科技

肇庆市
佛山市
广州市
东莞市
惠州市
深圳市
江门市
中山市
珠海市
香港
澳门

粤港澳大湾区生态环境保护的协同机制

古小东

中山大学海洋科学学院

一、粤港澳大湾区生态环境保护协同机制的意义与现状

(一) 粤港澳大湾区生态环境保护协同机制的意义

资源环境承载力是粤港澳大湾区经济社会发展的基础和前提，良好的生态环境是建设粤港澳大湾区优质生活圈的必然要求。生态环境协同保护是建设健康绿色低碳湾区、实现湾区可持续发展的重要内容，是"一国两制"下的制度创新与实践，为港澳地区的长期繁荣稳定提供保障。

(二) 粤港澳大湾区生态环境保护协同机制的现状

1. 粤港澳大湾区生态环境保护协同机制的特点

一是合作领域广泛。以大气环境、水环境尤其是近海海域环境、水资源（供水）为主；同时在中华白海豚、红树林、湿地、生物多样性、自然保护区、废弃物跨区转移处置等海洋资源、林业、生态建设领域开展了卓有成效的合作。

二是在制度安排方面，主要以协议计划方案等为主要形式。内容涉及规划编制、环境治理、环境基础设施建设、环境监测网络建设、信息通报、科学研究、环境宣传、环境交流等。

三是组织机构方面,包括联席会议、合作小组、专家小组、专题/专责小组等多种形式。

四是粤港澳三地的环境法律、政策及标准存在差异。以粤港两地的空气质素标准为例。珠三角9市采用的是2012年环保部修改发布的《环境空气质量标准》(GB3095—2012),香港地区现行的是2014年1月1日生效的《空气质素指标》。两地标准的污染物指标项目设置不同、对标准状态的定义不同、污染物指标的浓度限值规定、标准的实施时间更新时间不同。

2. 粤港澳大湾区生态环境保护协同机制的成效

粤港澳大湾区生态环境协同保护的成效较为显著。一是粤港澳区域大气环境质量得到明显改善,优于同时期的京津冀、长三角地区,但珠三角9市大气环境劣于香港地区、澳门地区。二是珠江口近岸海域水质优于同时期的环渤海湾、杭州湾,但总体水质较差,珠三角9市水污染和固体废弃物污染直接影响到近岸海水质量和海洋垃圾污染。三是对港澳地区的供水缓解了其淡水资源紧缺的问题,多举措保护东江、西江水质,保障了港澳地区供水安全。

3. 粤港澳大湾区生态环境保护协同机制的不足

基于环境的"公地悲剧"和"经济人假设",目前仍然存在区际之间的利益协调较难、磋商合作管理成本较高等问题,不足之处主要体现为:一是以协议计划方案等形式为合作的制度安排为主,部分为粤港澳三方签署,部分为粤澳两方或粤港两方签署,体系较为分散,内容不够具体。二是不同地区的法律、政策、标准和行政架构不同,在具体的处理和执法方面更多的是依靠信息通报,各自为政难以形成合力。三是组织机构的职权和责任不够明确,执行力、约束力不足。四是手段方式上多为命令-控制式手段,市场化手段运用不足。总体而言,尚需完善协同保护的手段机制,拓宽深化环境目标的实现途径,提升生态环境保护的成效质量。

二、完善粤港澳大湾区生态环境保护协同机制的对策建议

（一）以"命运共同体"思想为指导，实现利益责任的协同

1. 大湾区环境利益具有一致性，应以"命运共同体"思想指导建设美丽健康湾区

粤港澳大湾区同在一片蓝天、一衣带水，河海和港湾亦紧紧接壤，经济和文化自古紧密相连，生态环境与自然资源方面更是同呼吸、共命运。港澳地区的绝大部分淡水资源、鲜活食品都从内地流入，大气环境、水环境、海洋环境、土壤环境、生物多样性、水资源、渔业资源等对粤港澳三地均息息相关。

习近平总书记在中国传统"和"文化基础上提出的"命运共同体"思想，既包含了处理国际关系的"人类命运共同体"思想，也包含了处理国内区域关系的"中华民族命运共同体"思想。应以"命运共同体"思想为指导，建设美丽健康湾区，实现利益责任的协同。美丽是湾区良好生态环境的外在表现，健康是湾区良好生态环境的内在品质。

2. 大湾区各城市的经济发展水平、产业结构不同，对生态环境构成的压力不同，应适当考虑"共同但有区别"的责任

通过对 2015 年粤港澳珠江三角洲区域 GDP 和产业结构的比较（表 1），可以看出各城市的经济发展水平、产业结构不同。2015 年香港地区人均 GDP 约为珠三角 9 市人均 GDP 的 2.6 倍，是广州市人均 GDP 的 2 倍，是深圳市人均 GDP 的 1.7 倍；澳门地区人均 GDP 约为珠三角 9 市人均 GDP 的 4.4 倍，是广州市人均 GDP 的 3.4 倍，是深圳市人均 GDP 的 2.9 倍。香港地区和澳门地区的第三产业比例均为 90% 以上，第二产业比例为 3%～5%，第一产业极小、占比数据几乎为 0。大湾区 11 个城市的经济发展水平不同、产业结构不同，对当地和区域生态环境构成的压力也不同，在大湾区的生态环境保护方面应适当考虑"共同但有区别"的责任。

表1 2015年粤港澳珠江三角洲区域GDP和产业结构比较

指标＼区域	香港地区	澳门地区	珠三角九市	广州市	深圳市
GDP	24025.06亿港元（约合20124.86亿元人民币）	3687.28亿澳门元（约合2995.52亿元人民币）	62267.78亿元人民币	18100.41亿元人民币	17502.86亿元人民币
人均GDP	328854港元（约合275468元人民币）	574790澳门元（约合466902元人民币）	107011元人民币	138377元人民币	162383元人民币
产业结构	－（第三产业比例占90%以上）	0:5.2:94.8	1.8:43.58:54.62	1.26:31.97:66.77	0:41.2:58.8

注：1."－"表示目前没有找到具体的数据。

2. 数据来源：（1）香港特别行政区政府统计处网站数据资料；（2）澳门特别行政区政府统计暨普查局，澳门资料年刊2016；（3）广东省统计局，广东统计年鉴2016。

（二）加强对大湾区尤其是海岸带资源环境承载力的评价、监测和预警，为大湾区可持续发展的决策提供科学依据

1. 海岸带地区是区域社会经济发展的"黄金地带"

海岸带（coastal zone）地区人口众多，经济发达，开发利用程度高，是区域社会经济发展的"黄金地带"。全世界人口在250万以上的城市有2/3位于潮汐河口附近，全世界一半以上的人口生活在沿海大约60千米的范围内。《海洋与海岸带经济报告》显示，2012年美国沿海州为美国贡献了81%的就业岗位和84%的GDP。欧盟统计局数据显示，2010年欧洲41%的人口生活在海岸带地区。而中国内地12个沿海省、直辖市和自治区面积只占全国陆地国土面积的14%，却集中了全国50%以上的大城市、40%的中小城市、43%的人口和61%的国内生产总值。

2. 海岸带可持续发展面临严峻的挑战

海岸带问题的成因包括两大类：一是人类活动引发的，例如不合理的岸线开发、围填海、堤坝建设、大规模采沙、地下水超采、污染物排放、富营养化、溢油事故导致的石油污染等，二是自然（气候）变化引发的，例如海平面上升、

风暴潮、洪涝等。气候变化与人类活动导致的海岸侵蚀已经成为全球广泛关注的问题。流域内和海岸带的人类活动导致河流入海泥沙通量快速减少、三角洲地面下沉,与气候变化引起的海平面上升共同作用,使全球大河三角洲处于危险的境地。我国沿海地区的海岸防护、土地利用、城市安全、供水安全、生态安全、经济社会可持续发展也将面临严峻的挑战。研究表明,珠江流域 2000 年以后年均输沙量仅为 20 世纪 80 年代输沙量的 47.07%。

3. 应加强对大湾区尤其是海岸带资源环境承载力的评价、监测和预警

加强对粤港澳大湾区尤其是海岸带资源环境承载力的评价、监测和预警,以承载力为依据,建立完善科学的空间规划体系,合理确定产业规模,引导各地按照资源环境承载能力谋划经济社会发展,加强生态环境的保护、恢复和监管,推进监测预警的规范化、制度化,研究建立有针对性的激励约束机制,为大湾区可持续发展的决策提供必要的基础支持和科学依据。

(三)设立"粤港澳大湾区自然保护与发展委员会",强化府际合作协同治理,构建多元主体协同共管的治理格局

大湾区涉及粤港澳三大不同的地域、不同的法域、不同的政府和相关部门,11 个城市之间的经济发展水平、资源环境承载力也有不同。

为应对旧金山湾区的环境问题,加州于 1965 年通过了 McAteer-Petris Act,并根据该法案成立了临时性的旧金山湾自然保护与发展委员会(San Francisco Bay Conservation and Development Commission,也有的译为"旧金山湾养护与发展委员会")。1969 年经过对该法案的修订,确立了旧金山湾自然保护与发展委员会作为专门性部门在保护旧金山湾环境方面的法律地位。此后,为了落实法案,旧金山湾自然保护与发展委员会制定了旧金山湾计划并通过了 The Suisun Marsh Protection Act、加利福尼亚环境质量法案。根据这些法案和计划授权,旧金山湾自然保护与发展委员会具体管理旧金山湾的填海和疏浚、保护苏珊沼泽、管理沿岸 30.48 米(100 英尺)内的土地的开发利用活动、减轻填海压力、监管执行联邦海岸带管理法,以及参加加利福尼亚溢油防治和响应计划。就执法形式而言,旧金山湾自然保护与发展委员会主要有发放许可、制定保护计划和参与司法活动等三种形式。

在欧洲，为了使莱茵河重现生机，1950年7月由荷兰提议，瑞士、法国、卢森堡和德国等国在瑞士巴塞尔成立了旨在全面处理莱茵河流域保护问题并寻求解决方案的国际合作组织，即"保护莱茵河国际委员会"。其最高决策机构为每年召开一次的流域各国部长参加的全体会议，决定重大问题。委员会主席由各成员国轮流担任，每届任期3年。委员会决定的计划将由各国分工实施，所需要的费用由各国各部门承担。委员会下设一个常设机构"秘书处"，设在德国科布伦茨市，负责日常工作。

基于《深化粤港澳合作 推进大湾区建设框架协议》在体制机制安排方面提出的要求，亟需要强化府际合作，并强化公众参与监督的有效性，构建多元共管、协同治理、联防联控的治理格局。建议：（1）在原"粤港持续发展与环保合作小组"的基础上，吸收澳门地区参与进来，更名设立"粤港澳大湾区自然保护与发展委员会"，作为大湾区生态环境保护领域的常设机构；（2）原"粤港持续发展与环保合作小组"下设的专家小组，更名设立为"粤港澳大湾区自然保护与发展理事会"，作为决策咨询机构。理事会成员为相关领域的专家，分别来自政府指派代表、企业代表、社区公众代表；（3）原"粤港持续发展与环保合作小组"下设的专题/专责小组，更名设立为"执行委员会"，作为负责具体某一领域的执行机构；（4）鼓励成立有利于大湾区生态环境保护的行业协会等非政府组织，发挥公众的有效监督作用。

"粤港澳大湾区自然保护与发展委员会"的职责主要包括：（1）大湾区生态系统、资源环境承载力的调查和研究；（2）结合大湾区的实际，根据预定大湾区的发展目标，拟定大湾区的生态环境保护对策和行动计划，对每个对策或行动计划提出合理有效的建议；（3）协调大湾区11个城市的资源环境承载力预警计划，综合评估大湾区11个城市的行动计划效果；（4）根据行动计划的规定，做出科学决策；（5）每年向大湾区各城市提出年度评价报告；（6）向中央政府、大湾区各城市、社会公众通报大湾区的环境状况和治理成果等。

（四）以"山水林田湖是一个生命共同体"理念为指导，建立基于生态系统的综合管理模式，协同保护生态环境

传统的资源利用和环境管理方式，人类片面追求经济利益，危害生态系统的功能。《生物多样性公约》缔约方大会做出的 2000V/6 号决议对生态系统方法（或称"基于生态系统管理"，ecosystem-based management，EBM）的定义是，综合管理土地、水域和生物资源，公平促进其保护与可持续利用的战略。

海岸带和海洋的生态环境问题，无论是水污染还是固体废弃物污染，绝大部分来自于陆地与河流。温室气体导致的海洋酸化、海平面上升等问题均与人类活动密切相关。海岸带综合管理（integrated coastal zone management，ICZM）起步于 1965 年，以建立旧金山湾自然保护与发展委员会为标志。美国政府率先开始了海岸带综合管理活动，并在 1972 年颁布了《海岸带管理法》，鼓励沿海各州制定和实施海岸带综合管理计划，使得美国"海岸带综合管理"掀开了新的一页，从此也推动了世界各国海岸带综合管理的发展。

粤港澳大湾区包含陆地、河流、海洋三大生态系统。基于生态环境的整体性，应以习近平总书记提出的"山水林田湖是一个生命共同体"理念、"绿水青山就是金山银山"论、绿色发展理念等为指导，基于生态系统的方法，空间综合、系统综合，对多个资源系统信息综合分析，在大湾区实施从山顶到海洋、从天上到地下、陆海统筹、陆海并重的综合管理模式。加强多部门之间的协调协作配合，实现综合决策；强调预评价、系统监测和预警；鼓励相关个体、团体和组织参与规划与决策。

（五）综合运用命令控制、市场化等手段，协同优化政策工具，提升生态环境质量

1. 综合运用、协同优化多种政策工具

环境和自然资源的政策工具有多种分类，主要分为命令—控制式工具（command-and-control）和市场化工具（market-based instruments）两大类；前者如法律法规、标准等，后者如税收、金融、交易、补贴等。就"两分法"的政策工具而言，传统命令—控制式工具（或称"环境规制""行政规制"）是各国普遍使用的主流政策手段，但存在成本较高、经济效益较低、持续性不强等缺陷；而作为经济激励政策的市场化工具则具有成本较低、效率较高、灵活性较大、长效性等优势，日益成为国内外研究的热点。基于政策手段的互补性，在制定和执行政策工具时，经常是多种政策工具的结合、协同优化。

2. 制定"环珠江河口管理协议",以协议方式作为中国内地、香港地区、澳门地区共同遵守的法律

世界上跨国边界的闭海和半闭海共有 15 处。北海、地中海、波罗的海、红海、加勒比海、黑海等都有专门的环境治理公约。北海地区的区域合作协议包括《关于处理北海油污事件的合作的协定》《防止船舶和航空器倾倒废弃物造成海洋污染的公约》《防止陆源污染物质污染海洋的公约》等。治理相关海域的专门性法律文件还有《保护波罗的海区域海洋环境的公约》《保护地中海防治污染的公约》《关于保护红海和亚丁湾的地区公约》《保护和开发泛加勒比海地区海洋环境的公约》《保护黑海免遭污染的公约》等。单一主权国家管辖但又跨省州边界的闭海之治理,也有一些相关的法律协议之规定。例如日本的《濑户内海环境保护特别措施法》、美国的《切萨比克湾协议》、美国旧金山湾的《海洋管理法案》等。

大湾区环珠江河口属于我国一国领土主权范围内、跨地区的湾区,且地区之间拥有不同的立法权和司法权。建议制定"环珠江河口管理协议",保护和合理利用岸线资源,保护大湾区生态环境。以协议方式作为中国内地、香港地区、澳门地区共同遵守的法律,提高湾区法治保障。

3. 适度并分步骤提高大湾区各城市的环境标准

粤港澳大湾区的人口密度大、产业集聚程度高、资源环境压力大,建议适度并分步骤提高粤港澳大湾区各城市的大气环境标准、水环境标准、土壤环境标准等,制定强有力的监管标准基线。

建议首先在大湾区核心城市(如广州、深圳、香港地区、澳门地区)适度提高环境标准,倒逼大湾区核心城市的产业优化升级,实现产业的绿色化、高端化、特色化,同时提升人居环境质量、吸引高端人才。

4. 完善大湾区空间规划管理制度、生态补偿机制

以粤港澳大湾区的环境承载力为基础,完善基于生态系统的粤港澳大湾区空间规划,构建合理的生产、生活、生态空间,精细化分区管理。

建立完善大湾区生态补偿机制,明确生态补偿的概念、范围、类型、主体客体、评估标准、补偿方式等,进而协调区域关系、体现社会公平。

5. 重视绿色金融的运用,建议设立"大湾区环境基金"

尤其要重视运用金融工具来保护资源环境、推进绿色可持续发展。广义的绿色金融（亦称"环境金融"）涵盖了银行类（绿色信贷）、证券类（绿色证券）、基金类（环境基金）、保险类（环境污染责任保险）、金融衍生品及其交易（例如排放权交易）等。建议设立"大湾区环境基金"，支持与大湾区的大气污染、水污染、土地退化、化学品、废弃物、生物多样性、气候变化等有关的环境保护活动。

6. 强化生态环境的监测评估，建设"智慧湾区"

加强利用信息智慧手段，对粤港澳大湾区的大气、水、海洋、土壤、生物多样性进行监测评估。完善监测预测体系，增加监测点、监测因子，推进信息化、智慧化、透明化、常态化、共享化。重视利用科学技术解决生态环境问题。

7. 实施专项行动计划，强化政府环境责任考核约束和监督机制

实施蓝天、碧水、清洁土壤、美丽海湾等专项行动计划，大力推广绿色工业、绿色交通、绿色建筑，建设粤港澳大湾区优质生活圈。产业政策方面，要重视高端产业的引领发展，重点发展金融贸易文化旅游等服务业以及污染少附加值大的高新技术产业。加大公共交通、公共建筑领域的节能减排力度，推广普及清洁能源，为节能减排起示范带头作用。

充分认识生态系统服务价值的意义，并纳入国民经济核算体系、决策支持体系。实施自然资源资产核算与管理，强化政府的环境目标考核与领导干部的环境离任审计，完善损害问责的政府考核制度和监督机制。

参考文献

[1] 姚满林. 命运共同体思想的四个层次 [EB/OL]. 学习时报，http：//theory. gmw. cn/2017 -01/20/content_ 23531051. htm.

[2] 骆永明. 中国海岸带可持续发展中的生态环境问题与海岸科学发展 [J]. 中国科学院院刊. 2016（10）.

[3] Syvitski J P M, Kettner A J, Overeem I, et al. Sinking deltas due to human activities [J]. Nature Geosciences，2009，2（10）：681 - 686.

[4] 丁平兴. 近 50 年我国典型海岸带演变过程与原因分析 [M]. 北京：科学出版社，2013：123 - 132.

[5] 毛仲荣. 美国旧金山湾环境立法的执行体制对我国的启示 [J]. 经济师，2014（12）.

[6] 疏震娅. 论环渤海区域生态环境的立法保护 [C]. 第十三届中国科协年会第 6 分会场 - 绿色经济与沿海城市可持续发展战略研讨会论文集，2011（9）.

粤港澳大湾区视角下跨界水环境保护法治化研究

周盛盈

中共珠海市委党校、珠海市行政学院

2016年3月,国务院印发《关于深化泛珠三角区域合作的指导意见》,将泛珠区域合作正式上升为国家战略,明确提出共同打造粤港澳大湾区,建设世界级城市群。2016年11月,国家发改委印发《加快城市群规划编制工作的通知》,提出2017年拟启动珠三角湾区城市群等规划编制,明确将珠三角9市和香港、澳门作为整体考虑,建立和保持合理的协作分工关系,粤港澳大湾区规划建设正式起步。2017年3月15日,十二届全国人大五次会议通过的《政府工作报告》强调"要推动内地与港澳深化合作,研究制定粤港澳大湾区城市群发展规划,发挥港澳独特优势,提升在国家经济发展和对外开放中的地位与功能"。湾区经济具有开放的经济结构、高效的资源配置能力、强大的集聚外溢功能和发达的国际交往网络。

建设粤港澳大湾区对于在经济新常态下整合我国现有的区域经济和产业资源,应对全球产业转型升级的新挑战,保持我国经济可持续增长态势具有重要的意义,有利于确保港澳长期繁荣稳定,粤港澳大湾区也是国家"一带一路"倡议中的重要平台。随着粤港澳大湾区规划的启动,粤港澳的更紧密合作进入到一个新阶段。

海洋经济是粤港澳大湾区经济的重要组成部分,水污染的治理和水环境的保护是大力发展海洋经济的关键所在,本文试图从珠澳跨境水环境的保护法治化做样本,对珠澳跨境水环境的现状、存在的问题及其路径作深入探讨。

一、跨界水环境污染的现状

水污染是指由于人们的生产和其他活动，使污染物或者能量进入水环境，导致其物理、化学、生物或者放射性的改变，造成水质恶化，影响水体的有效利用，危害人体健康、生命安全的现象。

跨界水污染是指不同行政地区人们的生产和生活活动排放的水污染物，借助水质的流动性形成了污染物的跨行政区划的单向流动或交叉流动，由于污染源和污染区的分离性造成了负外部性的后果。2016年6月20日，香港环保署接到报告，指在香港南部多个海滩及沿岸地区发现海上垃圾，包括大量木板、树干、家居餐具以及其他一般不会在日常清理海上垃圾时发现的废物。有香港媒体怀疑珠海的外伶仃岛为大量垃圾的来源地之一，珠海的万山区对此予以否认。一直关注海洋垃圾问题的相关环保团体负责人猜测，珠江沿岸早前发生严重水灾，致使垃圾一直漂到大屿山及香港南面，堆积于香港海滩。所以，在香港南部多个海滩及沿岸地区发现的海上垃圾有可能是珠江口飘来的。

珠澳之间的跨境海域、环澳门岛海域、前山河出口、鸭涌河等也面临着同样的跨界水环境污染问题。

关于跨界水环境治理相关的理论问题，近年来国外有较为广泛的研究，如Howe，Shumeirer和Shaw（1986）在国际水协议框架中从上、下游的净收益之和最大化的角度来探讨水权契约的经济效率；Bumess和Quirk（1979，1981）在上、下游的利益函数一致的假设条件下，建立各方平摊风险的体系来考察跨界水契约效率问题；Bennett，Charles和Shope（2000）针对美国西部跨界流域中各种水权分配契约设计形式的经济有效性进行了研究。上述理论主要是从经济学、管理学的角度进行探讨。

在实践方面，国外较为成功的处理跨界水污染治理主要有以下经验：一是跨界合作（trans-boundary cooperation），是工业化国家治理河流水污染实践研究的中心内容，国外跨界和流域主要分为流域管理和区域管理，其中流域管理是发展趋势；二是成立跨界流域管理机构，如莱茵河国际保护委员会、莱茵河国际水文委员会；三是签订边界水域条例，如保护莱茵河公约，美加跨界水资源协定等。

日本东京湾地区曾开展了大量的填海造地工程，合计填海造地共25000公顷，致使大面积的浅水海域、自然海岸丧失，现只剩约5%的自然海岸，随之造成潮间带生物生存环境退化，极大降低了自然海岸和滩涂具有的水质净化和生物生存的功能。为此，《东京湾环境恢复与建设规划》中制定了生物生存环境改善计划，强调要充分考虑海水交换能力和水质净化能力、生物生存等因素，普及环境友好型工程设施，充分利用航道疏浚和港口工程产生的优质沙土，用于滩涂、藻场、浅滩的保护和恢复建设，建造岩礁和渔礁改善已有设施功能。东京湾环境恢复工作中对建立公众亲海的社会共鸣与认同感十分重视，规划实施的基本方向之一便是"人与海自然接触的恢复与建设"，力求通过增强公众对东京湾重要性的认识，鼓励公众自觉参与环境恢复与建设对策的实施。实施对策包括继续发挥东京湾作为环境教育场所以及提供海滨景观和氛围等功能，提高公众对其关心程度；建设良好的海岸景观，开放和利用更多的海岸亲水空间，创建更大的、更便利的公众亲海空间。为了考核该目标，规划的效果评价指标体系第一大类即为"恢复与建设人与海的亲近和接触"目标指标，包括人与海接触的亲水空间的地点数量增加、近海公园和绿地面积增加等指标。

在国内，王威在2010年《改革与战略》第6期发表了《泛珠三角区域内流域水资源保护法律问题研究》，提出在泛珠三角区域合作中可以设置统一的流域水资源保护机构，制定流域水资源保护办法，创建完善的流域水资源保护体系。马小玲在《港澳珠三角蓝皮书》发表《大珠三角环境保护合作进展与区域环境管治分析》一文，提出可以通过借鉴国际区域环保合作经验，提出解决制约粤港澳三地环保合作障碍，建立环境保护合作长效机制的相应对策。

澳门历史上虽有事实上的海域，但并没有得到有关部门的确认。2015年，国务院总理李克强签署第665号国务院令，自2015年12月20日起，中央人民政府决定将澳门特别行政区海域面积明确为85平方千米，其中包括：一是内港段，即内港锚地以及内港航道北段；二是路氹航道段，即路氹航道（规划）东边界；三是澳门南部海域段，即横琴岛大窝山最南端所处纬线以北海域；四是澳门东部海域段，即以九洲港航道西侧、崖13-1天然气管道西侧及澳门已开展管理活动的海域边界为界；五是港珠澳大桥珠澳口岸人工岛段；六是澳门北部海域段，以等距离线法划定两地界线。

澳门的南面面向南中国海，外海潮汐流引起的水体交换是影响澳门水域水质的重要因素。澳门东边面向珠江河系的主要出海口之一的伶仃洋，水面宽阔，珠江水系的八大水道中，有 4 条流经澳门水域而汇入南中国海。西边的内港是珠澳两地渔船的主要停泊点之一，上游是珠海前山河水闸，水闸关闭时处于半封闭状态，与外部的水体交换较差；水闸开启时水域水质主要受制于前山河水。而前山河近几年在珠海的大力治理下，情况有所好转，但污染情况仍十分严重，对珠澳跨界海域的影响较大。根据近年澳门卫生局公共卫生化验所水质监测和评估报告显示，澳门沿岸水体水质污染情况逐年恶化，而部分水域近几年更多次出现死鱼的现象，其中以鸭涌河、筷子基北湾及内港的水质污染相对较重。同时，由于下水管道系统仍未完成改造及优化工作，部分仍存在错接或非法排污等情况，且降雨径流污染给沿岸水体带来一定的污染负荷。

在珠海海域方面，根据珠海市海洋农业和水务局发布的《2015 年珠海市海洋环境状况公报》显示，2015 年，珠海海域水质总体较好，但受陆源污染影响较大的河口和近岸海域水质较差。《公报》显示，纳入监测的 5 个入海排污口，全年监测结果达标的次数占监测总次数的 40%，比上年有所下降，超标污染物是化学需氧量、总磷和五日生化需氧量；重点入海排污口邻近海域生态环境质量差。2015 年，珠海海域发生 2 起海洋突发事件，其中一起是 8 月 23 日至 31 日，外伶仃岛周边海域出现大量不明来源重油油污事件。另一起则是，12 月 22 日到 31 日，由于天气、水质及水动力环境变化等综合因素导致水体缺氧，造成拱北湾海域发生大规模鲻鱼死鱼事件。

二、跨界水环境保护存在的困难和问题

2008 年 12 月，国家发展和改革委员会发布《珠江三角洲地区改革发展规划纲要（2008—2020 年）》（简称《纲要》）。2009 年 10 月，由粤港澳三地规划部门共同合作研究完成了《大珠江三角洲城镇群协调发展规划研究》（简称《大珠三角规划研究》）。目前，粤港澳三地政府开展的"绿色大珠三角优质生活圈"（简称"绿色生活圈"）的规划工作正在进行中。《纲要》和《大珠三角规划研究》以及"绿色生活圈"的规划研究与落实成为三地环境保护合作转移到向区域全局和向纵深发展的一个新局面，共同着眼于未来，将各自环境保护

融入区域社会经济可持续发展之中。要求坚持预防为主、综合治理的方针,提高环境管理水平,创新环境管理机制,切实解决危害人民群众身体健康和影响经济社会发展的突出问题,加强水环境管理,着力加强粤港澳合作,共同改善珠江三角洲整体水质,减少整体水污染量,提升污水处理水平;制定更严格的区域环境标准,统筹环保基础设施建设,鼓励环境管理体制机制创新和先行先试,充分利用价格、财政、金融等经济手段,率先建立政府、企业、公民各负其责、高效运行的环境管理机制;优化区域生态安全格局,构筑以珠江水系、沿海重要绿化带和北部连绵山体为主要框架的区域生态安全体系;探索建立流域、区域统筹的生态补偿机制等。

根据《中国海洋报》2012年12月12日报道,广东省海洋与渔业局和香港特区政府渔农自然护理署、环境保护署及澳门特区政府港务局联合开展了粤港澳首次海洋环境保护联合执法行动。当日,粤港澳三方联合开展了粤港澳交界海域和自然保护区巡航执法,重点巡查了港珠澳大桥工程的施工现场,检查了工程施工作业中海洋环境保护措施落实情况,以及中华白海豚保护措施落实情况。在行动中,执法人员还对施工作业船进行了现场登检,对人工岛工程实施了登岛检查,现场检查各类施工作业船92艘。通过此次行动,粤港澳各方在强化粤港澳海洋环境事件现场应急处置运行机制方面积累了经验,为今后加强粤港澳海洋环境保护执法合作开创了新局面,对于推动粤港澳跨界海域海洋环境保护和海域使用管理具有重要意义。

根据《珠海特区报》2012年1月21日报道,2012年1月20日,珠海、澳门环保合作工作小组在珠海市召开了第一次联席会议,会议回顾了前一阶段的珠海与澳门环保合作工作开展情况,商讨了珠澳环保合作框架协议。珠澳拟在生态研究、环保宣教、环境信息交流、水环境污染共治等方面深化合作。为加强珠澳在环境保护领域的交流合作,早在2010年10月,珠澳合作专责小组会议明确增设珠澳环保合作工作小组,会后珠海市迅速落实会议精神,于同年12月正式成立了由珠海市外事局、珠海市海洋农渔和水务局、珠海市海事局和广东省公安边防总队第五支队等部门为成员单位的珠澳环保合作工作小组珠方工作组。澳门方面于2011年6月正式确立珠澳环保合作工作小组澳方工作组,成员单位包括澳门环保局、建设发展办公室、土地工务运输局、港务局、民政总署、海关等部门。2011年12月14日,珠澳环保合作工作小组在珠海召开首次联席会议，珠海与澳门两地将开展两地水环境污染治理，建立两地联防联治机制，并拟在生态研究、环保宣教、环境信息交流、水环境污染共治等方面深化合作，以共建珠澳优质生活圈。双方拟定以鸭涌河整治为联合整治水环境污染的突破口，逐步开展珠澳两地各类环保、生态的互访、考察和调研活动，加强环境科研技术交流，联合开展跨界流域、跨界区域环境科学研究。开展两地水环境污染治理，建立两地联防联治机制。

综上，珠澳两地在跨界水环境治理方面开展了一系列合作，取得了一些成绩，但是，近几年来，珠澳跨界水环境状况并没有得到明显改善，相反，大有不断恶化的趋势，究其原因，主要是由于珠澳之间法律体系的不同，导致执法上的冲突；行政执法不协调，导致水环境执法效率较低；司法协助尚处于探索阶段，导致两地司法判决执行不尽人意。

（一）珠澳之间法律体系的不同，导致执法上的冲突

在澳门方面，在葡萄牙法律基础上形成的澳门法律属于典型的大陆法系。由于澳门的海域到 2015 年 12 月才由中央人民政府确认，所以澳门关于水环境治理方面的法律除《海事及水务局的组织及运作》《订定船舶通行及船舶上人员的规范》《海上倾倒疏浚物管理制度》三个行政法规外，其他法律都缺失，立法空白较多。澳门还没有制定《污水处理服务条例》《污水处理服务营运基金》《船舶防止污水污染条例》《水污染管制条例》等法规，缺少对污水处理基金、污水处理通道、污水处理服务、船舶造成的水污染等污染情况分别作出相应的规定。即使在处罚方面，也比较单一。澳门制定的《海上倾倒疏浚物管理制度》第十条规定：在疏浚物倾倒区外倾倒疏浚物者，科澳门币 5 万元至 50 万元罚款；未获许可而在疏浚物倾倒区倾倒疏浚物者，科澳门币 5 万元至 20 万元罚款；获得许可但在非由许可指定的疏浚物倾倒区倾倒疏浚物者，科澳门币 5 万元至 20 万元罚款；不遵守许可载明的倾倒疏浚物的数量、来源、倾倒方法、保护环境的要求以及其他应遵条件者，科澳门币 5 万元至 15 万元罚款。

在中国内地，已经形成了以《中华人民共和国海洋环境保护法》及附属法规和规章为主体，包括《海洋倾废管理条例》《海洋石油勘探开发环境保护条例》《海洋自然保护区管理办法》等构成的海洋环境保护法体系。不过，与澳

门的《海上倾倒疏浚物管理制度》相比，内地对违反倾废管理条例处罚较轻。内地《海洋倾废管理条例》第二十条规定，伪造废弃物检验单的；不按本条例第十四条规定填报倾倒情况记录表的；在本条例第十五条规定的情况下，未及时向主管部门和港务监督部门报告的，处以警告或人民币 2000 元以下的罚款。凡实际装载与许可证所注明内容不符，情节严重的，除中止或吊销许可证外，还可处以人民币 2000 元以上 5000 元以下的罚款。凡未按本条例第十二条规定通知主管部门核实而擅自进行倾倒的，可处以人民币 5000 元以上 2 万元以下的罚款。

（二）忽视海洋环境陆地源头上的治理

陆地污染源简称陆源，是指从陆地向海域排放污染物，造成或者可能造成海洋环境污染损害的场所、设施等。陆源污染物是指由陆源排放的污染物。污染物可能具有毒性、扩散性、积累性、活性、持久性和生物可降解性等特征，多种污染物之间还有拮抗和协同作用。陆源污染物的种类多、排放数量大，对近岸海域环境会造成很大的有害影响。

珠澳跨界海域水环境治理的一个突出矛盾就在于，受污染的是海洋，最需要治理的环节却在陆上。海洋污染的源头是陆地排放的垃圾物。据初步统计，在海洋环境污染物中，陆源入海污染物约占 90%，即所谓"污染在海上，根子在陆上"。在这方面，香港立法有许多成功经验。就陆源水污染防治法而言，香港颁布与污水处理有关的法例就有 109 部条例和附属法例。如《污水隧道（法定地役权）条例》《污水处理服务条例》《污水处理服务营运基金》《商船防止污水污染规例》《水污染管制规例》等等，分别就污水处理资金、污水处理通道、污水处理服务、畜禽排泄物形成的污水、商船造成的水污染、对造成水污染的处罚等分别作出了具体规定。

相比之下，中国内地海洋环境保护法体系总体上操作性不强，配套立法严重不足。比如，与修订后的《中华人民共和国海洋环境保护法》配套的法规只有《防治海洋工程建设项目污染损害海洋环境管理条例》《防治船舶污染海洋环境管理条例》，其他法规都是与修订前的原有海洋法配套的，在立法理念、治理机制、责任追究等方面明显滞后，不能体现可持续发展、预防为主、统筹海洋生态保护与海洋环境污染治理，保护制度上缺乏环境影响评估具体化、海洋功能区划制度具体化等方面的制度建构，责任追究上处罚明显偏低等问题。

（三）行政执法不协调，导致水环境执法效率较低

珠澳两地海洋环境执法部门不一致。在澳门，2015年12月20日生效的《海事及水务局的组织及运作》，明确规定澳门海事及水务局为澳门海洋环境执法部门。在内地，关于海洋环境执法现有环保部门、海洋部门、交通部门、渔业部门等。在珠海，涉及到海洋环境执法的就有珠海市环保局、珠海市海洋与农业局、珠海市渔政支队、珠海市海事局等部门。珠海市海洋环境执法部门与澳门的海事与水务局缺乏必要的沟通，没有建立起必要的预警机制、大数据共享机制、珠澳海洋环境联合执法机制，在信息共享、调查取证、行政处罚告知书及处罚书的送达等方面缺乏相应的沟通与协调。启动多年的珠澳跨界鸭涌河、前山河的治理，收效甚微，就充分说明了这一点。

（四）两地司法协助尚处于探索阶段，尚未建立起有效的司法协助机制

近年来，珠澳两地的司法机关在探索珠澳两地司法协助方面，做了许多有益的工作，也取得了可喜的成绩。但由于两地的裁判法律依据不一样，所以有关环保侵权案件的审判标准就不一致，跨境之间的调查取证难、司法文书送达难、执行难问题没有从根本上得到解决。两地之间关于跨界环保公益诉讼、跨界赔偿机制还没有建立。

三、创新立法理念，完善相关法律法规，建立科学的联合执法机制，推动珠澳司法合作进入一个新阶段

（一）强化珠澳两地海洋环境治理法治化的意识

针对珠澳两地市民水环境保护法治化意识不强的特点，珠澳两地法制宣传部门，应分别在《澳门日报》《珠海特区报》、澳门电视台、珠海电视台等新闻媒体大力宣传《中华人民共和国海洋环境保护法》及其他海洋环境保护法律法规。与此同时，珠澳两地的社团组织有计划地组织两地的青年前往珠澳跨界的鸭涌河、前山河出口及澳门环岛海域进行调研，收集有关海水环境污染的资料，以切实增强珠澳两地青年海洋环境治理法治化的意识。

（二）借鉴香港海洋环境立法经验，完善两地海洋环境保护法规

珠澳两地立法机关应创建立法信息交流平台，实现立法信息资源共享。澳门立法会和珠海市人大常委会及其法制委员会设置专门机构，安排专门人员负责整理立法信息，建立立法信息交流平台，及时公布年度立法计划、法规文本及规范性文件文本，及时交流立法技术、立法经验、立法评估方法；定期召开两地立法部门例会，商讨有关跨界水环境治理等立法难题，切实提高两地的立法质量和水平。

与此同时，借鉴香港海洋环境保护立法经验，制定相关法律法规。在海洋环境保护法领域，香港目前主要以落实参加的海洋污染国际公约形成的制定法和单独颁布专项海洋环境保护法例为主，如为落实《1972年防止倾倒废物及其他物质污染海洋公约/1996议定书》而制定颁布《海洋倾倒物料条例》，为采取适当措施以防止、减轻与补救因漏油而对香港水域、前滩及毗邻地区造成的污染及损害，并就附带或相关事宜订定《油污处理（土地使用及征用）条例》，为规管与管制香港境内或香港水域内的港口及船只，并就规管与管制香港水域内船只的修理及拆卸、船只上货物的处理、船只导致污染事宜及使用船只进行的建造或填海工程，以及就影响船只航行及船只在海上（不论在香港水域内或

外)的安全的其他事宜而订定的《船舶及港口管制条例》,为促进在香港水域内的鱼类及其他形式的水中生物的保育,以及规管捕鱼方式和防止对捕鱼业不利的活动而制定颁布的《渔业保护条例》,对防止及控制船舶造成的海洋污染及其附带或有关事宜作出规定的《商船防止及控制污染条例》、为保护海岸公园或海岸保护区内或在其边界的任何海滩、泥滩、悬崖或海床的海岸线特征而制定的《海岸公园条例》,旨在借设定不准在海港内进行填海工程的推定,以达致保护和保存海港的目的而制定颁布的《海港保护条例》,对因船舶排放或逸漏燃油造成污染而引致的损害、或就该等损害的威胁作出补偿而制定的《燃油污染(法律责任及补偿)条例》。

(三)创新体制机制,建立珠澳跨界行政执法合作机制

珠澳两地由于法律体系及法律制度的不同,导致两地海洋环境执法效率低下,为此珠澳两地的海洋环境执法部门在进行跨界行政执法过程中多进行信息沟通、执法协助、联合执法等活动。建立执法合作信息交流平台,完善执法合作信息通报机制。

信息的交流通报,是珠澳跨界联合执法合作的前提和基础。没有及时准确完整的信息、畅通的交流机制,各方掌握的信息不对称,执法合作就无从谈起。目前,珠澳两地海洋环境执法部门各自为政,执法信息的公开性、执法信息传递的及时性、信息内容的准确性都有待于进一步加强。因此,珠澳两地首先要建立一个执法信息交流平台,向对方主动公开自身的与执法相关的信息,如执法依据、执法程序、执法标准和注意事项。与此同时,珠澳各执法单位还要建立信息交流机制,各执法合作单位定期交流执法信息,并一同磋商、研究,以解决某个具体的执法合作问题。

建立执法合作磋商平台,完善执法合作联席会议机制。所谓联席会议是指相互之间没有隶属关系的各主体,为了解决没有规定或规定尚不够明确的事物时,由一方或多方牵头,以召开会议的形式,在充分发挥民主的基础上,通过沟通或协商,形成规范性意见,以更好地解决问题的制度。联席会议机制是当前珠澳开展行政执法合作行之有效的磋商平台。通过该平台,两地的行政首长或行政执法机关主要负责人对区域执法中的一些重大问题进行沟通、磋商。经

协商一致，联席会议可就有关执法事项达成行政协议，以明确各自的职责权限，做到相互配合，形成区际间的执法协作机制，保障行政执法的正常高效运转。目前的粤澳联席会议机制运作效果不错，珠海方面仅仅是一名普通的参与者，缺乏直接沟通机制。因此，有必要参照粤澳联席会议机制的模式，尽快建立珠澳联席会议机制，下设专门的环境保护小组，定期召开会议，协调处理有关的海洋环境执法的问题。

建立跨境区域案件移送制，提升行政执法水平。跨境区域案件移送是从无管辖权的执法主体移送至有管辖权的执法主体，或者虽然本执法主体对该案件有管辖权，但考虑到对方执法主体更适宜管辖的，由双方协商决定将该案件移送至对方的执法主体的活动。在珠澳跨境执法合作中，案件移送是执法主体相互配合、协助做好执法工作的基本方式之一，也是跨境区域执法协调的重要方式和内容。但目前珠澳签订的有关环保执法合作只规定了该制度，并没有对案件移送制度的具体操作程序、步骤和适用范围作出详细规定。

（四）推进珠澳区际司法协助，完善区域司法协助机制

随着国家"一带一路"倡议的实施以及粤港澳大湾区经济的发展，珠澳跨境之间有关环境侵权的民事案件将会大幅增加，跨界环境治理水资源保护引发的公益诉讼案件进一步增多。在此背景下，通过珠澳区际司法协助，有效地整合区际司法资源，降低司法成本，提高司法效率，最大限度地发挥司法功能：通过区际司法协助，委托对方进行调查取证、送达法律文书、执行等事项，从而减少经费支出，节省司法成本；通过区际司法协助，可以以较快的速度查清案件事实，给违法者造成较大的震慑力，从而使跨境案件得到及时处理；通过区际司法协助，可以加强区际间司法机关的学习与交流，从而提高司法水平。

参考文献

[1] 韩德培，陈汉光. 环境保护法教程（第四版）[M]. 北京：法律出版社，2003.
[2] 郭焕庭. 国外流域水污染治理经验对我们的启示 [J]. 环境保护，2001.
[3] 王威. 泛珠三角区域内流域水资源保护法律问题研究 [J]. 改革与战略，2010（6）.
[4] 马小玲. 大珠三角环境保护合作进展与区域环境管治分析 [J]. 港澳珠三角蓝皮书，2010.
[5] 周盛盈. 珠中江阳一体化法治保障研究 [J]. 广东省社会主义学院学报，2016（4）.

建设生态型创新型的粤港澳大湾区

——世界级湾区的空间抓手

陈　斌

中国城市规划设计研究院深圳分院

一、宜居湾区规划回顾

（一）珠江口湾区的地理环境

珠江河口三角洲具有"多河汇聚，水网密集，岛屿丘散落，八口分流"的特点，是举世独特的一个复合型河口。珠三角是个典型的河口三角洲，其特点是西岸多小的河涌，有多个口门，而东岸则多为丘陵和湖泊。从用地条件来看，东岸深圳、东莞的条件较好，交通基础设施也比较完善，发展比较快。而西岸从历史上来说很多是河口冲积形成的淤泥质地理条件，经过围垦，成为渔业、农业、种植业发展的地区，但是用地较为分割、城市人口集聚的能力较弱。以南沙万顷沙为例，打造"钻石水乡"，万顷沙从一涌至十九涌，基本1千米一条河涌，周围村落基本沿着河涌建设，形成逐水而居的村居形态（图1）。未来南沙自贸片区的发展，需充分考虑地理条件的约束和优势。

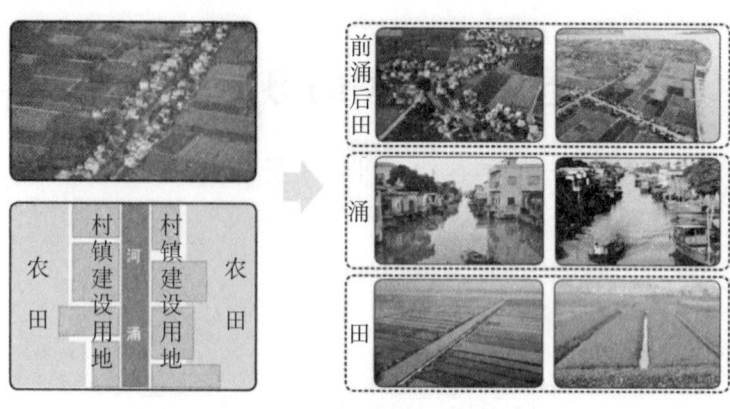

图 1　南沙"前涌后田"的格局

（二）《环珠江口宜居湾区建设重点行动计划研究》规划

2008年珠三角规划纲要出台以后，粤港澳三地从2010年4月开始就联合开展了《环珠江口宜居湾区建设重点行动计划研究》（简称《宜居湾区》），广泛征求三地政府部门、专家、公众的意见，共建宜居、宜业、宜游的湾区（图2）。当时确定的湾区范围由邻接珠江出海口水域的区级行政单元（片区或组团）组成，包括了广州、深圳、珠海、东莞、中山五市部分地区和港澳，陆地面积约6890平方千米。

研究提出了六大策略：（1）建设生态优先型的资源利用体系，培育环境良好的"生态低碳湾"；（2）建设地域特色型的公共空间体系，培育游憩活动丰富的"人文休闲湾"；（3）建设民生导向型的服务设施体系，培育公共服务健全的"幸福民生湾"；（4）建设公交导向型的交通运输体系，培育交通便捷高效的"内畅外通湾"；（5）建设服务导向型的生产就业体系，培育经济繁荣富裕的"高效服务湾"；（6）建设创新驱动型的城市管理体系，培育区域优势互补的"开放创新湾"。

以多中心网络为支撑，形成"双人字"型城市公共交通走廊，"外人字"走廊优化提升主城区城市功能，"内人字"走廊着眼培育滨海地区新型功能。

研究并提出了十大行动，其中包括了绿网、蓝网、区域公交网的建设，特色公共空间、步行城市、文化街区等。还提出了7个重点合作发展地区，包括后来升级为自贸区的三个地区（前海、南沙、横琴），以及珠中滨海新城、深莞滨海新城（现长安滨海湾新区），以及深港河套地区等。

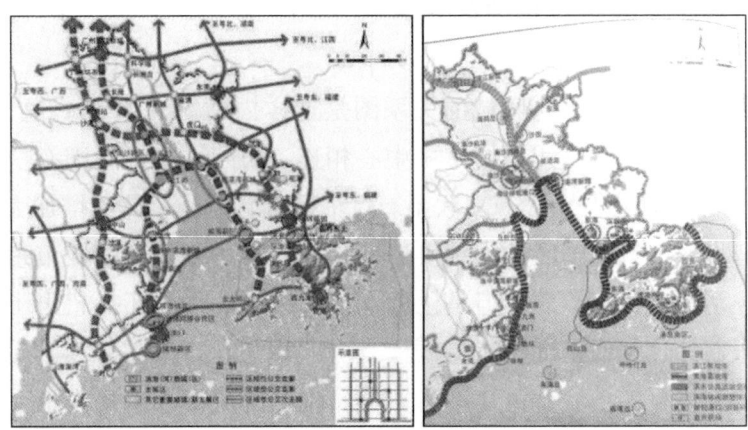

图2　《宜居湾区》规划图

（三）政策的延续性问题

《宜居湾区》规划后来并没有上升为区域的发展政策。政治局势和政策的频繁变更，让区域达成共识并付诸实施变得困难。有必要建立机制，使得政策保持一定的稳定性，为区域发展和投资确立可预期的导向。

二、湾区滨海湾地区的发展模式选择

（一）岸线的利用及港口分布

目前湾区的岸线利用最多的为港口和工业用途，从广州到深圳前海一线依次排开，有黄埔港、广州新港、新沙港、虎门港、沙角港区、深圳西部港区（宝安、大铲湾、妈湾、蛇口）等，西面南沙港小虎岛、龙穴岛也是港口和工业的重要基地。港口发展与城市升级的矛盾突出,生态环境也受到影响。

(二)霍华德的田园城市发展模式

霍华德关于田园城市与区域的关系图是这样描述的(图3):这张图里面,一个个田园城市通过铁路线与城市主中心相连,田园城市之间则有快速的公路(high road)以及轨道(railway)联系。这个图翻转过来,然后增加大湾区几个城市的中心城区,就是湾区的一种发展模式图。霍华德的田园城市理念与英国人对乡村生活的向往离不开,但是伦敦这种大城市的发展还是超出了原有的包括绿环的限制。这种低密度的生态城模式有些理想化,按霍华德的设想,新的增长只能跳开原有的小城,再建一个新城。现在的城市人口规模也大大超过了霍华德的时代。然而,田园城市的理念仍十分有价值,日本东京的新城建设、新加坡的新镇模式,很大程度上受到了"田园城市"理念的影响。柯布西耶的光辉城市(Tower in the Park)是高楼与绿地公园并存的模式,这是相对霍华德低密度模式的一种反差。它并没有强调生态隔离带,而强调城市间的交通快速联系,通过公园提供阳光与休闲场所。

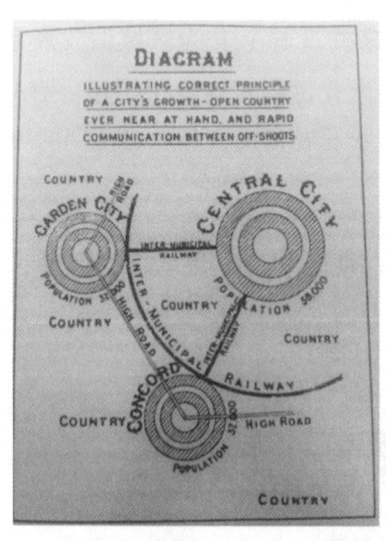

图3 田园城市中的区域联系关系图

1. 田园城市与特色小镇

特色小镇建设是近期的一个热点，田园城市设计理念是一个职住相对平衡的，比较紧密的社区，容易形成"熟人社会"，构建更紧密的社会关系。因此田园城市的规模不宜大，限定人口 32 000 人。它不是睡城，而必须提供就业和基本的公共服务。

其实，珠三角地区有大量的专业镇，比如厚街的家具、中山的灯饰、家电等。不过应该说只是产业方面的功能，在后工业化的时代应该更多体现文化特色和人文关怀。

2. 田园城市与公共交通导向型发展（TOD）

20 世纪初期，英国工业化发展了一段时期，火车在英国城市已逐渐普及，霍华德的田园城市概念，实质上离不开与中心区的快速铁路联系，这样，才可以享受到大城市的良好公共服务。美国人后来提出的 TOD 是为了破解城市蔓延，但在火车时代的英国，霍华德早就想到了利用轨道来疏散人口和建设卫星城。

（三）大湾区滨海湾地区新城的理想模式

大湾区的滨海地区，大部分是填海区或者新开发区，与旧的中心区不同，这里生态更具优势，同时也更加敏感。充分利用湾区良好的生态条件，只保留部分港口及工业用岸线。内湾通过湾区快速路或者高等级道路相连，由一个个湾区新城构成，这些湾区细胞是一个个田园城市，生态良好，引进无污染和创新型的产业。重点加强滨海湾区与各城市主城区（公共服务集聚区）的联系，可以享受湾区大都会的各种文化医疗便利。区域之间再通过环湾城际轨道串成一个整体。（图 4 是田园城市应用于粤港澳大湾区的模式示意图，具体的线路设计结合地形或者实际需求确定。）

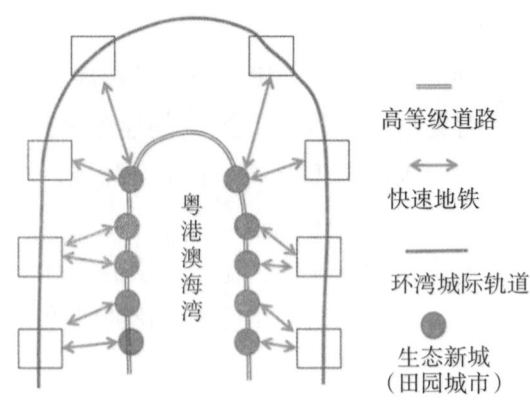

图 4 大湾区发展的模式图

湾区的具体意象图大概可以描绘出来,目前南沙与广州城区准备建快速地铁,实现快速直达,中山、东莞、深圳的滨海地区与城市主城区也有地铁或者快速公交的联系。珠三角出海口的湾区岸线目前的潜力还没有释放出来,比较好的是深圳湾的滨海休闲带,以及珠海香洲湾的公园带建设,已初具雏形。东莞的水乡地区、南沙的滨海城区都可以说是具代表性的滨海湾发展节点。

三、粤港澳大湾区的创新走廊

(一)转型发展与创新阶层

马丁繁荣研究所的主任、多伦多大学罗特曼管理学院商业与创意力教授理查德·佛罗里达(Richard Florida)提出了一个新的创意阶层,这个社会阶层以提供创新力/创意为特征,有其自身的价值观和生活方式。对于他们来说,可步行的街区、有活力的城市中心是富有吸引力的。

"创新阶层"主要包括科学家、工程师、艺术家、音乐家、设计师和知识经济的从业人员。在 1900 年,美国只有少于 10% 的人从事这些创新活动,其他大部分是在农场或者工厂里劳作。而到了世纪之交的 2000 年,这一比例已经接近三分之一。创新经济对经济的贡献是巨大的。Richard Florida 将美国经济分成三大产业：制造业、服务业和创新产业。美国创新产业的工资、薪水收入总数已占到全部人口的一半左右。

创新人才有一个特点，就是流动能力较高，过去的一百年，美国通过对高等教育、科学研究、文化等投入巨资，创造自由、公平的竞争环境，吸收了全球的高端人才。但是随着金融危机以及欧美经济衰退，新兴国家的崛起，这个格局也在迅速改变。全球经济竞争的关键要素，已经不是货物流动、服务水平或者资本，而是人才。从人随企业走到企业随人走的趋势正在显现。

（二）创新走廊的案例借鉴

美国创新实力比较突出的地区，主要是位于东西两岸，北加湾区和纽约湾区（硅巷）及东北部城市带，沿着硅谷 101 公路分布着众多电子和科技企业，波士顿的 128 公路沿线也是创新和高科技产业集中分布的走廊（图 5）。需要注意的是，中美两国的经济发展阶段和发展模式有很大不同。美国沿高速公路的城市扩散比较普遍，而中国的城区相对紧凑，沿公路扩散的主要是工业和物流。美国 20 世纪后期兴起的边缘城市（Edge City），许多新兴企业和科技公司则位于这些边缘城市而不是中央商务区（CBD）。以硅谷 101 公路为代表，美国并不是规划主导形成的产业走廊，这种模式更多是市场自发形成的外溢。旧金山湾区有一个不同点是往三藩城区的通勤轨道 BART，构成了公路、轨道的复合联系通道。Richard Florida 关于创意阶层的思考给我们启示，创新的核心是人，创新的人才需要什么样的环境，这就是我们需要打造的目标。

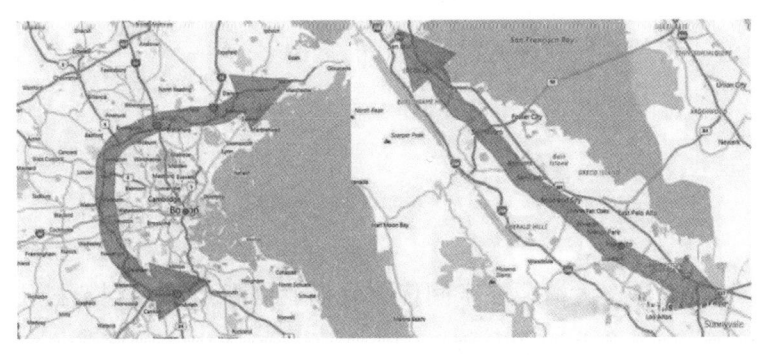

图 5　美国科技型湾区发展走廊示意图

(三)创新引领的粤港澳大湾区

广深高速两旁的环境比较差,因此提出了整治的要求。创新走廊的整治可以与区域的产业升级结合起来,推动产业置换,将低端产业和污染的产业从湾区核心地区迁到外围地区,提升在全球价值链中的地位。

《从深港创新圈到广深港创新走廊》(向东等著)一文指出,香港和珠三角各地一脉相承的文化传统为深港创新圈走向广深港创新走廊奠定了坚实的文化基础。广州－东莞－深圳－香港之间,沿着广深及广深沿江高速,已成为粤港澳大湾区发展的主动脉。即将建成的穗莞深城际,将强化这一发展轴线,而且为沿线的产业转型升级提供新动力。这一轴线的两端,牵起的是全国三大科技强区中的两个:深圳的南山区和广州的天河区,这两个区也是创新和高科技实力最强的两区。在建的穗莞深城际轨道的两边,则分别连接了广州白云和深圳宝安两大国际枢纽机场,对于沿线地区来说,这是极佳的发展区位。

从粤港澳大湾区的实际情况来看,要注意下列几点:

(1) 创新走廊需依托环境比较好以及有历史、文化、高等教育资源的地区;

(2) 湾区的景观重塑与产业升级需互相促进,是打造穗莞深港创新走廊的关键,其中城际轨道是一个重要的突破口,依托穗莞深城际沿线包括琶洲支线,可连接海鸥岛、广州创新城、琶洲互联网集聚区、大学城、东部创新带等广州东部创新发展带的重要节点;

(3) 主动注入、重点集聚创新的资源要素。包括活力的城区(vibrant urban areas)、文化机构、体育场馆、大型企业的总部、高等教育和研究机构。类似深圳新会展中心、东莞天安数码城都是很好的案例。

四、展望

本文总结了粤港澳大湾区在空间优化发展、创新走廊和创新科技产业发展等的主要策略,通过产业转型升级、创新引领,打造生态湾区核心,可推动建设世界级的大城市群。下一步,可以研究建设区域自行车廊道,上海黄浦江两岸线性空间的打造是一个很好的案例，充分利用湾区的优势，建设滨海的特色的公共空间，从可步行的城市（walkable city）到可骑行的区域（bikeable region），将粤港澳大湾区建设成为真正宜居的生态区域、理想湾区。

人们对健康和生态的追求代表了时代发展的方向，霍华德的田园城市理念反映了人们对接近自然、享受优质生态环境的一种本能需要。粤港澳大湾区有气候优势、经济活力强、海岸带自然魅力等有利条件，珠三角借力港澳，打造人才的宜居湾区，才能在未来国际化人才和高端人群争夺中占得先机。生态型、创新型的粤港澳大湾区，将成为更具国际竞争力的世界级城市区域。

参考文献

[1] 恽才兴. 中国河口三角洲的危机 [M]. 北京：海洋出版社，2010.
[2] 环珠江口宜居湾区建设重点行动计划研究. 广东省住房和城乡建设厅 香港规划署 澳门运输工务司，2011.12.
[3] 广州南沙新区明珠湾起步区城市设计. 广州市规划局，2013.
[4] Richard Florida. The rise of the creative class [M]. New York：Basic Books，2004.
[5] 珠三角一体化综合交通体系的规划建设，2015 中国城市规划设计研究院、广东省城乡规划设计研究院、广州市交通规划研究院、深圳市城市交通研究中心.
[6] 朱照宏，杨东援，吴兵. 城市群交通规划 [M]. 上海：同济大学出版社，2007.